易學典籍選刊

卜筮正宗

〔清〕王維德 撰
陳峴 點校

中華書局

圖書在版編目(CIP)數據

卜筮正宗/(清)王維德撰;陳峴點校. —北京:中華書局,2025. 8. —(易學典籍選刊). —ISBN 978-7-101-17166-2

Ⅰ. B992. 2

中國國家版本館 CIP 數據核字第 2025R0T496 號

責任編輯:王　娟
封面設計:王銘基
責任印製:陳麗娜

易學典籍選刊
卜筮正宗
〔清〕王維德 撰
陳　峴 點校

*

中華書局出版發行
(北京市豐臺區太平橋西里 38 號　100073)
http://www.zhbc.com.cn
E-mail:zhbc@zhbc.com.cn
三河市鑫金馬印裝有限公司印刷

*

850×1168 毫米 1/32 · 14⅛印張 · 2 插頁 · 275 千字
2025 年 8 月第 1 版　2025 年 8 月第 1 次印刷
印數:1-4000 冊　定價:86.00 元

ISBN 978-7-101-17166-2

點校説明

卜筮正宗，清王維德（一六六九—一七四九）撰。王維德，字洪緒，一字林洪，號林屋散人、林屋山人、洞庭山人，江蘇吴縣（今江蘇蘇州）人，精於堪輿、術數之學，卜筮正宗、永寧通書皆爲其代表之作。此外，王維德出身醫學世家，還擅長外科之學，撰有外科證治全生集，在海内外影響甚大。

卜筮之學在中國古代有着悠久的歷史，在我國迄今爲止所發現的最早的文字甲骨文中，就記載了大量殷商時期的卜辭。利用周易進行卜筮，則至遲在春秋時期便已經非常流行，春秋左傳中就記載了諸如崔杼卜娶棠姜、晉文公卜勤周襄王等諸多經典的卜筮事例。宋代大儒朱熹也指出：「易本卜筮之書。」不過，值得注意的是，利用周易進行卜筮的方法在歷史上並不是一成不變的，而是在不同的歷史時期會産生巨大的變化。從漢代開始，孟喜、京房等學者開始嘗試着將周易卦爻體系與年月日时、天干地支、陰陽五行，甚至天文、樂律等各種不同的理論系統進行整合，八宫、納甲、六親、飛伏、爻辰等學説亦相繼問世。這些理論在後世又發展出了多種不同的變化形態與卜筮方法，在民間廣爲流傳，成爲了一種非常特殊的文化現象，不容忽視。可見，在易學史的研究中，除了精英學者所撰的周易專著外，在民間流行的卜筮易學也是具有獨特價值的研究對象。

王維德所撰卜筮正宗就是清代卜筮易學的代表性作品，本書共十四卷，由多個不同部分組合而成。卜筮正宗所記載的卜筮易學方法深受兩漢象數易學影響，在實踐與詮釋過程中多以例求。因此，本書卷一的主要内容即爲卜筮要例，如天干、地支與五行、八卦的匹配，五行、六親的相生相剋，天干、地支的相合相衝等基本的理論原理與定例，以及三合會局歌、長生掌訣、三刑六害歌、世應生剋空亡動静訣等朗朗上口、方便記憶的操作口訣或歌謡。卷二的内容是基於八宫卦圖及世應、飛伏學説的六十四卦卦爻呈象并飛伏神卦身定例，此爲本書所載卜筮方法中的核心定例。卷三則分爲兩部分，前一部分爲十八論，主要内容是包括世應論用神、原忌仇神論、月破論、合中帶剋論等在内的十八篇短文，專釋占卦、卜筮中常會出現的複雜定例及疑難問題。後一部分則是針對當時所流行的其他卜筮之書，如增删卜易、易林補遺、卜筮全書、天玄賦中的一些理論謬誤所進行的批駁，藉此可彰顯本書的「正宗」所在。自卷四開始直至卷十二的九卷，則是王維德對托名劉伯温所撰黄金策一書所進行的注釋。其中，卷四是對黄金策之總論千金賦的注解，卷五至卷十二則是對黄金策中所載包括天時、年時、國朝、征戰、身命、婚姻、産育、進人口、病症、病體、醫藥、鬼神、種作、蠶桑、六畜、求名、仕宦、求財、家宅、墳墓、求師、學館、詞訟、避亂、逃亡、失脱、新增痘疹、出行、行人、舟船、娼家、船家宅等大大小小的三十二類事項的卜筮原理及解卦理路進行的詳細疏解，使得讀者可根據自己的不同需求按圖索驥，一覽而悟。第十三、十四兩卷的内容是十八問答，也就是在卜筮實踐過程中所總結出來的十八個常見問題及其解答。在這一部分中，王維德對十八個問題的提出與回答均是基於實際的卜筮案例，並附有完備的解析及後來之占驗。這一部分也是本書的一大特色，爲廣大易學愛好者提供了重要的理論與實踐相結合的參考資料。

卜筮正宗一書由於並非傳統意義上的典型易學著作，所以未被收入四庫全書、清經解、叢書集成等大型叢書之中。但是，由於本書能够在系統梳理、吸納先秦兩漢以來象數及卜筮易學精華的基礎上删繁就簡，總結出清晰、明確的卜筮易學理論，並通過對黄金策的詳盡注解及大量實際案例的剖析，讓讀者能够迅速、便捷、準確地掌握卜筮易學的方法，因此問世之後便在民間廣爲流傳，影響極大，各時期刊刻的版本也更僕難數。根據中国國家圖書館、上海圖書館、湖南圖書館等館藏著録，卜筮正宗一書現有清康熙四十八年刻本、清乾隆元年金閶緑蔭堂刻本、清光緒善成堂刻本、清光緒二年刻本、清光緒二十六年石印本、清光緒三十一年上海錦章圖書局石印本等清代刻本多種，民國後各類石印本、翻印本更是不計其數。

本次對卜筮正宗的點校整理，選取諸本中刊刻時間最早的清康熙四十八年（一七〇九）刻本爲底本，選取校刻精良的清乾隆元年金閶緑蔭堂刻本爲通校本，另選取光緒十五年重刻康熙四十八年本爲參校本。

本次整理，主要對原書做了以下幾點工作：

一、原書無標點，此次整理中，除六十四卦卦名統一不加書名綫外，全部加以全式標點。

二、底本中各類遺漏、錯亂、文字訛誤，均依據校本或他書予以改正，並在校勘記中予以説明。

三、原書「戊」「戍」及「已」「己」「巳」等版刻易混字，均依文意徑改；改異體字、俗體字爲通行字；避諱字徑改不出校。

易學爲古代經學中的專家之學，卜筮正宗一書則堪稱有清一代民間卜筮易學的代表之作，具有獨特的研究價值。然本人學問鄙薄，整理中難免多有錯漏不通之處，敬請方家及廣大易學愛好者賜教。

陳峴

甲辰孟冬於嶽麓書院

目録

目録

敘

自古卜筮之説，莫神於左氏春秋。紫陽朱子謂三代如太卜、太筮，職有專官，故其業精而其應神。後世既廢其官，而占驗之書亦不傳，故鮮有神而明之者。然近代如黃金策諸篇，始有以窮夫陰陽之閫奧、造化之機緘。但其間詮解未諦，宗之占驗者未能無訛，以致有傳書而古人之精意不必與之盡傳。苟有好學深思、神明其故者，不難自爲其書，以與之發微闡幽也。林屋王山人垂簾於吴郡治之東偏，與余居密邇。有疑輒往叩焉，奇驗不爽，如燭照數計，遠近咸頌之爲神。而山人辭其名不受，曰：「吾有所受之也，新安楊廣含先生，吾師之，所授占驗一册，爲坊刻群書所未及。比年以來，增益芟薙，編成卷帙，付之梨棗。」余序之曰：「夫聖賢言理不言數，而大易實爲卜筮之書，所設吉凶悔吝可以前知者，以數測而實以理斷也。今山人之書具在，其精搜妙驗固爲數之獨神，而苟非貫徹於陰陽變化、五行生剋之理，亦何以爲數學哉！故是書爲言數之書，而實言理之書也。由是以極深研幾，雖古卜筮之神而明之者，亦何以加焉！」

時康熙己丑歲冬十月，吴郡張景崧書於蓉江草堂。

卜筮正宗凡例

一、卜筮一道，導愚解惑，教人趨吉避凶。六爻既立，變化斯呈，莫不有至當不易之理。世人胸無定見，不能推究精微，祇以惑世誣民，深可哀也。是書一宗正理，不敢妄執臆説，貽誤後學，因名之曰正宗。

一、自鬼谷以錢代蓍，而易之道一變。其所重者，用神、原神、忌神、仇神、飛伏神、進退神、反吟、伏吟，及旬空、月破等類，皆爲卦内之綱領，不容草草忽過。余故定爲一十八論，升堂入室，無出範圍，讀者幸細參之。

一、古書論飛伏神，有「乾坤來往換」之語，易林補遺更有爻爻有伏有飛之説。訛以承訛，習而不察。余于是書，逐卦分别，爲飛伏定例，庶學者一目了然，疑團自釋矣！

卜筮之書，如天玄賦、易林補遺、易隱、易冒、增删卜易諸刻，雖各有搜精標異，然其間非執偏見，即自相矛盾，讀者不無遺憾。惟黄金策爲劉誠意所著，洵足闡先天之秘旨，作後學之津梁。而千金賦總論一篇，尤包藴宏深。惜姚際隆之註紕繆甚多，反失廬山面目。余于此頗費苦心，細加訂正。知我罪我，亦聽之而已。

一、余幼研易理，歷有年所。後遇新安楊廣含先生，因得以悉其所學。是書十三、十四卷有十八問，皆吾師所授及余所占驗。學者熟此，始知啓蒙節要之法與十八論及闢諸書之謬一理融貫，天地間秘密深藏，盡洩于是矣！

一、余垂簾市肆，酬應紛如，擬異日返故山，結廬林屋，盡謝人事，聿著成書，藏之石室，不欲向外人道也。奈從游日至，因相與講論之餘，手定是編，蠡測管窺之機，或所不負四方。

高明君子倘不棄而教之，余則幸甚！

卜筮正宗卷之一

古吴洞庭西山王維德洪緒輯

卜筮格言

夫卜之爲道，通於神明，所以斷吉凶、決憂疑，辨陰陽於爻象，察變化之玄機，此其義爲至精，而其事爲至大。聖經曰：「至誠之道，可以前知。」故問卜者不誠不格，占卦者妄斷不靈。此二語實定論也。每見世之人遇事輒卜，而誠之一字，昧焉罔覺。或飲酒茹葷，或淫邪不潔，迨至臨時禱告，遂欲感格神明，不亦惑乎？更有富貴之人，視卜爲輕，或托親朋，或委奴僕，不親致其悃忱。故卜而不應，占驗無靈，遂委罪於卜筮之家，而不自知誠有未至。此問卜者之過也。至於卜筮者流，心存好利，借卜爲囮。即如疾病一節，爲問卜莫大之事，乃有喪心之輩，勾通僧尼道觀，講定年規、節禮，三七、二八常例，妄斷求利。看卜者之貧富，爲判斷之多寡，妄斷某寺某觀禮懺幾部，某庵某廟誦經幾日。卜者心慌意亂，無不依從。在富者，費用猶易；其貧者，至於典衣揭債，棄産賣物，一時有手足無措之苦，以冀其病之痊可。究竟禮懺未完而病者已死，誦經甫畢而病者告殂，則何益哉？此串通僧道之害也。更有初學醫生，脈理未諳，囑令引薦，令卜醫者指明住處、姓名禱告，因而薦舉。不知卜者所得，不過年規、節禮之微，而病者頓遭庸醫殺人之害，此串通醫生之禍也。二者郡城惡套，處處皆然。予垂簾衛前，遂有若輩來相蠱惑，予誓絶之，一一照卦細斷，無不響應。此非課學之精，實無妄斷之失也。今幸學稍有得，偶輯卜筮正宗一書，請教高明。而猶恐問卜者有不誠不格之誤，占驗者有妄斷不靈之害也，故首識之。

啓蒙節要

六十花甲納音歌

甲子乙丑海中金，丙寅丁卯爐中火。戊辰己巳大林木，庚午辛未路旁土。壬申癸酉劒鋒金，甲戌乙亥山頭火。丙子丁丑澗下水，戊寅己卯城頭土。庚辰辛巳白蠟金，壬午癸未楊柳木。甲申乙酉井泉水，丙戌丁亥屋上土。戊子己丑霹靂火，庚寅辛卯松柏木。壬辰癸巳長流水，甲午乙未沙中金。丙申丁酉山下火，戊戌己亥平地木。庚子辛丑壁上土，壬寅癸卯金箔金。甲辰乙巳覆燈火，丙午丁未天河水。戊申己酉大驛土，庚戌辛亥釵釧金。壬子癸丑桑柘木，甲寅乙卯大溪水。丙辰丁巳沙中土，戊午己未天上火。庚申辛酉石榴木，壬戌癸亥大海水。

十天干所屬

甲乙東方木，丙丁南方火，戊己中央土，庚辛西方金，壬癸北方水。

十二地支所屬

子水鼠，丑土牛，寅木虎，卯木兔，辰土龍，巳火蛇，午火馬，未土羊，申金猴，酉金雞，戌土狗，亥水猪。

天干地支八卦方位圖

五行相生相剋

金生水，水生木，木生火，火生土，土生金。

金剋木，木剋土，土剋水，水剋火，火剋金。

六親相生相剋

生我者爲父母，我生者爲子孫，剋我者爲官鬼，我剋者爲妻財，比和者爲兄弟。

天干相合

甲與己合，乙與庚合，丙與辛合，丁與壬合，戊與癸合。

地支相合相衝

子與丑合，寅與亥合，卯與戌合，辰與酉合，巳與申合，午與未合。子午相衝，丑未相衝，寅申相衝，卯酉相衝，辰戌相衝，巳亥相衝。

五行次序

水一，火二，木三，金四，土五。

八卦次序

乾一，兑二，離三，震四，巽五，坎六，艮七，坤八。

八卦象例

乾三連☰，坤六斷☷，震仰盂☳，艮覆碗☶，離中虛☲，坎中滿☵，兑上缺☱，巽下斷☴。

八宫所屬

乾屬金，坎屬水，艮屬土，震、巽屬木，離屬火，坤屬土，兑屬金。

以錢代蓍法

以錢三文，熏於爐上，致敬而祝曰：「天何言哉！叩之即應。神之靈矣！感而遂通。今有某姓，有事關心，不知休咎，罔釋厥疑。惟神惟靈，若可若否，望垂昭報。」祝畢，擲錢。一背爲單，畫⚊；二背爲拆，畫⚋〔一〕；三背爲重，畫□；三字爲交，畫×。自下裝上。三擲，内卦成。再祝曰：「某宫三象，吉凶未判，再求外象三爻，以成一卦，以決憂疑。」祝畢，復如前法再擲，合成一卦，而斷吉凶。至敬至誠，無不感應。訣曰：兩背由來拆，雙眉本是單。渾眉交定位，總背是重安。單單單曰乾，拆拆拆曰坤。單拆單曰離，拆單拆曰坎。餘卦倣此。三背爲重，三字爲交，重交之爻謂發動。重作單屬陽，交作拆屬陰。凡動爻有

〔一〕「⚋」，底本、緑蔭堂本及光緒本均作「⚊」，據周易本義筮儀改。

變，重變拆，交變單。餘爻倣此。

六十四卦名

乾爲天，天風姤，天山遯，天地否，風地觀，山地剥，火地晉，火天大有。乾宮八卦皆屬金。

坎爲水，水澤節，水雷屯，水火既濟，澤火革，雷火豐，地火明夷，地水師。坎宮八卦皆屬水。

艮爲山，山火賁，山天大畜，山澤損，火澤睽，天澤履，風澤中孚，風山漸。艮宮八卦皆屬土。

震爲雷，雷地豫，雷水解，雷風恒，地風升，水風井，澤風大過，澤雷隨。震宮八卦皆屬木。

巽爲風，風天小畜，風火家人，風雷益，天雷無妄，火雷噬嗑，山雷頤，山風蠱。巽宮八卦皆屬木。

離爲火，火山旅，火風鼎，水火未濟，山水蒙，風水渙，天水訟，天火同人。離宮八卦皆屬火。

坤爲地，地雷復，地澤臨，地天泰，雷天大壯，澤天夬，水天需，水地比。坤宮八卦皆屬土。

兑爲澤，澤水困，澤地萃，澤山咸，水山蹇，地山謙，雷山小過，雷澤歸妹。兑宮八卦皆屬金。

納甲裝卦歌從下裝起。

乾金甲子外壬午，子寅辰午申戌。坎水戊寅外戊申，寅辰午申戌子。艮土丙辰外丙戌，辰午申戌子寅。震木庚子外庚午，子寅辰午申戌。巽木辛丑外辛未，丑亥酉未巳卯。離火己卯外己酉，卯丑亥酉未巳。坤土乙未外癸丑，未巳卯丑亥酉。兑金丁巳外丁亥，巳卯丑亥酉未。

安世應訣

八卦之首世六當，已下初爻輪上颺。游魂八宫四爻立，歸魂八卦三爻詳。

六獸歌

甲乙起青龍，丙丁起朱雀，戊日起勾陳，己日起螣蛇，庚辛起白虎，壬癸起玄武。從下裝起。

六獸起例

今以甲乙丙丁日附載爲式，餘倣此。

	甲乙日例	丙丁日例
六爻	玄武	青龍
五爻	白虎	玄武
四爻	螣蛇	白虎
三爻	勾陳	螣蛇
二爻	朱雀	勾陳
初爻	青龍	朱雀

安月卦身訣

陰世則從五月起，陽世還從子月生。欲得識其卦中意，從初數至世方真。

卦身之爻，爲所占事之主。若無卦身，則事無頭緒。倘卦身有傷，其事難成矣。

三合會局歌

申子辰會成水局，巳酉丑會成金局，寅午戌會成火局，亥卯未會成木局。

長生掌訣

長生，沐浴，官帶，臨官，帝旺，衰，病，死，墓，絶，胎，養。

假如火長生在寅，從寅上起順行，卯上沐浴，辰上官帶，依次順行。木長生在亥，從亥上起。餘可類推。

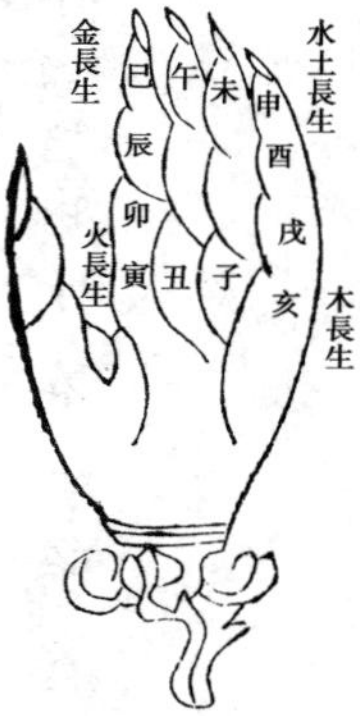

禄馬羊刃歌

甲禄在寅，卯爲羊刃。乙禄到卯，辰爲羊刃。丙戊禄在巳，午爲羊刃。丁己禄居午，未爲羊刃。庚禄居申，酉爲羊刃。辛禄到酉，戌爲羊刃。壬禄在亥，子爲羊刃。癸禄在子，丑爲羊刃。

申子辰馬居寅，巳酉丑馬在亥，寅午戌馬居申，亥卯未馬在巳。右禄馬羊刃，從日辰上起。凡卜家宅終身者，從本人本命上起亦是。

貴人歌訣 如甲戊日卜卦，見丑未爻，即是日貴人。又如甲戊生人見之，爲命貴人。

甲戊兼牛羊，乙己鼠猴鄉。丙丁猪雞位，壬癸兔蛇藏。庚辛逢馬虎，此是貴人方。

三刑六害歌

寅刑巳，巳刑申，丑戌相刑未並臻。子刑卯，卯刑子，辰午酉亥自相刑。六害子未不堪親，丑害午兮寅巳真。卯害辰兮申害亥，酉戌相穿轉見深。

八宫諸物

乾爲馬，坤爲牛，震爲龍，巽爲雞，坎爲豕，離爲雉，艮爲狗，兑爲羊。

八宫諸身

乾爲首，坤爲腹，震爲足，巽爲股，坎爲耳，離爲目，艮爲手，兑爲口。

定間爻歌

世應當中兩間爻，忌神發動莫相交。元辰與用當中動，生世扶身事事高。

年上起月法

甲己之年丙作首，乙庚之歲戊爲頭。丙辛之位從庚上，丁壬壬位順行流。戊癸之年何方法？甲寅之上好追求。

日上起時法

甲己還加甲，乙庚丙作初。丙辛從戊起，丁壬庚子居。戊癸何方法？壬子是順行。

定寅時法

正九五更二點徹，二八五更四點歇。三七平光是寅時，四六日出寅無别。五月日高三丈地，十月十二四更二。仲冬纔到四更初，便是寅時君須記。

通玄賦

易爻不妄成，神爻豈亂發？體象或既成，無者形憂色。始須論用神，次必看原神。三合會用吉，禄馬最爲良。爻動始爲定，次者論空亡。六沖主沖併，刑剋俱主傷。世應俱發動，必然有改張。龍動家有喜，虎動主有喪。勾陳朱雀動，田土與文章。財動憂尊長，父動損兒郎。子動男人滯，兄動女人殃。出行宜世動，歸魂不出疆。用動值三合，行人立回莊。占宅財龍旺，豪富冠一鄉。父母爻興旺，爲官至侯王。福神若持世，官訟定無妨。勾陳剋玄武，捕賊不須忙。父病嫌財殺，財興母不長。無鬼病難療，鬼旺主發狂。請看考鬼曆，禱謝得安康。占婚嫌剋用，占産看陰陽。若要問〔一〕風水，三四世吉昌。長生墓絶訣，卦卦要審詳。萬千言不盡，略舉其大綱。分別各有類，無物不包藏。

碎金賦

子動生財，不宜父擺；兄動剋財，子動能解。財動生鬼，切忌兄摇；子動剋鬼，財動能消。父動生兄，忌財相剋；鬼動剋兄，父動能泄。鬼動生父，忌子交重；財動剋父，鬼動能中。兄動生子，忌鬼摇揚；父動剋子，兄動無妨。子興剋鬼，父動無妨；若然兄動，鬼必遭傷。財興剋父，兄動無憂；若然子動，父命難留。父興剋子，財動無事；若是鬼興，其子必死。鬼興剋兄，子動可救；財若交重，兄弟不久。兄興剋財，鬼興無礙；若是父興，財遭剋害。

本文皆言生剋制化之理，以明凶中藏吉、吉内藏凶耳。如金動本生水也，得火動則制金，而金不能生水矣。如火動可剋金也，得水動則制火，而火不能傷金矣。如金逢火動，則受剋也，得土動則火貪生于土，忘剋于金，名爲貪生忘剋，金反吉也。如火動剋金，而土爻安静，更逢木動，木助火剋金，必凶也。學者宜按五行生剋制化推之，吉凶了然矣。

〔一〕「問」，底本作「門」，據緑蔭堂本改。

諸爻持世訣

世爻旺相最爲强，作事亨通大吉昌。謀望諸般皆遂意，用神生合妙難量。旬空月破逢非吉，剋害刑沖遇不良。

父母持世主身勞，求嗣妾衆也難招。官動財安宜赴試，財摇謀利莫心焦。占身財動無賢婦，又恐區區壽不高。

子孫持世事無憂，求名切忌坐當頭。避亂許安失可得，官訟從今了便休。有生無剋諸般吉，有剋無生反見愁。

鬼爻持世事難安，占身不病也遭官。財物時時憂失脱，功名最喜世當權。入墓愁疑無散日，逢沖轉禍變成歡。

財爻持世益財榮，兄若交重不可逢。更遇子孫明暗動，利身剋父喪文風。求官問訟宜財托，動變兄官萬事凶。

兄弟持世莫求財，官興須慮禍將來。朱雀并臨防口舌，如摇必定損妻財。父母相生身有壽，化官化鬼有奇灾。

世應生剋空亡動靜訣

世應相生則吉，世應相剋則凶。世應比和事却中，作事謀爲可用。應動他人反變，應空他意難同。世空世動我心慵，只恐自家懶動。

卦身喜忌訣

身臨福德不見官，所憂必竟變成歡。目前凶事終須吉，緊急還來漸漸寬。身臨原用與青龍，定期喜事入門中。若逢驛馬身爻動，出路求謀事事通。身爻切忌入空亡，作事難成且守常。刑傷破絶皆爲忌，勸君安分守家邦。

飛伏生剋吉凶歌

伏剋飛神爲出暴，飛來剋伏反傷身。伏去生飛名泄炁，飛來生伏得長生。爻逢伏剋飛無事，用見飛傷伏不寧。飛伏不和爲無助，伏藏出現審來因。

斷易勿泥神煞

易卦陰陽在變通，五行生剋妙無窮。時人須辨陰陽理，神煞休將定吉凶。

六爻安静訣

卦遇六爻安静，當看用與日辰。日辰剋用及相刑，作事宜當謹慎。更在世應推究，忌神切莫加〔一〕臨。世應臨用及原神，作事斷然昌盛。

六爻亂動訣

六爻亂動事難明，須向宫中看用神。用若休囚遭剋害，須知此事費精神。

忌神歌

看卦先須看忌神，忌神宜静不宜興。忌神急要逢傷剋，若遇生扶用受刑。

原神歌

原神發動志揚揚，用伏藏兮也不妨。須要生扶兼旺相，最嫌化剋及逢傷。

用神不上卦訣

正卦如無變又無，就將首卦六親攻。動爻生用終須吉，若遇交重剋用凶。

〔一〕「加」，緑蔭堂本作「如」。

用神空亡訣

發動逢沖不謂空，静空遇剋却爲空。忌神最喜逢空吉，用與原神不可空。春土夏金秋樹木，三冬逢火是真空。旬空又值真空象，再遇爻傷到底空。

用神發動訣

用爻發動在宫中，縱值休囚亦不凶。更得生扶兼旺相，管教作事永亨通。

日辰訣

問卦先須看日辰，日辰剋用不堪親。日辰與用相生合，作事何愁不趁心。

六親發動訣

父動當頭剋子孫，病人無藥主昏沉。姻親子息應難得，買賣勞心利不存。觀望行人書信動，論官下狀理先分。士人科舉登金榜，失物逃亡要訴論。

子孫發動傷官鬼，占病求醫身便痊。行人買賣身康泰，婚姻喜美是前緣。産婦當生子易養，詞訟私和不到官。謁貴求名休進用，勸君守分聽乎天。

官鬼從來剋兄弟，婚姻未就生疑滯。病困門庭禍祟來，耕種蠶桑皆不利。出外逃亡定見灾，詞訟官非有囚繫。買賣財輕賭博輸，失脱難尋多暗昧。
財爻發動剋文書，應舉求名總是虚。將本經營爲大吉，親姻如意樂無虞。行人在外身將動，産婦求神易脱除。失物静安家未出，病人傷胃更傷脾。
兄弟交重剋了財，病人難愈未離灾。應舉奪標爲忌客，官非陰賊耗錢財。若帶吉神爲有助，出路行人便未來。貨物經商消折本，買婢求妻事不諧。

六親變化歌

父母化父母，進神文書許。化子不傷丁，化鬼官遷舉。化財宅長憂，兄弟爲泄氣。
子孫化退神，人財不稱情。化父田蠶敗，化財加倍榮。化鬼憂生産，兄弟謂相生。
官化進神禄，求官應疾速。化財占病凶，化父文書遂。化子必傷官，化兄家不睦。
妻財化進神，錢財入宅來。化官憂戚戚，化子笑咍咍。化父宜家長，化兄當破財。
兄弟化退神，凡占無所忌。化父妾奴驚，化財財未遂。化官弟有灾，化子却如意。

六獸歌斷

發動青龍附用通，進財進禄福無窮。臨仇遇忌都無益，酒色成灾在此中。
朱雀交重文印旺，煞神相併漫勞功。是非口舌皆因此，動出生身却利公。

屬），晉卦屬乾宫，故屬金，因此六爻與「我」的生剋關係分别爲生我者（土生金）、剋我者（火剋金）、我剋者（金剋木）、比合者、生我者（土生金）、剋我者（火剋金），亦即父母、官鬼、妻財、兄弟、父母、官鬼。

六、卦身的確定原理參照卷一安月卦身訣，根據每卦世爻的情况進行推算。若世爻爲陽爻，則從子開始推算；若世爻爲陰爻，則從午開始推算。陽世起子，從初爻開始依次爲子（初爻）、丑（二爻）、寅（三爻）、卯（四爻）、辰（五爻）、巳（上爻）；陰世起午，從初爻開始依次爲午（初爻）、未（二爻）、申（三爻）、酉（四爻）、戌（五爻）、亥（上爻）。根據世爻所在的爻位，找到對應的地支，如世爻爲陽爻且位於五爻，則從初爻起子，五爻對應辰，則卦身爲六爻中納辰之爻；如世爻爲陰爻且位於三爻，則從初爻起午，三爻對應申，則卦身爲六爻中納申之爻。值得注意的是，如果該卦存在一個納卦身相應地支之爻，則該爻爲卦身；偶爾也會出現一卦中有兩個納相應地支之爻，這種情况下則會出現兩個卦身；如果一卦中没有納卦身所納地支之爻，則爲無卦身或卦身伏藏的情况。

七、表格中所出現的「伏」，皆爲該卦所對應本宫卦的對應爻位所納地支。如遯卦初爻伏子水、子孫，所伏即爲遯卦所屬本宫卦乾卦初爻所納之子，及對應的五行所屬水、六親所屬子孫；二爻伏寅木、妻財，所伏即爲乾卦二爻所納之寅，及其五行所屬木、六親所屬妻財。

卦爻呈象并飛伏神卦身定例

乾卦屬金。

壬戌	、世	父母
壬申	、	兄弟
壬午	、	官鬼
甲辰	、應	父母
甲寅	、	妻財
甲子	、	子孫

乾者，健也。乾宮之首卦，名曰八純。財、官、父、兄、子俱全，爲本宮下七卦之伏神也。

天風姤屬金。

	壬戌	、	父母
	壬申	、	兄弟
卦身	壬午	、應	官鬼
	辛酉	、	兄弟
伏寅木、妻財。	辛亥	、	子孫
	辛丑	、、世	父母

姤者，遇也。卦中獨缺妻財，以乾卦第二爻寅木伏于本卦第二爻亥水之下。木長生在亥，亥水是飛神，寅木是伏神。水生木，謂之飛來生伏得長生。

天山遯屬金。

父母	、	壬戌	
兄弟	、應	壬申	
官鬼	、	壬午	
兄弟	、	丙申	
官鬼	、、世	丙午	伏寅木、妻財。
父母	、、	丙辰	伏子水、子孫。

遯者，退也。卦中缺妻財、子孫。以乾卦第二爻寅木伏于本卦第二爻午火之下。午火是飛神，寅木是伏神。木生火，謂之伏去生飛，名爲泄氣。以乾卦子水子孫伏于本卦初爻辰土之下。水墓在辰，謂之伏神入墓于飛爻也。

天地否屬金。

	壬戌	、應	父母
卦身	壬申	、	兄弟
	壬午	、	官鬼
	乙卯	、、世	妻財
	乙巳	、、	官鬼
伏子水、子孫。	乙未	、、	父母

否者，塞也。卦中缺子孫，以乾卦初爻子水子孫伏于本卦初爻未土之下。未土是飛神，子水是伏神。土剋水，謂之飛來剋伏。

風地觀屬金。

	辛卯	、	妻財
伏申金、兄弟。	辛巳	、	官鬼
	辛未	、、世	父母
	乙卯	、、	妻財
	乙巳	、、	官鬼
伏子水、子孫。	乙未	、、應	父母

觀者，觀也。卦中缺兄弟、子孫。以乾卦第五爻申金兄弟爻伏于本卦第五爻巳火之下。巳火是飛神，申金是伏神。金長生在巳，謂之伏下長生，遇引即出。以乾卦初爻子水子孫伏于本卦初爻未土之下。未土是飛神，子水是伏神。土剋水，謂之飛來剋伏。

山地剥屬金。

	丙寅	、	妻財
伏申金、兄弟。	丙子	、、世	子孫
卦身	丙戌	、、	父母
	乙卯	、、	妻財
	乙巳	、、應	官鬼
	乙未	、、	父母

剥者，落也。卦中缺兄弟，以乾卦第五爻申金伏于本卦第五爻子水之下。子水是飛神，申金是伏神。金生水，謂之伏去生飛，名爲泄氣。

火地晉屬金。

	己巳	、	官鬼
	己未	、、	父母
	己酉	、世	兄弟
卦身	乙卯	、、	妻財
	乙巳	、、	官鬼
伏子水、子孫。	乙未	、、應	父母

晉者，進也。乃乾宮之第七卦，名曰游魂。卦内缺子孫，以乾卦初爻子水子孫伏于本卦初爻未土之下。未土是飛神，子水是伏神。土剋水，謂之飛來剋伏。

火天大有屬金。

	己巳	、應	官鬼
	己未	、、	父母
	己酉	、	兄弟
	甲辰	、世	父母
卦身	甲寅	、	妻財
	甲子	、	子孫

大有者，寬也。乃乾宮之末卦，名歸魂。卦中財、官、父、兄、子俱全，不須尋伏。

坎爲水屬水。

戊子	、、世	兄弟
戊戌	、	官鬼
戊申	、、	父母
戊午	、、應	妻財
戊辰	、	官鬼
戊寅	、、	子孫

坎者，陷也。乃坎宮之首卦，名曰八純。卦內財、官、父、兄、子俱全，爲本宮下七卦之伏神也。

水澤節屬水。

卦身	戊子	、、	兄弟
	戊戌	、	官鬼
	戊申	、、應	父母
	丁丑	、、	官鬼
	丁卯	、	子孫
	丁巳	、世	妻財

節者，止也。卦中財、官、父、兄、子俱全，不須尋伏。

水雷屯屬水。

	戊子	、、	兄弟
	戊戌	、應	官鬼
	戊申	、、	父母
伏午火、妻財。	庚辰	、、	官鬼
	庚寅	、、世	子孫
	庚子	、	兄弟

屯者，難也。卦中缺妻財，以坎卦第三爻午火伏于本卦第三爻辰土之下。辰土是飛神，午火是伏神。火生土，謂之伏去生飛，名爲泄氣。

水火既濟屬水。

	戊子	、、應	兄弟
	戊戌	、	官鬼
	戊申	、、	父母
伏午火、妻財。	己亥	、世	兄弟
	己丑	、、	官鬼
伏寅木。卦身。	己卯	、	子孫

既濟者，合也。卦中缺妻財，以坎卦第三爻午火伏于本卦第三爻亥水之下。亥水是飛神，午火是伏神。火絶在亥，謂之伏神絶于飛爻也。

澤火革屬水。

	丁未	、、	官鬼
	丁酉	、	父母
	丁亥	、世	兄弟
伏午火、妻財。	己亥	、	兄弟
	己丑	、、	官鬼
卦身	己卯	、應	子孫

革者，改也。卦中缺妻財，以坎卦第三爻午火伏于本卦第三爻亥水之下。亥水是飛神，午火是伏神。火絶在亥，謂之伏神絶于飛爻也。

雷火豐屬水。

卦身	庚戌	、、	官鬼
	庚申	、、世	父母
	庚午	、	妻財
	己亥	、	兄弟
	己丑	、、應	官鬼
	己卯	、	子孫

豐者，大也。卦中財、官、父、兄、子俱全，不須尋伏。

地火明夷屬水。

	癸酉	、、	父母
	癸亥	、、	兄弟
	癸丑	、、世	官鬼
伏午火、妻財。	己亥	、	兄弟
	己丑	、、	官鬼
	己卯	、應	子孫

明夷者，傷也。乃坎宮之第七卦，名曰游魂。卦中缺妻財，以坎卦第三爻午火伏于本卦第三爻亥水之下。亥水是飛神，午火是伏神。火絶在亥，謂之伏神絶于飛爻也。

地水師屬水。

	癸酉	、、應	父母
	癸亥	、、	兄弟
伏申金。卦身。	癸丑	、、	官鬼
	戊午	、、世	妻財
	戊辰	、	官鬼
	戊寅	、、	子孫

師者，衆也。乃坎宮之末卦，名曰歸魂。卦中財、官、父、兄、子俱全，不須尋伏。

艮爲山屬土。

丙寅	、世	官鬼
丙子	、、	妻財
丙戌	、、	兄弟
丙申	、應	子孫
丙午	、、	父母
丙辰	、、	兄弟

艮者，止也。乃艮宮之首卦，名曰八純。卦内財、官、父、兄、子俱全，爲本宮下七卦之伏神也。

山火賁屬土。

	丙寅	、	官鬼
卦身	丙子	、、	妻財
	丙戌	、、應	兄弟
伏申金、子孫。	己亥	、	妻財
伏午火、父母。	己丑	、、	兄弟
	己卯	、世	官鬼

賁者，飾也。卦中缺父母、子孫。以艮卦第二爻午火伏于本卦第二爻丑土之下。丑土是飛神，午火是伏神。火生土，謂之伏去生飛，名爲泄氣。

山天大畜屬土。

	丙寅	、	官鬼
	丙子	、、應	妻財
	丙戌	、、	兄弟
伏申金、子孫。	甲辰	、	兄弟
伏午火、父母。	甲寅	、世	官鬼
	甲子	、	妻財

大畜者，聚也。卦中缺父母、子孫。以艮卦第二爻午火伏于本卦第二爻寅木之下。寅木是飛神，午火是伏神。木生火，火長生于寅，謂之飛來生伏得長生。以艮卦第三爻申金子孫伏于本卦第三爻辰土之下。辰土是飛神，申金是伏神。土生金，謂之飛來生伏。

山澤損屬土。

官鬼	、應	丙寅	
妻財	、、	丙子	
兄弟	、、	丙戌	
兄弟	、、世	丁丑	卦身。伏申金、子孫。
官鬼	、	丁卯	
父母	、	丁巳	

損者，益也。卦中缺子孫，以艮卦第三爻申金子孫伏于本卦第三爻丑土之下。丑土是飛神，申金是伏神。金墓在丑，謂之伏神入墓于飛爻也。

火澤睽屬土。

父母	、	己巳	
兄弟	、、	己未	子水、伏妻財。
子孫	、世	己酉	
兄弟	、、	丁丑	
官鬼	、	丁卯	卦身
父母	、應	丁巳	

睽者，背也。卦中缺妻財，以艮卦第五爻子水妻財伏于本卦第五爻未土之下。未土是飛神，子水是伏神。土剋水，謂之飛來剋伏。

天澤履屬土。

	壬戌	、	兄弟
伏子水、妻財。	壬申	、世	子孫
	壬午	、	父母
	丁丑	、、	兄弟
	丁卯	、應	官鬼
伏辰土。卦身。	丁巳	、	父母

履者，禮也。卦中缺妻財，以艮卦第五爻子水妻財伏于本卦第五爻申金之下。申金是飛神，子水是伏神。金生水，水長生于申，謂之飛來生伏得長生。

風澤中孚屬土。

	辛卯	、	官鬼
伏子水、妻財。	辛巳	、	父母
	辛未	、、世	兄弟
伏申金、子孫。	丁丑	、、	兄弟
	丁卯	、	官鬼
	丁巳	、應	父母

中孚者，信也。乃艮宮第七卦，名曰游魂。卦中缺妻財、子孫。以艮卦第五爻子水妻財伏于本卦第五爻巳火之下。巳火是飛神，子水是伏神。水絶在巳，謂之伏神絶于飛爻也。以艮卦申金子孫伏于本卦第三爻丑土之下。丑土是飛神，申金是伏神。金墓在丑，謂之伏神入墓于飛爻也。

風山漸屬土。

	辛卯	、應	官鬼
伏子水、妻財。	辛巳	、	父母
	辛未	、、	兄弟
	丙申	、世	子孫
	丙午	、、	父母
	丙辰	、、	兄弟

漸者，進也。乃艮宮之末卦，名曰歸魂。卦中缺妻財，以艮卦第五爻子水妻財伏于本卦第五爻巳火之下。巳火是飛神，子水是伏神。水絶在巳，謂之伏神絶于飛爻也。

震爲雷屬木。

庚戌	、、世	妻財
庚申	、、	官鬼
庚午	、	子孫
庚辰	、、應	妻財
庚寅	、、	兄弟
庚子	、	父母

震者，動也。乃震宮之首卦，名曰八純。卦中財、官、父、兄、子俱全，爲本宮下七卦之伏神也。

雷地豫屬木。

	庚戌	、、	妻財
	庚申	、、	官鬼
卦身	庚午	、應	子孫
	乙卯	、、	兄弟
	乙巳	、、	子孫
伏子水、父母。	乙未	、、世	妻財

豫者，悦也。卦中缺父母，以震卦初爻子水父母伏于本卦初爻未土之下。未土是飛神，子水是伏神。土剋水，謂之飛來剋伏。

雷水解屬木。

庚戌	、、	妻財	
庚申	、、應	官鬼	
庚午	、	子孫	
戊午	、、	子孫	
戊辰	、世	妻財	
戊寅	、、	兄弟	伏子水、父母。

解者，散也。卦中缺父母，以震卦初爻子水父母伏于本卦初爻寅木之下。寅木是飛神，子水是伏神。水生木，謂之伏去生飛，名爲泄氣。

雷風恒屬木。

庚戌	、、應	妻財	
庚申	、、	官鬼	
庚午	、	子孫	
辛酉	、世	官鬼	
辛亥	、	父母	卦身。伏寅木、兄弟。
辛丑	、、	妻財	

恒者，久也。卦中缺兄弟，以震卦第二爻寅木伏于本卦亥水之下。亥水是飛神，寅木是伏神。水生木，木長生在亥，謂之飛來生伏得長生。

地風升屬木。

卦身	癸酉	、、	官鬼
	癸亥	、、	父母
伏午火、子孫。	癸丑	、、世	妻財
卦身	辛酉	、	官鬼
伏寅木、兄弟。	辛亥	、	父母
	辛丑	、、應	妻財

升者，進也。卦中缺兄弟、子孫。以震卦第二爻寅木兄弟伏于本卦第二爻亥水之下。亥水是飛神，寅木是伏神。水生木，木長生在亥，謂之飛來生伏得長生。以震卦第四爻午火子孫伏于本卦第四爻丑土之下。丑土是飛神，午火是伏神。火生土，謂之伏去生飛，名爲洩氣。

水風井屬木。

	戊子	、、	父母
	戊戌	、世	妻財
伏午火、子孫。	戊申	、、	官鬼
伏辰土。卦身。	辛酉	、	官鬼
伏寅木、兄弟。	辛亥	、應	父〔一〕母
	辛丑	、、	妻財

井者，静也。卦中缺兄弟、子孫。以震卦第二爻寅木兄弟伏于本卦第二爻亥水之下。亥水是飛神，寅木是伏神。水生木，木長生在亥，謂之飛來生伏得長生。以震卦第四爻午火子孫伏于本卦第四爻申金之下。申金是飛神，午火是伏神。火剋金，謂之伏剋飛神爲出暴。

〔一〕「父」，底本闕，據緑蔭堂本及光緒本補。

澤風大過屬木。

	丁未	、、	妻財
	丁酉	、	官鬼
伏午火、子孫。	丁亥	、世	父母
	辛酉	、	官鬼
伏寅木、兄弟。	辛亥	、	父母
	辛丑	、、應	妻財

大過者，禍也。乃震宮第七卦，名曰游魂。卦中缺兄弟、子孫。以震卦第二爻寅木兄弟伏于本卦第二爻亥水之下。亥水是飛神，寅木是伏神。水生木，木長生在亥，謂之飛來生伏得長生。以震卦第四爻午火子孫伏于本卦第四爻亥水之下。亥水是飛神，午火是伏神。火絕在亥，謂之伏神絕于飛爻也。

澤雷隨屬木。

	丁未	、、應	妻財
伏申金。卦身。	丁酉	、	官鬼
伏午火、子孫。	丁亥	、	父母
	庚辰	、、世	妻財
	庚寅	、、	兄弟
	庚子	、	父母

隨者，順也。乃震宮之末卦，名曰歸魂。卦中缺子孫，以震卦第四爻午火伏于本卦第四爻亥水之下。亥水是飛神，午火是伏神。火絶在亥，謂之伏神絶于飛爻也。

巽爲風屬木。

	辛卯	、世	兄弟
卦身	辛巳	、	子孫
	辛未	、、	妻財
	辛酉	、應	官鬼
	辛亥	、	父母
	辛丑	、、	妻財

巽者，順也。乃巽宮之首卦，名曰八純。卦内財、官、父、兄、子俱全，爲本宮下七卦之伏神也。

風天小畜屬木。

	辛卯	、	兄弟
	辛巳	、	子孫
	辛未	、、應	妻財
伏酉金、官鬼。	甲辰	、	妻財
	甲寅	、	兄弟
	甲子	、世	父母

小畜者，塞也。卦中缺官鬼，以巽卦第三爻酉金伏于本卦第三爻辰土之下。辰土是飛神，酉金是伏神。土生金，謂之飛來生伏。

風火家人屬木。

	辛卯	、	兄弟
	辛巳	、應	子孫
卦身	辛未	、、	妻財
伏酉金、官鬼。	己亥	、	父母
	己丑	、、世	妻財
	己卯	、	兄弟

家人者，同也。卦中缺官鬼，以巽卦第三爻酉金伏于本卦第三爻亥水之下。亥水是飛神，酉金是伏神。金生水，謂之伏去生飛，名爲泄氣。

風雷益屬木。

	辛卯	、應	兄弟
	辛巳	、	子孫
	辛未	、、	妻財
伏酉金、官鬼。	庚辰	、、世	妻財
	庚寅	、、	兄弟
	庚子	、	父母

益者，損也。卦中缺官鬼，以巽卦第三爻酉金伏于本卦第三爻辰土之下。辰土是飛神，酉金是伏神。土生金，謂之飛來生伏。

天雷无妄屬木。

壬戌	、	妻財
壬申	、	官鬼
壬午	、世	子孫
庚辰	、、	妻財
庚寅	、、	兄弟
庚子	、應	父母

无妄者，天災也。卦內財、官、父、兄、子俱全，不須尋伏。

火雷噬嗑屬木。

己巳	、	子孫
己未	、、世	妻財
己酉	、	官鬼
庚辰	、、	妻財
庚寅	、、應	兄弟
庚子	、	父母

噬嗑者，嚙也。卦內財、官、父、兄、子俱全，不須尋伏。

山雷頤屬木。

	丙寅	、	兄弟
巳火、伏子孫。	丙子	、、	父母
	丙戌	、、世	妻財
卦身。伏酉金、官鬼。	庚辰	、、	妻財
	庚寅	、、	兄弟
	庚子	、應	父母

頤者，養也。乃巽宮第七卦，名曰游魂。卦中缺子孫、官鬼。以巽卦第三爻酉金官鬼伏于本卦第三爻辰土之下。辰土是飛神，酉金是伏神。土生金，謂之飛來生伏。以巽卦第五爻巳火子孫伏于本卦第五爻子水之下。子水是飛神，巳火是伏神。水剋火，謂之飛來剋伏。

山風蠱屬木。

卦身	丙寅	、應	兄弟
伏巳火、子孫。	丙子	、、	父母
	丙戌	、、	妻財
	辛酉	、世	官鬼
	辛亥	、	父母
	辛丑	、、	妻財

蠱者，事也。乃巽宮之末卦，名曰歸魂。卦中缺子孫，以巽卦第五爻巳火伏于本卦第五爻子水之下。子水是飛神，巳火是伏神。水剋火，謂之飛來剋伏。

離爲火屬火。

卦身	己巳	、世	兄弟
	己未	、、	子孫
	己酉	、	妻財
	己亥	、應	官鬼
	己丑	、、	子孫
	己卯	、	父母

離者，麗也。乃離宮之首卦，名八純。卦内財、官、父、兄、子俱全，爲本宫下七卦之伏神也。

火山旅屬火。

	己巳	、	兄弟
	己未	、、	子孫
	己酉	、應	妻財
伏亥水、官鬼。	丙申	、	妻財
卦身	丙午	、、	兄弟
伏卯木、父母。	丙辰	、、世	子孫

旅者，客也。卦中缺父母、官鬼。以離卦初爻卯木父母伏于本卦初爻辰土之下。辰土是飛神，卯木是伏神。木剋土，謂之伏剋飛神爲出暴。以離卦第三爻亥水官鬼伏于本卦第三爻申金之下。申金是飛神，亥水是伏神。金生水，水長生在申，謂之飛來生伏得長生。

火風鼎屬火。

	己巳	、	兄弟
	己未	、、應	子孫
	己酉	、	妻財
	辛酉	、	妻財
	辛亥	、世	官鬼
卦身伏卯木、父母。	辛丑	、、	子孫

鼎者，定也。卦中缺父母，以離卦初爻卯木父母伏于本卦初爻丑土之下。丑土是飛神，卯木是伏神。木剋土，謂之伏剋飛神爲出暴。

火水未濟屬火。

	己巳	、應	兄弟
	己未	、、	子孫
	己酉	、	妻財
伏亥水、官鬼。	戊午	、、世	兄弟
	戊辰	、	子孫
	戊寅	、、	父母

未濟者，失也。卦中缺官鬼，以離卦第三爻亥水官鬼伏于本卦第三爻午火之下。午火是飛神，亥水是伏神。水剋火，謂之伏剋飛神爲出暴。

山水蒙屬火。

	丙寅	、	父母
	丙子	、、	官鬼
卦身。伏酉金、妻財。	丙戌	、、世	子孫
	戊午	、、	兄弟
	戊辰	、	子孫
	戊寅	、、應	父母

蒙者，昧也。卦中缺妻財，以離卦第四爻酉金妻財伏于本卦第四爻戌土之下。戌土是飛神，酉金是伏神。土生金，謂之飛來生伏。

風水渙屬火。

	辛卯	、	父母
	辛巳	、世	兄弟
伏酉金、妻財。	辛未	、、	子孫
伏亥水、官鬼。	戊午	、、	兄弟
卦身	戊辰	、應	子孫
	戊寅	、、	父母

渙者，散也。卦中缺妻財、官鬼。以離卦第三爻亥水官鬼伏于本卦第三爻午火之下。午火是飛神，亥水是伏神。水剋火，謂之伏剋飛神爲出暴。以離卦第四爻酉金妻財伏于本卦第四爻未土之下。未土是飛神，酉金是伏神。土生金，謂之飛來生伏。

天水訟屬火。

	壬戌	、	子孫
	壬申	、	妻財
	壬午	、世	兄弟
伏亥水、官鬼。	戊午	、、	兄弟
	戊辰	、	子孫
伏卯木。卦身。	戊寅	、、應	父母

訟者，論也。乃離宫第七卦，名曰游魂。卦中缺官鬼，以離卦第三爻亥水官鬼伏于午火之下。午火是飛神，亥水是伏神。水剋火，謂之伏剋飛神爲出暴。

天火同人屬火。

壬戌	、應	子孫
壬申	、	妻財
壬午	、	兄弟
己亥〔一〕	、世	官鬼〔二〕
己丑	、、	子孫
己卯	、	父母

同人者，親也。乃離宫之末卦，名曰歸魂。卦中財、官、父、兄、子俱全，不須尋伏。

〔一〕「己亥」，底本及諸校本均作「己酉」，誤，同人卦内卦爲離，故内三卦所納之甲當爲己卯、己丑、己亥，故據改。

〔二〕「官鬼」，底本及諸校本均作「妻財」，誤，同人卦所屬本宫卦爲離，屬火，第三爻地支爲亥，五行屬水，爲「克我者」，當爲官鬼。且後文云「卦中財、官、父、兄、子俱全」，故據改。

坤爲地屬土。

	癸酉	、、世	子孫
卦身	癸亥	、、	妻財
	癸丑	、、	兄弟
	乙卯	、、應	官鬼
	乙巳	、、	父母
	乙未	、、	兄弟

坤者，順也。乃坤宮之首卦，名曰八純。卦内財、官、父、兄、子俱全，爲本宮下七卦之伏神也。

地雷復屬土。

	癸酉	、、	子孫
	癸亥	、、	妻財
	癸丑	、、應	兄弟
	庚辰	、、	兄弟
伏巳火、父母。	庚寅	、、	官鬼
卦身	庚子	、世	妻財

復者，反也。卦中缺父母，以坤卦第二爻巳火父母伏于本卦第二爻寅木之下。寅木是飛神，巳火是伏神。木生火，火長生在寅，謂之飛來生伏得長生。

地澤臨屬土。

	癸酉	、、	子孫
	癸亥	、、應	妻財
卦身	癸丑	、、	兄弟
卦身	丁丑	、、	兄弟
	丁卯	、世	官鬼
	丁巳	、	父母

臨者，大也。卦中財、官、父、兄、子俱全，不須尋伏。

地天泰屬土。

	癸酉	、、應	子孫
	癸亥	、、	妻財
	癸丑	、、	兄弟
	甲辰	、世	兄弟
卦身 伏巳火、父母。	甲寅	、	官鬼
	甲子	、	妻財

泰者，通也。卦中缺父母，以坤卦第二爻巳火父母伏于本卦第二爻寅木之下。寅木是飛神，巳火是伏神。木生火，火長生在寅，謂之飛來生伏得長生。

雷天大壯屬土。

	庚戌	、、	兄弟
	庚申	、、	子孫
	庚午	、世	父母
伏卯木。卦身。	甲辰	、	兄弟
	甲寅	、	官鬼
	甲子	、應	妻財

大壯者，志也。卦中財、官、父、兄、子俱全，不須尋伏。

澤天夬屬土。

	丁未	、、	兄弟
	丁酉	、世	子孫
	丁亥	、	妻財
卦身	甲辰	、	兄弟
伏巳火、父母。	甲寅	、應	官鬼
	甲子	、	妻財

夬者，決也。卦中缺父母，以坤卦第二爻巳火父母伏于本卦第二爻寅木之下。寅木是飛神，巳火是伏神。木生火，火長生在寅，謂之飛來生伏得長生。

水天需屬土。

伏酉金。卦身。	戊子	、、	妻財
	戊戌	、	兄弟
	戊申	、、世	子孫
	甲辰	、	兄弟
伏巳火、父母。	甲寅	、	官鬼
	甲子	、應	妻財

需者，須也。乃坤宮之第七卦，名曰遊魂。卦中缺父母，以坤卦第二爻巳火父母伏于本卦第二爻寅木之下。寅木是飛神，巳火是伏神。木生火，火長生在寅，謂之飛來生伏得長生。

水地比屬土。

比者，和也。乃坤宮之末卦，名曰歸魂。卦中財、官、父、兄、子俱全，不須尋伏。

	戊子	、、應	妻財
	戊戌	、	兄弟
卦身	戊申	、、	子孫
	乙卯	、、世	官鬼
	乙巳	、、	父母
	乙未	、、	兄弟

兌爲澤屬金。

	丁未	、、世	父母
	丁酉	、	兄弟
卦身	丁亥	、	子孫
	丁丑	、、應	父母
	丁卯	、	妻財
	丁巳	、	官鬼

兌者，悅也。乃兌宮之首卦，名曰八純。卦內財、官、父、兄、子俱全，爲本宮下七卦之

伏神也。

澤水困屬金。

	丁未	、、	父母
	丁酉	、	兄弟
	丁亥	、應	子孫
卦身	戊午	、、	官鬼
	戊辰	、	父母
	戊寅	、、世	妻財

困者，危也。卦中財、官、父、兄、子俱全，不須尋伏。

澤地萃屬金。

卦身	丁未	、、	父母
	丁酉	、應	兄弟
	丁亥	、	子孫
	乙卯	、、	妻財
	乙巳	、、世	官鬼
	乙未	、、	父母

萃者，聚也。卦中財、官、父、兄、子俱全，不須尋伏。

澤山咸屬金。

	丁未	、、應	父母
	丁酉	、	兄弟
	丁亥	、	子孫
	丙申	、世	兄弟
伏卯木、妻財。	丙午	、、	官鬼
	丙辰	、、	父母

咸者，感也。卦中缺妻財，以兑卦第二爻卯木妻財伏于本卦第二爻午火之下。午火是飛神，卯木是伏神。木生火，謂之伏去生飛，名爲泄氣。

水山蹇屬金。

	戊子	、、	子孫
伏酉金。卦身。	戊戌	、	父母
	戊申	、、世	兄弟
	丙申	、	兄弟
伏卯木、妻財。	丙午	、、	官鬼
	丙辰	、、應	父母

蹇者，難也。卦中缺妻財，以兑卦第二爻卯木妻財伏于本卦第二爻午火之下。午火是飛神，卯木是伏神。木生火，謂之伏去生飛，名爲泄氣。

地山謙屬金。

	癸酉	、、	兄弟
	癸亥	、、世	子孫
	癸丑	、、	父母
	丙申	、	兄弟
伏卯木、妻財。	丙午	、、應	官鬼
	丙辰	、、	父母

謙者，退也。卦中缺妻財，以兑卦第二爻卯木妻財伏于本卦第二爻午火之下。午火是飛神，卯木是伏神。木生火，謂之伏去生飛，名爲泄氣。

雷山小過屬金。

	庚戌	、、	父母
	庚申	、、	兄弟
伏亥水、子孫。	庚午	、世	官鬼
	丙申	、	兄弟
卦身。伏卯木、妻財。	丙午	、、	官鬼
	丙辰	、、應	父母

小過者，過也。乃兑宮第七卦，名曰遊魂。卦中缺妻財、子孫。以兑卦卯木妻財伏于本卦第二爻午火之下。午火是飛神，卯木是伏神。木生火，謂之伏去生飛，名爲泄氣。以兑卦第四爻亥水子孫伏于本卦第四爻午火之下。午火是飛神，亥水是伏神。水剋火，謂

之伏剋飛神爲出暴。

雷澤歸妹屬金。

	庚戌	、、應	父母
	庚申	、、	兄弟
伏亥水、子孫。	庚午	、	官鬼
	丁丑	、、世	父母
	丁卯	、	妻財
	丁巳	、	官鬼

歸妹者，大也。乃兑宮之末卦，名曰歸魂。卦中缺子孫，以兑卦第四爻亥水子孫伏于本卦第四爻午火之下。午火是飛神，亥水是伏神。水剋火，謂之伏剋飛神爲出暴。

已上逐卦伏神及卦身定例。因易林補遺有陽伏陰、陰伏陽，卜筮全書有「乾坤來往換」等法之誤，故以逐卦細陳，以便後學。如六爻安静及動變之爻又無用神者，當推此例。如卦中變爻見有用神及卦身者，已有用神，不必再查伏神矣。假如天山遯卦安静缺妻財，以乾卦二爻寅木〔一〕伏遯卦二爻午火之下。如遯卦初爻發動，變成天火同人卦，初爻丙辰父母即變出己卯妻財。當以卯木妻財爲用神，不必看寅木矣。餘卦倣此。

〔一〕「木」，底本及光緒本均作「水」，據緑蔭堂本改。

卜筮正宗卷之三

古吴洞庭西山王維德洪緒著

十八論

用神分類定例第一

凡占祖父母、父母、師長、家主、伯叔、姑姨，與我父母同輩，或與父母年若之親友，及牆城、宅舍、舟車、衣服、雨具、求雨、紬布、氊貨、章奏、文章、館室，俱以父母爻爲用神。

凡占功名、官府、雷電、鬼神、丈夫、夫之兄弟同輩，及夫之相與朋友、亂臣、盜賊、邪祟、憂疑、病症、尸首、逆風，俱以官鬼爻爲用神。

凡占兄弟、姊妹、姊妹夫、妻之兄弟、世兄弟、結盟、同寅，及知交朋友，俱以兄弟爻爲用神。

凡占嫂與弟婦、妻妾，及友人之妻妾、婢僕、物價、錢財、珠寶、金銀、倉庫、錢糧、什物、器皿，及問天時晴明，俱以妻財爻爲用神。

凡占兒女、孫姪、女壻、門生、忠臣、良將、藥材、僧道、六畜、禽鳥、順風、解憂、避禍，及問天時日月星斗，俱以子孫爻爲用神。

世應論用神第二

凡卦中世、應二爻，世爲自己，應作他人。世應相生相合，是云賓主相投；世應相剋相沖，可見兩情不睦。凡占自己疾病，或問壽數，或問出行吉凶，諸凡損益自身者，以世爻爲用也。凡占無尊卑之稱呼、未曾深交之朋友、九流術士、仇人敵國，或指實某處地頭，或指此山、此水、此寺、此塔等類，俱以應爻爲用神也。如占自己有一地可造坟否，則世爲穴場、應爲對案。如將買他人之地而欲造坟，問此地若葬，益利我家否，以應作穴場、世是我家也。

用神問答第三

或曰：僕占主人，以父母爻爲用神，主人占僕，不以子孫爻爲用神，而以財爻爲用神，何也？答曰：一切撫養庇護我身者，以父母爻爲用神，即如城垣、宅舍、舟車、衣服等類是也。金銀、物件、婢僕等，一切驅使之類，以財爻爲用神是也。又曰：占兄弟之妻、妻之姊妹，以財爻爲用，占夫之兄弟，以官爻爲用，何也？答曰：兄弟之妻、妻之姊妹，與妻同輩人也，既夫占妻以財爻爲用，皆是財爻爲用矣。夫之兄弟，與夫同輩人也，既妻占夫以官爻爲用，皆是官爻爲用矣。又問：古書俱載兄弟爲風雲，今以官鬼之爻爲逆風，子孫之爻爲順風，何也？答曰：貴人以官爲官星，庶人以鬼爲禍祟。貴人以子孫之爻爲惡煞，庶人以子孫之爻爲福神。官乃拘束之星，鬼乃憂疑阻滯之宿。如連日風雨，或遇逆風，疾病纏染，官司擾害，盜賊憂虞，人心豈暢？福神能制官鬼，善解憂愁，故爲之用也。

原忌仇神論第四

凡占卦，要知原神。先看用神何爻，生用神之爻即是原神也。如用神旬空、月破、衰弱，或伏藏不現，得原神動來生之，或日辰、月建作原神生之，必待用爻出旬、出破，得令值日，所求必遂矣。如用神旺相，原神休囚不動，或動而變墓、變絶、變剋、變破、變退，或被日辰、月建剋制，皆不能生用，是用神根蒂被傷矣，是不惟無益，而反有損也。

凡占卦，要知忌神。亦先看用神，剋用神之爻即是忌神也。如忌神動來剋用，而用爻出現不空，則受剋也。倘卦中又動出一爻，原神生用，則忌神反生原神，是名貪生忘剋，則用神根蒂深固矣，其吉更倍也。如忌神獨發，而用神旬空，謂之避空。如伏藏不現，謂之避凶。如月建、日辰生用，謂之得救。如是等，仍爲吉兆，夫亦何嫌何疑哉？如忌神變回頭之剋，或日辰、月建剋沖之，或動爻制忌之，謂之賊欲害我，是賊先受害也，我又何傷？如日辰、月建生扶忌神，或忌神疊疊剋用，即使用神避空伏藏者，至出空出透時，便受其毒，難免其灾也。

凡占卦，要知仇神。先看剋制原神、生扶忌神者，即是仇神也。如卦中仇神發動，則原神被傷，用神無根，忌神倍力，其禍可勝道耶？

飛神正論第五

飛神有六：凡卦既有伏神，伏神之上者，飛神一也；六獸五類，飛神二也；他宫五類贅入本宫，取財、官、父、兄、子，飛神三也；一卦中上下兩爻一類，内静外興，外飛内，四也；外静内興，内飛外，五也；内外皆興，飛去，六也。

伏神正傳第六

夫伏神者，謂卦之有缺用神，纔看用神伏于何爻之下。既有用神現，即使旬空、月破、動静、生剋、合沖者，皆由機關之所發，是有病處，必以藥醫之。故空要值日，破要填合，伏待出露，沖待合，合待沖。此乃物窮必變，器滿則傾。若以破空爲無用，以乾爲坤之伏，大有五類俱全，又扯否卦爲伏，又爻爻有伏之説，豈非病失藥醫？其傳謬矣，至于學者無門可入。今陳一定不易之理，以便學者易于陞堂。且乾、坤、艮、兑、坎、離、震、巽乃八宫之首卦，名曰八純。其爻全金、木、水、火、土，其象備官、父、子、財、兄。本宫下七卦如缺一者，即以首卦爲伏。假令姤、遁無財，須向乾宫借寅木；遁、否、晉、觀缺水，移乾子水伏初爻；觀、剥少金，乾卦申金爲伏。今以乾卦爲法，他宫他卦皆是以本宫首卦爲下七卦之伏神也。

六獸評論第七

青龍最喜，悦而多仁，附忌神凡謀不利；白虎最凶，勇而好殺，生用神諸爲則吉。朱雀剋身，口舌是非常有，如來生用，文書音信當回；勾陳屬土，空則田園欠熟，剛强剋世，公差牽扯拘遲。螣蛇怪異虚驚，玄武私情盜賊。白虎血神，生產偏宜發動；午官朱雀，化水何忌火灾。螣蛇木鬼欺身，恐自縊難逃枷鎖；玄武官生静世，交小人莫慮干連。世剋静青龍，巡捕戲場酒肆；土鬼動勾陳，論祈禱速酬太歲，問病原腫脹黄浮。略舉六神取用，莫將六獸推尊。遇吉神般般云吉，持凶宿件件稱凶。

四生逐位論第八

火生于寅也，金生于巳也，水、土生于申也，木生于亥也。火庫于戌絶于亥，金庫于丑絶于寅，水、土庫于辰絶于巳，木庫于未絶于申。此長生、墓絶定例，卦卦必用者長生，爻爻須究者墓絶。除三者之餘，卦中俱弗重也。假令火之沐浴于卯爲相生，火之冠帶于辰、衰于未、養于丑爲泄氣。巳火臨官于巳爲伏吟，午火臨官于巳爲退神。巳火帝旺于午爲進神，午火帝旺于午爲伏吟。午火衰于未者，爲相合。午火病于申、巳，午火死于酉者，爲仇神。巳火病于申者，爲相合；胎于子者，爲相剋。午火胞胎于子，爲剋、爲沖、爲反吟。由此觀之，餘神奚足重哉！

月破論第九

凡卦中月破之爻，乃關因之所現也。動者亦能生剋他爻，變者亦能生剋本爻。目下雖破，出月不破矣。今日雖破，值日不破矣。月破最喜逢合填實，遠應年月，近應日時。如破而安静，再值旬空、衰弱，遇動爻、月建、日辰剋害，此等月破，謂之真破，到底破矣。

旬空論第十

凡卦中爻遇旬空，乃神機發現于此也。如旺相旬空，或休囚發動、日辰生扶、動爻生扶、動爻變空、伏而旺相，此等旬空到底有用，不過待其出旬值日。有合空、沖起、沖實、填補之法，後卷占驗註明。如休囚安静，或日辰剋、動爻剋、伏而被剋、静逢月破，值此等旬空者，謂之真空，到底空矣。

反吟卦定例第十一

反吟卦有二：有卦之反吟，有爻之反吟。卦之反吟，卦變相沖也；爻之反吟，爻變相沖也。爻變相沖者，查卦中惟有坤變巽、巽變坤。乾卦坐于西北，乾右有戌，乾左有亥。巽卦坐于東南，巽右有辰，巽左有巳。兩卦相對，有辰戌、巳亥相沖。故乾爲天卦變巽爲風卦、巽卦變乾、天風姤卦變風天小畜、小畜變姤，此乾、巽二卦相沖，反吟卦也。坎卦坐于正北，坎下坐子。離卦坐于正南，離下坐午。兩卦相對，有子午相沖。故坎爲水卦變離、離爲火卦變坎、水火既濟變未濟、火水未濟變既濟，此坎、離二卦相沖，反吟卦也。艮卦坐于東北，艮右有丑，艮左有寅。坤卦坐于西南，坤右有未，坤左有申。二卦相對，有丑未、寅申相沖。故艮爲山卦變坤、坤爲地卦變艮、山地剥卦變謙、地山謙卦變剥，此艮、坤二卦相沖，反吟卦也。震卦坐于正東，震下坐卯。兑卦坐于正西，兑下坐酉。兩卦兩對，有卯酉相沖，故震卦變兑、兑卦變震，雷澤歸妹變隨、澤雷隨卦變歸妹，此震、兑二卦相沖，反吟卦也。子變午、午變子，丑變未、未變丑，寅變申、申變寅，卯變酉、酉變卯，辰變戌、戌變辰，巳變亥、亥變巳，亦以此變出相沖，乃爻之反吟也。

伏吟卦定例第十二

伏吟卦有三。乾卦變震、震變乾，无妄變大壯、大壯變无妄，此子寅辰復化子寅辰、午申戌復化午申戌，内外卦之伏吟，一也。姤卦變恒、恒變姤，遁變小過、小過變遁，否變豫、豫變否，豐變同人、同人變豐，履變歸妹、歸妹變履，解變訟、訟變解，此午申戌復化午申戌，外卦之伏吟，二也。大有卦變噬嗑、噬嗑變大有，屯卦變需、需變屯，大畜變頤、頤變大畜，隨變夬、夬變隨，小畜變益、益變小畜，泰變復、復變泰，此子寅辰復變子寅辰，内卦之伏吟，三也。伏吟惟乾變震、震變乾，查他卦無伏吟也。

旺相休囚論第十三

春令木旺火相，夏令火旺土相，秋令金旺水相，冬令水旺木相，四季之月土旺金相，此八者旺相也。春土金兮，夏金水兮，秋木火兮，冬火土兮，此八者休囚也。凡卦中旺相之爻，倘被日辰及動爻剋制，目下貪榮得令，過時仍受其毒，此旺相者暫時之用也。凡卦中休囚之爻，如得日辰及動爻生扶，目下雖不能逞志，遇時仍然得意，此休囚者待時之用也。

合中帶剋論第十四

凡卦中子爻變丑、戌爻變卯，此子與丑合、卯與戌合。合中帶剋，合三剋七之分。如旺相得月日生扶幫比，或卦中動爻生之，是作合論也。如休囚失令，被月日剋之，或卦中動爻剋之，是作剋論也。惟申金化巳火者，即無月日與動爻相生，不作剋論，乃化合化長生也。倘寅月日占之，是三刑會聚，申被寅沖，則不可以吉論矣。

合處逢沖沖中逢合論第十五

合處逢沖有三：凡得六合變六沖，一也；日月沖爻，二也；動爻變沖，三也。沖中逢合亦有三：凡得六沖變六合，一也；日月合爻，二也；動爻變合，三也。合處逢沖，謀雖成而終散；沖中逢合，事已散而復成。

絶處逢生剋處逢生論第十六

金絶于寅，木絶于申，水、土絶于巳，火絶于亥。譬如寅日占卦，金爻絶于寅，如卦中有土爻動而生之，是絶處逢生也。申日占卦，木爻則絶于申，如卦中有水爻動而生之，是絶處逢生也。巳日占卦，水爻則絶于巳，如卦中有金爻動而生之，是絶處逢生也。亥日占卦，火爻則絶于亥，如卦中有木爻動而生之，是絶處逢生也。惟巳日占卦，土爻絶于巳，如月建生扶幫比，土爻不謂絶也，謂之日生。如土化出巳，有日月幫比，不云化絶，乃云回頭生也。如月日制土，則是絶于日也，則是化絶于爻也。如酉日占卦，寅爻被剋，卦中有水爻動而生之，是剋處逢生矣。餘例如之。大凡絶處逢生，寒谷逢春；剋處逢生，凶後見吉也。

變出進退神論第十七

凡卦中亥變子、丑變辰、寅變卯、辰變未、巳變午、未變戌、申變酉、戌變丑，乃進神也。進神者，吉凶倍增其勢也。

凡卦中子變亥、戌變未、酉變申、未變辰、午變巳、辰變丑、卯變寅、丑變戌，乃退神也。

退神者，吉凶漸減其威也。

卦有驗不驗論第十八

凡人問卦，惟致誠可以感格神明，故齋莊戒謹。指占一事，神前祝告，而後卜之。則是用是原、是忌是仇，動静生剋、合沖變化，旬空、月破、月建、日辰，研究其理，無不驗也。如卜者不審其本來之心，而妄斷之，則理有不通，不驗也。兼問幾事，則數有不逮，不驗也。如姦盜邪淫之事，則天有不容，不驗也。或乘便偶占，毫無誠敬，不驗也。又如與人代占，必先説明是何名分，方可就其親疏上下，分别用神，以爲占驗，庶無差誤。假如奴僕代主來占，則以父母爻爲用神。今乃有人自顧體面，不説實情，假托親戚，以致用神看差，雖占無益，不驗也。更或求卜之人心雖誠敬，或阻于他事，令人代卜，而代卜之人心或不誠，不驗也。又或一事而今日占之，明日又占之，或一人連占四五卦，是「再三瀆，瀆則不告」，不驗也。

闢諸書之謬〔一〕

闢增删卜易之謬

夫人因事有憂疑，惟卜可決，必致誠求卜，神必以吉凶相告。當以生剋、制化、動静之理細推，無不應驗。豈李文輝作增删卜易一書，首章云此書有十二篇秘法，单教世之全不知五行生剋之士，亦不必念卦書，只要學會點課，就知決斷吉凶，知功名之成敗，知財物之得失，知疾病之生死，知禍福之趨避。種種諸事，概不必念卦書，則知決斷。乃吾師野鶴老人苦心于世之秘法，「萬兩黄金無處求」等語。閲其秘法曰：求名以官爻爲用神，以子孫爻爲忌神。不要念卦書，不要看生剋、制化、動静、沖合，只要會裝卦，對神禱告曰：我若有功名，求賜官爻持世。卜一卦，官爻不臨世，再卜，再卜又無，再再卜，或明日再卜。倘得官爻持世，固知有名；倘得子孫持世，固知無名。求財見財爻持世則有，見兄弟持世

〔一〕此標題爲整理者據凡例所擬。

則無。卜病見有用神持世則生，見有忌神持世則死。諸卜皆以用神持世斷吉，忌神持世斷凶。如無用神、忌神持世，必要卜見方止。予想李文輝又愚也，何不以筶爿禱告，聖陰陽爲吉凶斷？更捷徑于此法也。今之珓筶者，豈不值萬萬兩黄金乎？總之，李文輝侮聖人之易，迷後世之途，予故闢之。

闢易林補遺伏神之謬

凡卦中用神不出現，查變爻有，不必尋伏神矣。倘變爻又無，然後查用神伏于何爻之下，看有提拔没有提拔，以定吉凶，無不應驗。其法譬如坤宫坤爲地卦，六爻五類備全，假使用爻旬空、月破、刑沖、剋害，即就其本爻有病者論吉凶。如復、臨、泰、大壯、夬、需、比七卦，倘正卦與變卦皆無用神，即將坤爲地卦内用神，爲伏本卦某爻之下。此法乃萬古一定不易，豈如張星元易林補遺總斷所云「飛伏在二儀交换，定然陽伏陰而陰伏陽，乾坤來往换，震巽兩邊求，艮兑相抽取，坎離遞送流」等語哉！若據彼，將天風姤卦爲地雷復卦之伏神，不知地雷復卦所缺者文書爻，應將本宫首卦爲伏，取坤之二爻巳火文書伏復卦二爻寅木之下。寅木爲飛，巳火爲伏，謂之飛來生伏。如占文書長輩事，屢驗巳日。若據張星元以天風姤卦爲復卦之伏，取姤卦第四爻午火伏復卦第四爻丑土下，妄將午火伏丑土泄氣之下爲凶，竟不以巳火伏長生之下爲吉。又如天山遁卦缺子孫，必以乾卦初爻子水子孫伏遁卦初爻辰土之下，水庫居辰，謂之入墓于飛爻也。看有提拔者吉，無提拔者凶。此亦萬古不易之法，而張星元竟將地澤臨卦第五爻癸亥水伏遁卦第五爻申金之下，則曰用神伏長生之下吉。是扯張甲當李乙，妄論吉凶。又言用神上卦如遇旬空、月破、刑沖、剋害，即當尋伏。又言歸魂卦皆將本宫第四卦爲伏。據稱大有卦初爻子水子孫值旬空，該將天地否卦爲伏神，而否卦六爻之内並無子孫，還是以出現旬空者凶乎，還是以伏卦中没有用神，無吉無凶乎？略闢其伏神一二之謬，以示後學。

闢易林補遺胎養衰病之謬

凡卜卦，爻遇長生、沐浴、冠帶、臨官、帝旺、衰、病、死、墓、絶、胎、養，卦中所重者長生、墓、絶，其沐浴、冠帶等七件，各有合沖、生剋、扶拱、進退神分别。假如申酉金沐浴于午，金化午，乃回頭剋也。或午日占，乃日辰剋也。如申化酉曰進神，如酉化申曰退神，如金化未戌土曰回頭生，如酉化卯曰反吟，申化辰曰回頭生，酉化辰曰化生合也。生剋、制化、合沖之間，神機報在，豈張星元以胎、養半吉之祥，以衰、病半凶之禍？若以胎、養半吉之祥，假令巳午火長生于寅、胎于子，寅卯木胎于酉，子亥水養于未，還是化胎、養半吉之祥，還是化回頭剋沒有半吉？如金爻爲用，動化戌土，是回頭生，凡占全吉。若據張星元説，衰、病半凶之禍。又如午火化未土，是化合，諸占欲散者得之見阻，欲成者得之可成。半凶半吉之謬，誤人不淺矣，故闢之。

闢卜筮全書世身之謬

卜筮全書以子午持世身居初，丑未持世身居二，寅申持世身居三，卯酉持世身居四，辰戌持世身居五，巳亥持世身居六。其註云：持世之辰是子，即以初爻安世身。如世爻旬空、月破，日辰刑沖、剋害，不必看世，當察身爻，以身爻代世爻之勞。如身爻吉則言吉，身爻凶則言凶。今人宗之，大誤于事，不知卦中所重者，生剋、制化、空破、刑沖、動静。如占自己吉凶，理當推世，以世爲我，以定吉凶是也。倘世爻逢凶，身爻逢吉，還是在于世之凶乎，還是在于身爻之吉乎？由此觀之，而「子午持世，身居初爻」諸謬甚矣！

辯天醫星之謬

凡占延醫用藥，以應爻爲醫生，以子孫爻爲藥石，此係萬古不易之理。今術家不察應爻之有用無用，不看子孫爻之動静旺衰，竟查天醫星之有無，則曰：天醫上卦，服藥有效，醫生可用；或查天醫不上卦，服藥無效，醫生不可用。倘天醫不上卦，而應臨子孫發動有氣，剋鬼生身，竟斷醫生不明，服藥無效，有失先天之妙旨。况醫生可寄死生，有關人命，予故辯之。

闢妄論本命之謬

大凡占病，當推用神，用神即如父占子病吉凶，以子孫爻爲用神類是也。今術家竟不參究用神生剋制化之理，而以病人之本命論吉凶死活。則曰：本命上卦斷之生，本命不上卦斷之死。且如用神受傷無救，而本命上卦，還是斷他用神受傷無救，必死耶，還是斷他本命上卦，不死耶？後學不可以病人之本命妄斷吉凶可也。

辯卜筮全書神煞之謬

昔京房作卦書，以神煞斷卦。如出行忌往亡，疾病忌喪車、沐浴、哭聲等煞，醫藥看天醫，求財忌劫煞，詞訟看官符。種種星煞，難以枚舉。以致後學宗之，不執定五行生剋制化，一味以神煞爲憑。至明劉伯温先生作千金賦云：自古神煞之多端，何如生剋制化之一理！斷易之法，始得歸于正宗矣。

辯貴人禄馬之謬

今人多以貴人之爻爲官宦，以禄爻爲俸禄，以驛馬爲來人，概以此論。不知貴人禄馬臨原神、用神，當以吉斷。假如卜終身，白虎官爻持世，得貴人臨之，當以武職功名許之；如無貴人并臨，當以病患强暴斷之。若貴人之爻臨忌神動來剋害，不可以貴人爲吉；如貴人臨官鬼爻持世，不可以官鬼爲禍患言凶。且如卜行人，當察用神。如用神臨驛馬動，歸期可訂；如驛馬動而用爻受傷，不可以驛馬斷其來。凡問俸禄，當以財爻爲用神是也。若棄財爻之吉凶，而獨以禄爻爲俸者，亦謬矣。禄係豐足之神，馬係行動之宿，貴人不過分别人品清高微賤之神。此三者臨吉神是吉，臨凶宿是凶，學者不可概推。

辯易林補遺應爲他人之謬

凡占交疏之常人，當以應爻爲他人，以應爻爲用神也。若異姓兄弟，或父叔之友、子孫之友，必分别稱呼老幼取用神是也。不可概曰：我占他人，以應爻爲用神。予因張星元不論父友、子友，皆以應爻爲用神，甚至奴僕、妻婢、弟兄、父母、叔伯、鄰長，概曰：我代他占，皆以應爲用神。今據張星元作妻妾奴僕去留章云：「以財爲主，應象爲憑。」疾病章云：「代卜他人看應爻，若臨月破最難逃。遇沖遇剋身難救，逢旺逢生病必消。生應原神宜發動，剋他忌象怕重交。卦身有氣還須吉，應位逢官禍必招。」又有鬭毆爭競章云：「以世應爲主，生剋爲憑。」假如子姪與人鬭毆爭競，惟恐受虧，故卜。豈可不看子孫爻生剋，竟以世爻爲主，生剋世應爲憑乎？又有詞訟章云：「以官爻爲主，父母爻爲憑。文詞相訴至公庭，須看官爻父母興。」倘然，官父二爻動來剋我，還是以官父二爻動，説有主有憑是吉乎，還是剋害我者是凶乎？今之術家，凡遇代占，則不論尊卑，概以應爻爲用，凡爲詞訟，獨用官爻，總不論用神生剋制化，予不得不辯之。

闢易林補遺月破旬空之謬

凡卦中月破之爻發動旺相，或遇動爻生合、日神生合，或化回頭生合，不過在月内不能爲吉凶，出月值日合補，亦能吉能凶。張星元言月破無可救解，概以凶推。凡卦中旬空之爻，或旺相安静，休囚發動，日辰生合沖之，或變出者，或伏而有提拔者，屢試屢驗，應在出旬。不意張星元言：旬空之爻，猶如卦中無此一爻也，惟月建臨之，則曰月建不作旬空，日辰不爲月破。致後學一見月破，無可解救；一見旬空，没有此爻。又曰「月建不作旬空」註曰：全空半空，凡陽日遇陽爻、陰日遇陰爻，皆作全空；陽日遇陰爻、陰日遇陽爻，皆作半空。試問如人占病，或得全空者，固知其必死；倘得半空者，還是病人死一半、活一半耶？其謬極至此，不得不闢之。

辯互卦

古大聖以蓍草演成一卦，推體象、用象、互象、爻辭，定事之吉凶。體象爲我，用象爲事。卦有内三爻、外三爻，世坐之處爲體，應坐之處爲用。譬如天地否卦，世居内坤第三爻，應居外乾第六爻，即以内宫坤卦爲體象，以外宫乾卦爲用象。内坤屬土，外乾屬金，謂之體去生用，不吉。再看互卦，互卦之法，亦以否卦爲例：除上六爻單，除下初爻拆，從第二爻起至四爻，見拆、拆、單，即内宫互成艮卦；從三爻至五爻，見拆、單、單，即外宫互成巽卦。艮卦屬土，巽卦屬木，木爲乾宫否卦之財，如求妻財者得之，謂之用來剋體，吉。爻辭者，爻見單屬陽曰九，爻見拆屬陰曰六。即乾卦初爻，易曰：「初九，潛龍勿用。」又如否卦初爻，易曰：「初六，拔茅茹，以其彙，貞吉，亨。」否之四爻，曰：「九四，有命無咎，疇離祉。」鬼谷子仙師因易理浩蕩深遠，恐愚人不能參透，以錢代蓍卜，定財、官、父、兄、子，生剋制化，分别原、用、仇、忌四神，刑沖、剋害、生扶、拱合、動静、空破之法，使後學易覺，吉凶易剖。自後以蓍演易者，不察互體、用象、爻辭而不靈，以錢卜卦者，用之則不驗。學者宜知蓍演、錢卜斷法不同。

闢易林補遺終身大小限之謬

或爲功名而卜終身有無，或因貧賤而卜終身富貴，或爲無子而卜終身有無，或卜壽夭，或習藝業而卜終身可賴，或爲行道而卜終身可行，或爲弟兄子姪之終身如何。種種卜者，各有用神，諸書惟增删卜易有野鶴論分占終身之法甚妥。大概總言卜終身吉凶，宜向六親生尅制化、刑沖尅合、動静空破之間是問。神必以吉凶之機現于爻，以成敗之機現于卦。憶予于戊辰年辰月丙辰日，卜自己終身成敗，得旅之蠱卦。彼時祖業豐裕，妄想富貴，此卦子孫朱雀持世，官爻入墓于日，顯然功名不可問也。文書爻伏于世爻陰象之下，顯然早年失慈。卦得六合，財福得合，顯然祖業豐厚。此皆卜卦前之事也，方上有嚴君，新婚未幾，後來興廢刑傷，自然有驗。孰知辛未年喪父得子。是年父爻入墓之年也。五爻爲長房，持未土子孫，果得長子。甲戌年生次子，予語一友曰：「奇哉！此卦五爻持未，長子屬羊，四爻化戌，次子屬犬，初爻持辰，必末子屬龍矣！」友曰：「土主五數，該有五子。」予曰：「非也！一重土數主五，以衰旺爲之增減，今子孫多現，理當見一有一。」後至丁丑年生一子。友曰：「汝言後子屬龍，今屬牛者何來？」予曰：「雖得此子，不在數中，恐難養耳！」果次年即夭。至庚辰年，果得子。自甲戌歲予年二十六，家業漸廢。己卯遠行，壬午二月歸，妻已故矣。節年顛沛，竟以賣卜爲生。或曰：「因何廿六歲顛沛起？」予曰：「交甲戌年應財值年旬空，財臨白虎化月破，世位逢沖之年，謂合處逢沖也。卯年沖應上財爻，以致夫妻遠别，妻死不面。妻財爻又受午年之剋也，卯月妻財爻又逢月建沖之。至于賣卜爲業，朱雀持世，卦屬離宮，斯文之象。次子無成，白虎戌土子孫，值年、月、日三破。甲申年始得安穩。」由此卦觀之，黄金策云：「若問成家，嫌六沖之爲卦；要知創業，喜六合之成爻。」予之先成後敗者，此也。若以易林補遺初爻起，每爻各管五年，是大限；初爻起，每爻各值一年，是小限。予廿一歲至廿五歲，大限在五爻，臨未土子孫，廿三歲何致父故？三十一歲至三十五歲，大限在初爻，臨辰土子孫，三十四歲何致剋妻？大限如是，小限可知矣。又曰變卦管三十歲後，何于廿六歲已先破家？三十五歲至四十歲，大限在第二爻，兄弟勾陳處，何以反得安穩？若以互卦，内見巽爲文書，外見兑金爲妻財，而卦中既互有文書妻財，何至雙親早喪、中年失偶？若依張星元之法，不過惑人曰：終身卦要如是推筭大限、小限，不比尋常小卦，酬謝宜多。究竟禍福吉凶，並無絲毫之驗。後人欲卜終身者，當知興廢大局報于卦，刑傷剋害、際遇機緣報于爻。若年年如是，月月照常，而爻中不及報應，妄推無准，莫若名利、禍福、壽夭逐件分占，便可顯而見也。學者當用意推詳之。

闢易林補遺家宅之謬

斷家宅之謬者，惟易林補遺之説，即如其以卦分旺相死没。立春後，艮旺、震相、巽胎、離没、坤死、兑囚、乾休、坎廢。春分後，震旺、巽相等説。又云：凡看人宅六事，内外二卦皆臨旺相，爻内總無財官，也主興隆。如臨死囚休廢，總有財官、青龍、天喜，亦無佳兆。試問倘立春後，卜得頤、小過、蠱、漸、恒、益等卦，俱值旺相胞胎，必斷其富貴無窮之好？如卜得晉、明夷、臨、萃、比、師等卦，必斷其敗壞不止之凶？由此論之，生剋制化之理烏有，竟爲吉凶禍福捷徑之法。其謬猶可，其大謬者，以官爻爲家主之爻，又以五爻爲家主之爻，倘遇官爻壞五爻好，則家主之吉凶何分？據云子孫動則廣進家資，此一句係古法也，雖則不謬，然以官鬼爲家主，則子孫不可動，動則剋傷官爻矣。若據張星元之論，欲要進家業者，反欲剋傷其父乎？又據云初爲兒女與雞鵝、井連、基地，試問初爻逢凶，兒女、雞鵝、井泉、地基概凶矣，豈死雞鵝之家，兒女亦必死乎？井必頽乎？基必破乎？二言妻妾兼猫犬、竈及華堂，試問二爻逢凶，妻妾、貓犬、竈與華堂概凶矣，豈死猫犬之家，妻妾亦必至于死乎？死妻妾之家，乃因竈與華堂之碍乎？止陳兩爻之謬，其餘不及盡述。凡卜家宅，當以用神分別明白。後卷有家宅六爻分斷，學者詳之，庶無誤矣。

闢易林補遺婚姻嫁娶之謬

一婚姻嫁娶，惟易林補遺之説最謬，以内外卦世應爻爲主，以陰陽財鬼爻爲憑。凡男卜女家，内卦爲夫、外卦爲婦，又以世爲夫、應爲婦，凡女卜男家，以外卦爲夫、内卦爲婦，世爻爲婦、應爻爲夫等説，使後學無定見。假如男家卜婚姻，或遇外卦凶而應爻吉，此婚姻亦好亦不好，究竟可配不可配耶？今人宗之，不問父母叔伯爲卜子姪女婚，不問兄弟母舅爲卜甥弟女婚，一概以世應論夫婦，官鬼妻財爲夫婦，不以用神生剋制化之理，定其夫婦之吉凶，大失先天妙旨。孰知世應財官各有分别，世爻爲我家，應爻爲彼家，女人自卜嫁此郎爲夫，當以官爻爲夫，世爲自己，官世相生相合，官陽世陰，此謂之得地。男人自卜娶此女爲妻，當以財爲婦，世爲自己，財世相生相合，財陰世陽，亦謂之得地。或父母尊長輩爲子孫婚，欲配某家女爲媳，以子孫爲用神，世上子孫或陽象，子孫皆指言我家之男也，應上子孫或陰象，子孫皆指言彼之女也。無沖破、有生合，自然可配，夫婦和諧。無生合、有沖剋，自然夫婦不睦。或休囚，或受剋，自然不壽。如父爲子婚，世位而受傷者，自然悖逆而刑翁；財爻而受生者，自然孝順而益姑。或爲弟娶妹嫁者，皆以兄弟爻爲用神也。曾于午建乙卯日，父爲女擇壻，得否卦安静。一人執此卦問予曰：「世陰應陽，官星旺令，卦得六合，日辰持財，財官相生，六爻安静，是必佳偶乎？」予曰：「若依張星元論，是佳偶也。子孫伏而旬空，是必無子息也。據予斷，子水子孫伏陰爻未土之下，惟恐令愛不壽耳。」其人不然而去，後成姻不久，此女病故。又一人，申月甲午日，父爲子擇媳，得復之噬嗑卦。予曰：「應爻合成子孫局生世，不但嫁資豐厚，更可享其孝順之福。」後至巳年完婚，果孝順賢淑，贈嫁不凡。若據張星元之説，官爲夫，此卦寅木夫星月破，又被金局剋，是必剋夫，何完婚已及二十年，翁姑在堂，夫婦和諧，不惟子多，近已得孫矣！後學當如是斷，庶無棄吉就凶，以致誤人婚配也。

辯六爻諸占之謬

天玄賦以六爻定諸占之例，惟占國事，以五爻爲天子之位，家宅以二爻爲宅、五爻爲人，坟墓以五、六爻爲氣絶之位。此三者稍近乎理，然亦宜以用神生剋制化斷之。其天時、産育、行人、田禾、求謀、疾病、買賣、詞訟、盜賊、鬬毆、蠶桑、六畜、出行、鬼神等，種種定位，概不以用神生剋制化之理推斷，惟以定例而決事之吉凶，大失先天之玄妙。即就其天時，以六爻爲日，以五爻爲雨，試問晴雨，不以子孫、父母爻推之，竟以五爻、六爻爲可決乎？又如初爻爲産母，二爻爲胎孕，試問産母不看用神，胎孕不察子孫，竟以初爻、二爻爲可決吉凶乎？其餘種種之謬，難以盡辯，望後學詳之。

卜筮正宗卷之四

古吴洞庭西山王維德洪緒註

黄金策總斷千金賦直解

動静陰陽，反覆遷變。

動，就是交重之爻。静，就是單拆之爻。交拆之爻屬陰，重單之爻屬陽。若爻是單拆，這謂之安静，安静的爻，没有變化的理。若爻是交重，這謂之發動，發動的爻，然後有變。故此交、交、交，原是坤卦屬陰，因他動了，就變作單、單、單，是乾卦屬陽了。大凡物動，就有個變頭。爲甚麼交就變了單，重變了拆？該把那個「動」字當做一個「極」字的意思解説。古云物極則變，器滿則傾，假如天氣熱極，天就作起風雲來，倘風雨大極，就可晴息了。故古註譬以穀舂之成米，以米炊之成飯，若不以穀舂，不以米炊，是不去動他了。到底穀原是穀，米原是米，豈不是不動則不變了？發動之内，也有變好，亦有變壞。陽極則變陰，陰極則變陽，這個意思，就是「動静陰陽，反覆遷變」了。

雖萬象之紛紜，須一理而融貫。

此一節，只講得一個「理」字。那「象」字，當作「般」字解。理，就是中庸之理。卦中刑沖、伏合、動静、生剋制化之間，有一個一定不易之理在裏頭。拿這個卦理，評到中庸之極至處，雖萬般紛紛論頭，一理可以融貫矣。

夫人有賢、不肖之殊，卦有過、不及之異。太過者損之斯成，不及者益之則利。

賢、不肖之殊，人生之不齊也；過、不及之異，卦爻之不齊也。人以中庸之德爲至，卦惟中和之象爲美。德至中庸，則無往而不善；象至中和，則無求而不遂。故卦中動静、生剋、合沖、空破、旺衰、墓絶、現伏等處，就有太過、不及的理在焉。大凡卦理，只論得中和之道。假如亂動，要搜獨静之爻。安静，要看逢沖之一日；月破，要出破填合；旬空，要出旬值日。動待合、静待沖，剋處逢生、絶處逢生，沖中逢合、合處逢沖，這些法則，就是「太過者損之斯成，不及者益之則利」。舊註以用神多現爲太過，以用神只一位，不值旺令爲無炁，謂不及，其意淺矣。不知卦中無不有太過、不及者，就是動静、生剋、合沖、旬空、月破、旺衰、墓絶、伏藏出現，個個字可以當他太過，亦可以當他不及。此活潑之中，自有玄妙，學者宜加意參之。

生扶拱合，時雨滋苗；

生我用爻者謂之生，扶我用爻者謂之扶，拱我用爻者謂之拱，合我用爻者謂之合。生者，即金生水類，五行相生也。扶者，即亥扶子、丑扶辰、寅扶卯、辰扶未、巳扶午、未扶戌、申扶酉。拱者，即子拱亥、卯拱寅、辰拱丑、午拱巳、未拱辰、酉拱申、戌拱未。合有二合、三合、六合。二合者，即子與丑合類；三合者，即亥、卯、未合成木局類；六合者，即卦得六合卦也。此節亦承上文而言，不及者宜益之耳。倘若用爻衰弱沖破，得了生扶拱合，就如旱苗得雨，則苗勃然興之矣。倘若卦中忌神衰弱沖破，得了生扶拱合，謂之助桀爲虐，其禍愈甚矣。學者宜别之，下三條倣此。

剋害刑沖，秋霜殺草。

剋者，相剋，即金剋木類是也。害者，六害，即子害未、丑害午、寅害巳、卯害辰、申害亥、酉害戌是也。刑者，即寅、巳、申等類是也。沖者，子午相沖等類是也。此亦結上文而言，倘用神衰弱，並無生扶拱合，反見剋害刑沖，故喻之秋霜殺草也。大凡刑、沖、剋三者，卦中常驗，六害並無應驗，尤當辨焉。

長生帝旺，爭如金谷之園；

長生，即火長生于寅類也。帝旺，即火帝旺于午類也。用神遇之，雖衰弱者亦作有氣論，故以金谷譬焉。此節論用神長生、帝旺在日辰上頭，不言長生、帝旺于變爻裏邊。若以變爻遇帝旺而言，誤矣。假如午火又化出午火來，這是伏吟卦了，有甚麽好處？安得以金谷喻之？大凡用神，帝旺于日辰上主速，長生于日辰上主遲。蓋長生猶人初生，長養以漸；帝旺猶人壯時，其力方鋭。所以長生遲而帝旺速也。

死墓絶空，乃是泥犁之地。

死、墓、絶，皆從長生數起，空是旬空。死者，亡也，猶人病而死也。墓者，蔽也，猶死而葬于墓也。絶者，厭絶也，猶人死而根本斷絶也。空者，虚也，猶深淵薄冰之處，人不能踐履也。泥犁，地獄名，言其凶也。這四者，與尅害刑沖意思相倣，又引有過不及之意。倘用神無生扶拱合，反遇死墓絶空，故以泥犁喻之。大凡卦中爻象，只講得長生、墓、絶三件，向日辰是問，就是變出來的也要看，惟沐浴、冠帶、臨官、帝旺、衰、病、死、胎、養不可向變出之爻是問。若化出來的，當以生尅沖合、進神退神、反吟伏吟論也。

日辰爲六爻之主宰，喜其滅項以安劉；

日辰乃卜筮之主，不看日辰，則不知卦中吉凶輕重了。蓋日辰能沖起、沖實、沖散那動、空、静、旺的爻象，能合、能填月破之爻，衰弱的能扶助幫比，强旺的能抑挫制伏，發動的能去制得，伏藏的能去提拔，可以成得事，可以壞得事，故爲六爻之主宰也。如忌神妄動，用神休囚，倘得日辰去剋制那忌神，生扶了用神，凡事轉凶爲吉，故曰滅項興劉。

月建乃萬卦之提綱，豈可助桀而爲虐？

月建乃卜筮之綱領，月建亦能救事、壞事，故言「萬卦之提綱」。若是卦中有忌神發動，剋傷用神，倘遇月建生扶那忌神，這是助桀爲虐了。倘忌神剋用神，如遇月建剋制忌神，生扶那用神，就是救事了。凡看月建，只論得生剋，與日辰相同。大凡月建的禍福，不過司權于月內，不能始終其事。而日辰不論久遠，到底有權的。就是長生、沐浴、冠帶這十二神，與日辰固有干係，與月建上不過只論得月破、休囚、旺相、生剋。今有人説衰、病、死、墓于月建上不好，長生、帝旺于月建上好，種種誤傳，不可信也。

最惡者歲君，宜静而不宜動；

即本年太歲之爻曰歲君，係天子之象。既能最惡，豈不能最善？既宜安静，豈不宜于發動乎？若是太歲那一爻臨忌神發動來剋沖世身用象，主灾厄不利，一歲之中，屢多駁雜，故曰最惡，故宜安静。此言歲君若臨忌辰，則宜静而不宜動也。若是太歲那一爻動來生合世身主象，主際遇頻加，一歲之中，連增喜慶，當言最善，亦宜發動。若用神臨之，其事必干朝廷。

最要者身位，喜扶而不喜傷。

若日辰動爻沖之，謂之犯上，毋論公私，皆宜謹慎可也。

身，即月卦身也，陽世還從子月起，陰世還從午月生。其法見啓蒙節要篇内。大抵成卦之後，看卦身現與不現，與月建、日辰、動爻有無干涉，則吉凶便知。占事爲事體，占人爲人身，惟喜生扶拱合，不宜剋害刑沖。凡占卦，以卦身爲占事之主，故曰最要也。

世爲己，應爲人，大宜契合。動爲始，變爲終，最怕交争。

交、重爲動，動則陽變爲陰，陰變爲陽。卦中遇此，當以動爻爲事之始，變爻爲事之終。發動之爻，變剋變沖，謂之交争。凡世應宜生合用神，怕變剋沖也。

應位遭傷，不利他人之事；世爻受制，豈宜自己之謀？

應位者，該當一個用神解説。如占他人，亦各有用神分别，或占交疏之人及無尊卑之人，是應爲他人也。倘占父友、家主、師長輩，這是父母爻爲用神是了。子孫之友，這是子孫爻爲用神了。妻妾奴婢，這是妻財爻爲用神了。那父友、自友及子孫之友，雖是他人，當分别老幼、稱呼、名分取用，不可一概以應位誤斷。如卜損益自己之事，以世爻爲自己也，世若受制，豈宜于自己之謀乎？

世應俱空，人無准實；

此節亦引上文而言世應也。但凡謀事，勢必托人，世空則自己不實，應空則他人不實。若世應皆空，彼此皆無准實〔一〕，謀事無成。或世應空合，謂之虚約而無誠信。如托尊長輩謀事，而得父母爻生合世爻，托之自然有益。倘或應空，總得長輩之力，而那一邊不實，亦難成事也。

内外競發，事必翻騰。

競者，沖剋也。發者，發動也。凡占的卦内外紛紛亂動、亂沖、亂擊，是人情不常，必主事體反覆翻騰也。

世或交重，兩目顧瞻於馬首；應如發動，一心似托於猿攀。

馬首是瞻，或東或西。猿猱攀木，自心靡定。世以己言，應以人言。書曰「應動恐他人有變，世動自己遲疑」，皆言其變遷更改，不能一其思慮耳。此引上文世應爲彼我之意，又引競發有翻騰而言。其事之吉凶，縱不外乎生扶拱合、剋害刑沖、空破間耳。

用神有氣無他故，所作皆成；主象徒存更被傷，凡謀不遂。

用神者，如占文書、長輩，以父母爻爲用神之類是也。主象者，亦即用神也。「故」字，該作「病」字解。何謂之病？凡用神遇刑沖剋害，就是病了。如卦中用神旺相，遇了病，可待去病

〔一〕「准實」，底本作「推實」，據緑蔭堂本及上文改。

日期，亦能成事。如旺相而又無刑沖剋害等病，凡謀必從心所欲，無不可成矣。倘用神衰弱無氣，而又遇月建、日辰刑沖剋害，猶如一個天元不足、瘦弱不堪的人，豈可再加之以病乎？故爻弱而又受刑沖剋害者，凡事枉費心力，終無可成之理。蓋用爻雖然出現，別無生助，而卦中又無原神，縱有而值空破壞者，謂之主象徒存。徒存者，徒然出現也，謀事焉能遂意哉？

有傷須救，

傷，傷剋用神之神也。救，救護用神之神也。如申金是用神，而被午火發動來剋，則申爻有傷矣。若得日辰是子，或動爻是子，子去沖剋午火，或亥日亥爻制伏午火，則午火有制，而申金豈非有救乎？倘月建沖剋用神，得日辰去生合用神，又或日辰去剋用神，卦中動出一爻生他，這便是有傷得救了。凡遇有傷得救，每事先難後易，先凶後吉，用神得救，仍爲有用耳。

無故勿空。

故者，謂受傷的意思。「勿」字，該當他「不」字解說。大凡旬空之爻安靜，又遇月建、日辰剋制，這是有過之空了，即使出旬值日，亦不能爲吉爲凶。這樣旬空，到底無用之空矣。若旬空之爻發動，或得月建、日辰生扶拱合他，或日辰沖起他，或動爻生合他，這是無故之空，待其出旬值日得令之時，仍復能事，故曰無故之空爻，勿以爲空也。雖值旬空，而没有受月建、日辰剋傷的，不可當他真空論。又如用神化回頭剋，又見會局來剋，來剋太過，豈不是有故了？若是日月不傷他，用神一空，則不受其剋，亦稱無故矣。古有避凶之説，亦近乎無故之理。舊註誤以無傷剋之爻不可空，日月二建剋他又宜空，大失先天之妙旨，又失是篇之文理矣。

空逢沖而有用，

凡遇卦爻旬空，今人不拘吉凶，概以無用斷之，殊不知見日辰沖，亦有可用之處。蓋沖則必動，動則不空，所以空逢沖而有用也。

合遭破以無功。

此節獨言合處逢沖。蓋卦爻逢合，如同心協力，事必克濟，凡謀望欲成事者，得之則無不遂矣。倘合處遇沖刑破剋，惟恐奸詐小人兩邊破説，必生疑惑猜忌之心。如寅與亥合，本相和合，若見申日，或遇申爻動來沖剋寅木，則害了〔一〕亥水矣。故曰：合遭破以無功。合者，成也，和好之意。破者，散也，沖開之意。凡欲成事，而得合處逢沖之卦者，事必臨成見散。凡欲散之事，而得合處逢沖之卦者，必遂意也。沖中逢合者反是。

〔一〕「了」，底本作「子」，據緑蔭堂改。

自空化空，必成凶咎；

自空者，用爻值旬空也。化空者，亦言用爻化值旬空也。凶咎，言不能成事。此節亦引上文謀望之事而言。凡謀望，無不欲成事。倘用爻空，或用爻動化空，則動有更變，空有疑惑，事必無成，故曰凶咎也。

刑合剋合，終見乖淫。

合者，和合也，凡占見之，無不吉利。然人不知合中有刑有剋，合而有剋，終見不和；合而有刑，終見乖戾。且如用未字爲財爻，午字爲福爻，午與未合，然午帶自刑，名爲刑合。又如子字爲財爻，子與丑合，丑土能剋子水，謂之剋合。如占妻妾，始和終背，諸事終乖戾也。

動值合而絆住，

大凡動爻不遇合，然後爲動，若有合，則絆住而不能動矣。既不能動，則不能生物剋物矣。如日辰合之，須待沖其本爻日至，可應事之吉凶；如旁爻動來合之，須待沖那旁爻之日至，可應事之吉凶矣。假如用丑土財，而子日合之，待未日應事，子爻合之，待午日應事。又如子孫爻動，而被日辰合住，則不能生財，待沖動子孫期至，方有財也。餘倣此。

靜得衝而暗興。

大凡不發動的爻，不可便言安靜，若被日辰沖之，則雖靜亦動，謂之暗動。猶如人卧而被人呼唤，即不能安然而睡。既是卦中發動的爻，也能沖得安静的爻。且爻遇暗動者，猶人在私下作事也，暗動之爻生扶我，定叨私下一人幫襯；倘或剋害我，定被一人在私下謀損。其理深微，應事在于合日。

入墓難剋，帶旺匪空。

入墓難剋者，言動爻入墓不能去剋他爻也，又言他爻入墓不受動爻所剋也。假如寅木發動，本去剋土，倘遇未日占卦，那木入墓于未日，或化出是未，是入墓于未爻也，則不能去剋土矣。又如寅動剋土，而土爻遇辰日，則入墓于日辰，或化辰爻，入墓于變爻，皆不受寅木之剋，故曰入墓難剋。旺相者，即如春令木旺火相，夏令火旺土相，秋令金旺水相，冬令水旺木相，四季之月土旺金相。古謂當生者旺，所生者相是也。此爻空亡，不作空論。又云旺相之爻過一旬，過旬仍有用，故曰匪空。

有助有扶，衰弱休囚亦吉；

此節獨指用神而言也。且如春天占卦，用爻屬土，是衰弱休囚，本爲不美，倘得日辰動爻生扶拱合，雖則無氣，不作弱論，譬如貧賤之人而得貴人之提拔也。忌神倘無氣，則不宜扶助也。

貪生貪合，刑沖剋害皆忘。

此節亦指用神而言也。倘用神遇刑沖剋害，皆非美兆，若得旁有生爻合爻，則彼貪生貪合，自不爲患矣，故曰忘沖、忘剋。假如用神是巳，卦中動出寅字來，寅本刑巳，但寅木能生巳火，故巳火貪其生，而忘其刑也。又如卦中動出亥字來，沖剋巳火，又得動出卯字來，則亥水貪生于卯，而忘剋于巳也；如寅字動，則亥水貪合于寅，而忘沖于巳也。此乃貪合、貪生、忘剋、忘沖、忘刑之例，餘皆倣此，推詳可也。

別衰旺以明剋合，辨動靜以定刑沖。

此節分別衰旺、動靜生剋制化陰陽之理。若獨別衰旺，不辨動靜，則膠于所用矣。如旺爻本能剋得衰爻，若安静，縱旺而不能去剋衰爻了；衰爻本不敢去剋旺爻，若發動了，就剋得旺爻了。蓋動猶人之起，静猶人之伏，雖則旺相，不過目下一時旺；雖則衰弱，亦不過目下一時衰。俟旺者退氣，衰者得扶，而衰爻可剋旺爻矣。如旺爻動剋衰爻，而無日辰救護者，立時受其剋也。惟是日辰能沖剋得動静之爻，即如動爻生剋不得那日辰，若是月建載在卦中，那動爻也能剋得他了。如此，則衰旺、動静之理明矣。

併不併，衝不衝，因多字眼；

併者，謂卦中之爻日辰臨之也。沖者，謂卦中之爻日辰沖之也。「不」字，言所併之爻不能併，所沖之爻不能沖也。何謂不能併？假如子日占卦，卦中見有子爻作用神，日辰併之，倘子爻衰弱，已有日辰併之，便作旺論，然亦不可子爻化墓、化絶、化剋，此謂日辰變壞，不能爲善于爻，而凶反見于本日也，故曰併不能併也。何謂不能沖？又如子日占卦，卦中見有午字作用神，日辰沖之，如子爻在卦中動來沖剋午爻，若得子爻化墓、化絶、化剋，此謂日辰化壞，不能爲害于午，而其吉反見于本日也，故曰沖不能沖也。此二者，皆因子日占卦，卦中多這個子爻變壞了，所以如此。餘如此例。

刑非刑，合非合，爲少支神。

刑，三刑也。合，合局也。如寅、巳、申爲三刑，丑、戌、未爲三刑，子、卯爲二刑，辰、午、酉、亥爲自刑。假如卦中有寅、巳二字而無申，有寅、申二字而無巳，有巳、申二字而無寅，爲少一字而不成刑也。如亥、卯、未爲三合，申、子、辰爲三合，巳、酉、丑爲三合，寅、午、戌爲三合。假如有亥、卯而無未，有未、卯而無亥，有亥、未而無卯，爲少一字而不成合也。〇三刑、三合之法，必須見全。有兩爻動，則刑合得一爻起；如一爻動，則刑合不得兩爻起了。如卦中刑合縱見全，倘俱安静，便不成刑合了。如此占驗，就明白曉暢矣。

爻遇令星，物難我害；

令星者，月建之辰也。物者，指卦中動爻而言。倘用神是月建之辰，而月建乃健旺，得令星也，即使動爻來傷，何足懼哉！故曰物難爲我之害也。

伏居空地，事與心違。

伏者，伏神也。六爻之内而缺用神，當查本宫首卦用神爲伏，卦上六爻爲飛，飛爲顯，伏爲隱。若六爻之中並無用神，而伏神又值旬空，倘無提拔者，謀事決難成就，故曰事與心違。

伏無提拔終徒爾，飛不推開亦枉然。

亦引上文之意。伏者，言用神不現而隱伏于下也。如無日月動爻生扶拱合，謂之伏無提挈。飛者，是用神所伏之上顯露神也。推者，沖也，言沖開飛神，使伏神可出也。

空下伏神，易於引拔；

言伏神在旬空飛爻之下。蓋本爻既空，猶無攔絆，則伏神得引拔而出也。引者是拱扶併之神，拔者亦生扶拱合、沖飛引伏之意。

制中弱主，難以維持。

制者，言月建、日辰制剋也。弱主者，指衰弱之爻也。如用神衰弱，而又被日月二建制剋，縱得動爻生之，亦不濟事。蓋衰弱之爻再遇日月剋者，如枯枝朽樹，縱有如膏之雨，難以望其生長新根。此指用神出現而言也，如伏神如是，縱遇併引，亦無用矣。

日傷爻，真罹其禍；爻傷日，徒受其名。

日辰爲六爻主宰，總其事者也。六爻爲日辰臣屬，分治其事者也。是以日辰能刑沖剋害得卦爻，卦爻不能刑沖剋害于日辰也。月建與卦爻亦然。

墓中人，不沖不發；

大抵用爻入墓，則多阻滯，諸事費力難成，須待日辰動爻沖之，或沖剋其墓爻，方有用也。古書云：「沖空則起，破墓則開。」

身上鬼，不去不安。

身，借用而言世也。但凡官鬼持世爻上，如自己若非職役之人，以官鬼爲憂疑阻滯之神，須得日辰動爻沖剋去之，方可安然無慮矣。或忌神臨于世上亦然，但不可剋之太過，恐我亦傷。先聖曰：「人而不仁，疾之已甚，亂也。」惟貴得其中和耳。

德入卦，而無謀不遂；忌臨身，而多阻無成。

德，合也，和合中自有恩情德義。故凡謀，爲用神動來合世，或用神化得生合，或日辰臨用合世，或日辰生合用爻，皆德入卦中，而無謀不遂矣。但合處見沖，恐有更變。倘忌神如是，則多阻而無成矣。

卦遇凶星，避之則吉；

凶星，即是忌神。凡用爻被月建、日辰傷剋，不論空伏，始終受制，無處可避。如無月日傷剋，獨遇卦爻中忌神發動來傷，若用爻值旬空、伏藏，不受其剋，謂之避。待沖剋忌神之日，其凶可自散矣。如用爻出現不空，便受其毒，難免其傷也。故曰：「避之則吉」。

爻逢忌殺，敵之無傷。

爻者，用爻也，如求財以財爻爲用之類是也。敵，救護之意，譬如求財，卦中財爻屬木，倘有金爻動來剋財，凶也，或得火爻發動剋金，則金爻自治不暇，焉能剋木？木爻無患矣。故曰：「敵之無傷」。

主象休囚，怕見刑沖剋害；用爻變動，忌遭死墓絶空。

主象，亦言用神也。如值休囚，已不能爲事矣，豈可再見刑剋？如用神發動，猶人勇往直前，豈可自化墓絶？

用化用，有用無用；空化空，雖空不空。

用神化用神，有有用之用神，有無用之用神。有用者，用神化進神；無用者，用神化退神。并伏吟卦也，故以有用、無用分别之。空爻安静，則不能化；空爻發動，則能化。既發動，動不爲空也，化出之空，亦因動而化。凡動爻值空，或動爻變空，皆不作真空論，出旬有用矣。

養主狐疑，墓多暗昧。化病兮傷損，化胎兮勾連。

長生、沐浴、冠帶、臨官、帝旺、衰、病、死、墓、絶、胎、養，此十二神，卦中惟是長生、墓、絶三件，卦卦須看，爻爻要查。其餘沐浴、冠帶、臨官、帝旺、衰、病、死、胎、養各神，俱另有生剋沖合、進神退神、伏吟反吟論，不可執疑于養主狐疑、病主傷損、胎主勾連。十八論内已明論之，學者宜自詳辨。

凶化長生，熾而未散；

用爻化入長生者吉。如凶神化入長生者，則其禍根始萌，日漸增長也。必待墓絶日，始鋤其勢。

吉連沐浴，敗而不成。

沐浴，其名敗神，又稱沐浴煞，乃無廉無恥之神，其性淫敗，然而有輕重分别。即如金敗于午，敗中兼剋；寅木敗于子，敗中兼生；卯木敗于子，敗中兼刑；水敗于酉，敗中兼生；土敗于酉，敗中兼洩氣；火敗于卯，敗中兼生。惟占婚姻，最宜忌之。倘夫擇妻姻，得財爻而化沐浴兼生者，必敗門風；兼剋者，因姦殺身。即如諸占，倘世爻化之，生者因色壞名，剋者因姦喪命，有救者險裏逃生。故曰：吉神不可化沐浴也。

戒回頭之剋我，勿反德以扶人。

回頭剋，乃用神自化忌神，如火爻化水之類是也。諸占世爻、身爻，用爻遇之不吉也。凡用神動出，生合世爻，是有情于我，謀爲易成也。或用神發動，不來生合世身，而反生合應爻及旁爻者，皆謂反德扶人。凡占遇之，所求不易，是損己利人之象也。

惡曜孤寒，怕日辰之併起；

惡曜，指忌神言也。孤，孤獨無生扶拱合也。寒，衰弱無氣也。凡占遇忌神孤寒，則永無損害我矣。惟怕日辰併起，而孤寒得勢，終不免其損害，如值月建，真可畏也。

用爻重疊，喜墓庫之收藏。

如卦中用爻重疊太過，最喜用神之墓持臨身世，謂之歸我收藏也。

事阻隔兮間發，心退悔兮世空。

間爻者，世應當中兩爻是也。蓋此二爻居世應之中，隔彼此之路，動則有人阻隔。要知何等人阻，以五類推之，如父母動，即尊長之輩是也。凡世爻旬空，其人心怠意懶，不能勇往精進，以成其事，故曰「心退悔兮世空」。

卦爻發動，須看交重；動變比和，當明進退。

凡卦發動之爻，須看交重，交主未來，重主已往。如占逃亡，見父母并朱雀發動，若爻是交，當有人來報信，如值重爻，則信已先知。他倣此。動變比和者，指言進退二神也，如寅木化卯是進神，卯變寅是退神，十八論内詳明。進主上前，退主退後。

煞生身，莫將吉斷；用剋世，勿作凶看。蓋生中有刑害之兩防，而合處有剋傷之一慮。

煞者，忌神也。生者，生合也。身者，如自占以世而言也。如卦中忌神發動，則有傷于用神矣，即使生合我，有何益哉？況生合之中，有刑、有害、有剋，如忌神生世，兼有刑剋者，不但謀事無成，所求不得，恐因謀而致咎。即如一人鄉試，于辰月癸酉日卜得節之坎卦，世爻巳火化寅木忌神，生中帶刑，又卯木忌神暗動生世，後至臨場病出。此是忌生身也，生中帶刑也。害者相同，剋者猶重。又如用神動來剋世，謂之物來尋我，凡謀易就，勿因剋我當做凶看。得用神剋世，本是吉也，不宜又去生合應爻，謂之厚于彼而薄于我，則雖用神剋世，亦作凶看，不可不知也。

刑害不宜臨用，死絶豈可持身？

凡用神、身世遇日辰相刑，必主不利，占事不成，占物不好，占病沉重，占人有病，占婦不貞，占文卷必破綻，占訟有刑害。爻不過壞事，大概相倣，化者亦然。須推衰旺生剋，分其輕重詳之。死絶于日辰之爻，臨持世身用神者，諸占不利，變動化入者亦然。然有絶處逢生之辨，學者宜知。

動逢衝而事散，

蓋沖之一爻，不可一例推之。如旬空安静之爻，逢沖曰起；旬空發動之爻，逢沖曰實；安静不空之爻，逢沖曰暗動；發動不空之爻，逢沖曰散，又曰沖脱。凡動而逢沖散脱者，吉不成吉，凶不成凶也。

絶逢生而事成。

大凡用神臨于絶地，不可執定絶于日辰論之，用神化絶皆是也。倘遇生扶，乃凶中有救，大吉之兆，名曰「絶處逢生」。

如逢合住，須衝破以成功；

卦中用神、忌神，遇日辰合，或自化合，或有動爻來合，不拘吉凶，皆不見效，須待沖破日期，可應事之吉凶。假如用爻動來生世，凡事易成，若遇合住，則又阻滯，須待沖之日，事始有成。此下皆斷日期之法也。

若遇休囚，必生旺而成事。

斷日期之法，不可執一，當以活法推之，庶無差誤。如用爻合住，固以沖之日期斷矣。或用爻休囚，必生旺之期，能成其事，故無氣當以旺相月日斷之。如用爻旺相不動，則以沖動月日斷之。若用爻有氣發動，則以合日斷之。或有氣動合日辰，或日辰臨之動，或日辰臨之動來生合世身，即以本日斷之。若用爻受制，則以制煞月日斷之。若用爻得時旺動，而又遇生扶者，此爲太旺，當以墓庫月日斷之。若用爻無氣發動，而遇生扶，即以生扶月日斷之。若用爻入墓，當以沖墓沖用月日斷之。若用爻旬空安靜，即以出旬逢沖之日斷之。若用爻旬空發動，即以出旬值日斷之。若用爻發動旬空被合，即以出旬沖日斷之。若用爻旬空安静被沖，即以出旬合日斷之。若用爻旬空發動逢沖，謂之沖實，即以本日斷之。已上斷法，撮其大要，其中玄妙之理，學者自當融通活變，分其輕重，别其用忌，斷無差矣。

速則動而剋世，緩則静而生身。

此亦斷日辰之法也。如占來人，定其遲速。若用神動而剋世，來期甚速；如動而生世，則遲；如静而生世，則又遲矣。更宜以衰旺動静推驗，則萬無一錯。如衰神發動剋世，比旺動來剋者又緩矣。餘倣此。

父亡而事無頭緒，福隱而事不稱情。

此一節指言公事，當看文書。文書者，即父母爻也。凡私事，須看福德。福德者，即子孫爻也。凡占功名、公門、公事，以父母爻爲頭緒，當首賴文書，次尊官鬼。如文書爻空亡，恐事未的確，故曰「父亡而事無頭緒」。凡占私事，以子孫爻爲解憂喜悦之神，又爲財之本源，豈可伏而不現？故曰「福隱則事不稱情」也。

鬼雖禍灾，伏猶無炁；

官鬼一爻，雖言其禍灾之神，然六爻之内亦不可無，宜出現安静，不宜藏伏。藏伏了，謂之卦中無炁，況那官爻諸占皆有可賴之處，故此要他。即如占名以官爻爲用，占文書以官爻爲原神，占訟以官爻爲官，占病以官爻爲病，占盜賊以官爻爲盜賊，占怪異以官爻爲怪異，占財如無官爻，恐兄弟當權，不無損耗。

子雖福德，多反無功。

多，多現。反，受剋。惟占名子孫爲惡煞，除此皆以子孫之爻爲福德神也。占藥以子孫之爻爲用神，若卦中多現，必用藥雜亂，服之無功。如占求財，遇子孫爻受傷，不惟無利，恐反致虧本。

究父母，推爲體統。論官鬼，斷作禍殃。財乃禄神，子爲福德，兄弟交重，必至謀爲多阻滯。

此雖概言五類之大略，然亦有分別用之。假如占終身，以父母爻論其出身，如臨貴人有炁，是宦家之後，如臨刑害無氣，乃貧賤之兒。如占禍殃，當推官鬼附臨何獸，或值玄武，即盜賊之殃。財乃人之食禄，故曰禄神。子孫可解憂剋鬼，故曰福德。兄弟爲同輩劫財，動則剋財爭奪，故曰凡謀多阻滯也。

卦身重疊，須知事體兩交關。

卦身，即月卦身也，其法「陽世還從子月起，陰世還從午月生」，啓蒙節要論明矣。凡卦身之爻，爲所占事之體也。若六爻中有兩爻出現，必是鴛鴦求事，或事于兩處。若帶兄弟，必與人同謀；兄弟剋世，或臨官鬼發動，必有人争謀其事也。卦身不出現，事未有定向，出現生世、持世、合世，其事已定，宜出現不宜動，動則須防有變，如變壞，則事變壞矣。若持世，知此事自可掌握。若臨應，知此事權柄在他。或動他爻變出者，即知此人亦屬其事。如子孫爲僧道子姪輩類，或伏于何爻之下，亦依此類推詳。如六爻飛、變、伏皆無卦身，其事根由未的，空亡墓絶，諸事難成。大抵卦身當作事體看，不可誤作人身看。若占人相貌美惡，以卦身看可知矣。凡遇身剋世，則事尋我，吉；世剋身，則凶。若得身爻生合世爻，更吉。

虎興而遇吉神，不害其爲吉；龍動而逢凶曜，難掩其爲凶。玄武主盜賊之事，亦必官爻；朱雀本口舌之神，然須兄弟。疾病大宜天喜，若臨凶煞必生悲；出行最怕往亡，如係吉神終獲利。是故吉凶神煞之多端，何如生剋制化之一理。

大抵卜易，當執定五行六親，不可雜以神煞亂斷。蓋古書神煞，至京房先生作易，亂留吉凶星曜，以迷惑後學。如天喜、往亡、大煞、大白虎、大玄武之類，皆是。今人宗之，無不敬信。然神煞太多，豈能辨用？合以六獸而言，其法莫不以青龍爲吉、白虎爲凶，見朱雀以爲口舌，見玄武以爲盜賊。不分臨持用神、原神、忌神、仇神，概以六獸之性斷之，大失先天之妙旨。何則？白虎動，固凶也，若臨所喜之爻生扶拱合于世身，則何損于吾？故曰凶不害其爲吉。青龍動，固吉也，若臨所忌之爻刑沖剋害乎用神，則何益于事？故雖吉而難掩其爲凶。朱雀雖主口舌，然非兄弟併臨，則不能成口舌也。玄武雖主盜賊，若非官爻併臨，則不能稱盜賊也。蓋六獸之權，依于五行六親生剋故也。又如天喜，吉星也，占病遇之，雖大象凶惡，竟不以死斷，因天喜故也。若臨忌神，我必以爲悲而不以爲喜。往亡，凶煞也，出行遇之，雖大象吉利，竟斷其凶，因死之故也。若臨所喜之爻動來生扶拱合世身用爻者，吾必以爲利而不以爲害。蓋神煞之權輕，而五行之權重故也。由是觀之，遇吉則吉，遇凶則凶，係于此而不係于彼，有驗于理而不驗于煞，何必徒取幻妄之説哉！不然，吾見其紛紛繁劇，適足以害其理而亂人心，豈能一一中節耶？蓋神煞無憑，徒爲斷易之多岐，而不若生剋制化之一理爲妥。能明其理，則圓神活變，自有條理，而不惑矣。六親，本也；六獸，末也。至于天喜、往亡、天醫、喪車等吉凶神煞，末中之至末也。欲用之者，惟六獸可也，必當急于本而緩其末。然六獸但可推其情性形狀，至于吉凶得失，當專以六親生剋爲主。學能如此，則本末兼該，斯不失其妙理，而一以貫之矣。

嗚呼！卜易者，知前則易；世人卜易，皆泥古法，能變通者鮮矣。故有龍虎推其悲喜，水火斷其雨晴，空亡便以凶看，月破皆言無用，身位定爲人身，應爻概稱代卜。凡此之類，難以枚舉。劉伯温先生作是書，取理之長，舍義之短，闡古之幽，正今之失。凡世之執迷于前法者，亦莫不爲之條解。有志是術者，苟能究明前説，自知能變之道矣，其于易也何有？

求占者，鑒後則靈。

推占者，固當通變，而求占者，亦不可不知求卜之道也，後誠心是也。

筮必誠心，

聖人作易，幽贊神明，以其道合乾坤故也。故凡卜易，必須真誠敬謹，專心求之，則吉凶禍福，自無不驗。今人求卜，多有科頭跣足，短衫露體，甚至有不焚香、不洗手者，更有富貴自驕，差家人代卜，或煩親友代卜，孰不知自雖發心，而代者未必心虔。忽略如此，而欲求神明之感格者，未之有也。可不慎歟？

何妨子日？

陰陽曆書中，有「子不問卜」之説，故今人多忌此日。劉國師謂：吉凶之應，皆感于神明。神明無往不在，無時不格。能格其神，自無不驗矣。故凡卜易，惟在人之誠不誠，不在日之子不子也。

已上全篇，總説斷易之法，乃通章之大旨。不如此，則諸事難決。有志於是者，當先觀此篇，若能沉潛反覆，熟讀玩解，此理既明，則事至物來，迎刃而解矣。其於卜易也何有？

卜筮正宗卷之五

古吴洞庭西山王維德洪緒註

黄金策〔一〕

天時

天道杳冥，豈可度思夫旱潦？易爻微渺，自能驗彼之陰晴。當究父財，勿憑水火。

天玄賦、易林補遺皆以水火爲晴雨之主，而不究六親制化，蓋執一不通之論也。且如以水爻爲雨，其言旺動驟雨、休囚微雨，然水居冬旺則雨，豈獨驟于秋冬而輕微於春夏耶？知乎此，不攻自破矣。凡卜天時，當看父財，勿論水火也。

〔一〕標題爲整理者據底本原目增。

妻財發動，八方咸仰晴光；父母興隆，四海盡沾雨澤。

以父母爻爲雨，財動則剋制雨神，所以主晴。

應乃太虚，逢空則雨晴難擬；

占天時，應空則雨晴難擬，須憑父財及日辰斷之。

世爲大塊，受剋則天變非常。

應爲天，萬物之體也；世爲地，萬物之主也。若世受動爻刑剋，必有非常之變。

日辰主一日之陰晴，

如父母爻動，被日辰剋制者，不雨。倘父母爻動，日辰生扶，主大雨。財爻動，日辰生扶，主烈日。日辰爲主也。

子孫管九天之日月。

陽象子孫爲日，陰象爲月。旺則皎潔，衰則晴淡，空伏蒙蔽，墓絶暗晦。墓宜逢沖，絶宜逢生。

若論風雲，全憑兄弟；

風雲當看兄弟爻，以旺動衰静論風雲大小濃淡。若問順風逆風，莫看兄弟，以子孫爲順風、官鬼爲逆風。

要知雷電，但看官爻。

官鬼在震宫，動有雷，旺相霹靂，化進神亦然。或卦無父母，雖雷不雨。父母值日，方有雨也。

更隨四季推詳，

此節引上文而言，冬令不可以雷斷矣。

須配五行參決。

五行各有時旺，春冬多霜雪冰雹，夏秋多雷電朝露。

晴或逢官，爲烟爲霧；

卦得晴兆，官鬼若動，有濃烟重霧、惡風陰晦，冬或大寒，夏或大熱。

雨而遇福，爲電爲虹。

卦得雨兆，子孫若動，有閃電彩虹。蓋子孫主彩色，虹與電亦有其象，故以類而推之。

應值子孫，碧落無瑕疵之半點；

凡應臨子孫動者，日必皎潔。或財臨應動化福亦然。

世臨土鬼，黄沙多散漫於千村。

或父母爻空伏而世臨土鬼發動，是落沙天也。待父爻出空出透日，方有雨也。

三合成財，問雨那堪八卦；
卦有三合成財局，有彩霞，無雨。三合父局，有雨。
五鄉連父，求晴怪殺臨空。
五鄉者，金、木、水、火、土五行也。惟父爻爲雨，以財爻爲忌煞。若求晴，最怪財爻旬空也。
財化鬼，陰晴未定；
財主晴明，鬼主陰晦。如遇財鬼互化，或鬼財皆動，必主陰晴。
父化兄，風雨靡常。
父主雨，兄主風。兩爻互化，或俱發動，皆主風雨交作。凡論先後，當以動爲先、變爲後。俱動，則以旺爲先、衰爲後。
母化子孫，雨後長虹垂蝃蝀；弟連福德，雲中日月出蟾蜍。
日月、虹霓，皆屬子孫。若遇父爻化出，必然雨後見虹；兄爻化出，則是雲中見日。
父持月建，必然陰雨連旬；
如求晴，豈宜父持月建？若無子孫同財爻齊發，是必連旬陰雨也。
兄坐長生，擬定狂風累日。
長生之神，凡事從發萌之始。如父爻逢之，雨必連朝；兄爻逢之，風必累日；官逢之，陰雲不散；財逢之，雨未可望。須至墓絶日，然後雨可止、風可息、雲可開、陰可晴也。

父財無助，旱潦有常；

官鬼、父母無氣，而財爻旺動者必旱；子孫、妻財無氣，而父母旺動者必潦。遇此，最怕日月動來生扶，則潦必至淹没，旱必至枯槁。如父財二爻雖旺動，却有制伏，又無扶助，縱旱有日，縱潦有時。

福德帶刑，日月必蝕。

子孫帶刑化官鬼，或官鬼動來刑害，或父帶螣蛇來剋，皆主日月有蝕。陽爻日，陰爻月。

雨嫌妻位之逢沖，

占雨，若財爻暗動，則父母受其暗傷，雨未可望。

晴利父爻之入墓。

發動父爻入墓，而無日辰動爻衝開墓庫，則雨止。

子伏財飛，簷下曝夫猶抑鬱；

財爻主晴，不主日。得子孫出現，發動旺相，然後有日。倘無子孫，則財爻無根，官鬼必專權，非久晴之兆也。

父衰官旺，門前行客尚趦趄。

雨以父爲主，得官爻旺動有雨。如父爻居空地，仍爲無雨，必密雲凝滯不散之象。待父爻出旬逢沖，當有雨也。

福合應爻，木動交而游絲漫野；

子孫乃曠達之神，若臨木動，與應交合，或在應上，生合世身，必是風和日暖，游絲蕩颺之天也。

鬼衝身位，金星會而陰霧迷空。

鬼臨金爻，動來沖剋世身，或沖剋應，或臨應上發動，皆主有濃烟重霧蔽塞郊野之象。

卦值暗衝，雖空有望；

如占雨父空，占晴財空，若日辰沖之，則沖空不空，欲定日期，過旬有望。

爻逢合住，總動無功。

父動雨，財動晴，理固然也。若被日辰合住，雖動猶静，待日辰沖父之日可雨，沖財之日可晴也。

合父鬼沖開，有雷則雨；合財兄剋破，無風不晴。

如動爻合住，父爻得官爻去沖動爻，先雷後雨。財被動爻合住，得兄弟剋破動爻，無風則不晴。

坎巽互交，此日雪花飛六出；

坎巽者，指言父兄兩動。在冬令，占有風雪飄揚之象。

陰陽各半，今朝霖雨慰三農。

陰陽者，言官父二神也。如求雨，見官父皆旺動，而無沖合傷損，當日有雨也。

兄弟木興係巽風，而馮夷何其肆虐；

遇兄弟屬木，在巽宫旺動，刑剋世爻，當有颶風之患。如父亦旺動，主風雨交作也。

妻財發動屬乾陽，而旱魃胡爾行凶。

財爻發動，或變入乾卦，而又遇月建、日辰、動爻生扶合助者，必主大旱。

六龍御天，秖爲蛇興震卦；

震爲龍象，若見青龍或辰爻在此宫旺動者，必有龍現。從父化辰，先雨後龍；如辰化父，先龍後雨。父爻安静，或空伏，龍雖現而無雨。化財亦然。

五雷驅電，蓋緣鬼發離宫。

有聲曰雷，無聲曰電。若鬼在離宫動，當以五雷驅電斷之，蓋離爲彩色之象故也。火鬼亦然。

土星依父，雲行雨施之天；木德扶身，日暖風和之景。

土主雲，父主雨，故土臨父動，有雲行雨施之象。木主風，財主晴，故木臨財動，有日暖風和之景。

半晴半雨，卦中財父同興；

妻財父母俱動，必然半晴半雨。父衰財旺，晴多雨少。父旺財衰，雨多晴少。

多霧多煙，爻上財官皆動。

財動主晴，鬼動主陰。官旺財衰，大霧重如細雨。鬼衰財旺，烟迷少頃開晴。

身值同人，雖晴而日輪含曜；世持福德，總雨而雷鼓藏聲。

凡兄弟持世，動則剋財。財若旺相，亦非皎潔天氣。子孫持世，動則剋官。官若發動，雖雨必無雷聲。

父空財伏，須究輔爻；剋日取期，當明占法。

輔爻者，即原神也。占雨，以父母爻爲用神，以官鬼爻爲原神。占晴，以財爻爲用神，以子孫爻爲原神。如用神空伏、衰旺、動静、出現、墓絶、合沖、月破，當以病藥之法決斷日期。今以用神爲法，原神之例如之。即如用神伏藏，俟用神出透之日應事；如用神安静，俟沖静之日應事；如用神旬空安静，俟出旬逢沖之日應事；如用神静空逢沖，謂之沖起，俟出旬逢合之日應事；如用神静空逢合，俟出旬逢沖之日應事；如用神發動而無他故者，俟逢合之日應事；如用神旬空發動逢沖，謂之沖實，本日應事；如用神發動逢合、動空逢合及靜而逢合者，皆俟沖日應事；如用神入墓于日辰者，俟沖用神之日應事；如用神自化入墓者，俟沖開墓庫之日應事；如用神被旁爻動來合住，或自化出作合，俟沖開合我之爻之日應事；如用神月破，俟出月值日或逢合之日應事；如用神絶于日辰，或化絶于爻者，俟長生日應事；如原神會局來生，而用神伏藏，俟出透之日應事；如旬空，俟出旬之日應事；如忌神會局來剋，而用神伏藏者，俟出透之日應事；如旬空，俟出旬之日應事。故合待沖、沖待合、絶待生、墓待開、破待補、空出旬、衰待旺等法，遠斷月日，近斷日時，故曰「剋日取期，當明占法」也。雨宜察父爻之空不空，晴宜察財爻之伏不伏。既知用神，還宜兼察原神，故曰「父空財伏，須究輔爻」。「須」字，當作「兼」字解。而古註疑以占雨而父空，不必宗父爻，當以輔爻推之；占晴而財爻伏，不必宗財爻，當以輔爻斷。以辭害義，故予瑣陳。

要盡其詳，別陰陽可推晴雨；欲知其細，明衰旺以決重輕。

此節言其大略而已。陰陽，動變之意。重，大也。輕，小也。以旺衰可決雨之大小也。

能窮易道之精微，自與天機而脗合。

年時

陰晴寒暑，天道之常；水旱兵災，年時之變。欲決禍福於一年，須審吉凶於八卦。

年時，一年中四時事也。國家、官府、天道、人物，皆在六爻内也。

初觀萬物，莫居死絶之鄉；次察群黎，喜在旺生之地。

萬物屬初爻，臨財福吉，臨官鬼凶。二爻爲人民之位，遇子孫四時安樂，逢官鬼一歲多災。

三言府縣官僚，兄動則徵科必迫；四論九卿宰相，沖身則巡警無私。

三爻以有司官斷，生合世爻，有仁民愛物之心。若臨子孫，清廉正直；臨官鬼，殘酷不仁；臨兄弟，發動剋世，徵科急迫。若九卿上司，皆看四爻。臨子孫，生合世身，必然治國憂民，正直無私。

五爲君上之爻，六是昊天之位。

五爻爲天子之位，最不宜動來刑剋世爻，其年必受朝廷剋剥。若臨財福，生合世爻，必有君恩，化出父母，當有赦宥。空動，有名無實。六爻爲天，若空，其年必多怪異事。蓋天無空脱之理，所以主有變異也。

應亦爲天，剋世則天心不順；世還爲地，逢空則人物多災。

應爻又作外郡，世爻又作本境看。

太歲逢凶乘旺，有温州之大颶；

太歲乃一年主星，惟遇子孫、妻財爲吉，其他皆非所利。如臨兄動，其年多風，剋世必有風災。

流年值鬼帶刑，成漢寢之轟雷。

太歲臨官鬼動，多雷多灾。六爻無官，年月不帶，或衰絶皆吉。

發動妻財，旱若成湯之日；爻重父母，潦如堯帝之時。

若止占年時水旱，財臨太歲發動，而父爻衰弱者，主亢旱；若父持太歲發動，子孫衰弱者，主大水。

猛烈火官，回禄興灾於熙應；

火鬼發動，主有火灾。若與世無干，而與應爻關礙者，鄰人被灾也。以内外論遠近耳。

汪洋水鬼，玄冥作禍於江淮。

水鬼發動，主有水灾。在外卦動，他處渰没；在内卦動，近處河決。若不剋世，雖溢無事。

尤怕屬金，四海干戈如鼎沸；

金鬼發動，恐刀兵。沖剋應爻、生合五爻，是朝廷征討。如在外卦，又屬他宫，剋五爻，或剋太歲，是外番侵犯中華。或兩鬼俱動，必非一處作亂。或化回頭剋，月建、日辰、動爻剋制，雖反叛不妨。如休囚動，乃是盜賊。

更嫌值土，千門疫厲若符同。

土鬼發動，或臨白虎，皆主瘟疫。若剋世，人多病死，有制不妨。

逢朱雀而化福爻，財動則旱蝗相繼；

鬼帶朱雀，動刑剋身世，主有蝗虫之灾。蓋朱雀能飛故也。

遇勾陳而加世位，兄興則饑饉相仍。

勾陳職專田土，官鬼逢之，必非大有之年。持世剋世，定是歉收之歲。財化兄，或與鬼俱動，則當饑饉相仍。

莽興盜起，由玄武之當官；

鬼加玄武，動剋世爻，其年必多盜賊。若臨金沖剋歲君或五爻者，謀動干戈，擾亂四海，以犯上也。

灾沴異多，因螣蛇之御世。

螣蛇乃怪異之神，在第六爻上動，雖非官鬼，主有變異。鬼在六爻上動，雖非螣蛇，亦主變異也。

若在乾宮，天鼓兩鳴於元末；

螣蛇官鬼動，若在乾宮，主有天鼓鳴之異。以五類分別，如金爻子孫，或化入兑卦者，有星月之異。餘倣此。

如當震卦，雷霆獨異於國初。

臘蛇鬼動在震宮，有雷霆之異。如夏秋間無雲而雷霆震也。震卦爲龍，若臨辰或化辰，主有龍現之象。

艮主山崩，臨應則宋都有五石之隕；

臘蛇鬼在艮宮動者，主有山崩之異。如元統間，山崩陷爲地之類。

坤爲地震，帶刑則懷仁有二所之崩。

臘蛇鬼在坤宮動者，主有地震。逢金則有聲，帶刑則崩裂。坤卦爲牛，鬼臨丑動，必有牛異。乾坤二卦，是人有異事，非物也，如婦生鬚，男孕子，元末有此異。

坎化父爻，雨血雨毛兼雨土；

坎卦臘蛇鬼動化父爻，皆以雨斷。雨血、雨毛、雨土，皆元末之異事也。

巽連兄弟，風紅風黑及風施。

臘蛇鬼動巽宮化兄，主有異風。元順帝時有黑風。若不化兄，勿作風斷，是草木禽獸之異。春秋時六鷁退飛、唐庫中金錢化蝶類。

日生黑子，宋恭鶩離象之反常；

臘蛇鬼動離宮，主有日異，如宋恭帝時日中有黑子。若臨午爻，有火異也，如大德間，火從空降，延燒木稼〔一〕。

沼起白龍，唐玄遭兑金之變異。

兑爲澤，主井池沼，若螣蛇鬼在宫動者，如唐玄宗時沼中白龍乘空而起。元順帝太子寢殿後新甃一井，中有龍出，光燄爍火，變幻不測，宫人見之，莫不震懾。

發動空亡，乃驗天書之詐；

已上螣蛇發動，不臨空、化空，其怪異或者有之。如遇沖、遇空，是詐説非真，如宋真宗時天書下降之類。

居臨内卦，定成黑眚之妖。

螣蛇鬼在本宫内卦，妖怪見于家庭，宋徽宗時有黑眚見掖庭之類。

欲知天變於何方，須究地支而分野。

凡遇變異之象，須看見于何方，以所傷之方定之。如子爲齊域，丑爲吴域，寅爲燕域之類。

身持福德，其年必獲休祥；

子孫爲福德，生財剋鬼神也。若得旺動，年必豐熟，國正民安，官清太平，萬物咸亨之象。

〔一〕「木稼」，緑蔭堂本作「禾稼」。

世受刑傷，此歲多遭驚怪。

世乃年時主爻，三農百姓、五穀六畜，皆係于此。臨財福旺相，必然稱意，如受歲、月、日及動爻剋，必多驚險。

年豐歲稔，財福生旺而無傷；

子孫得地，財爻有氣不空。兄鬼衰静，必是豐年熟歲。

冬暖夏涼，水火休囚而莫助。

以財父爻看水旱，水火爻看寒暑。若水居空地，冬必暖；火居死絶，夏必涼。若旺動剋世，暑必酷，寒必嚴也。

他宫傷剋，外番侵凌；

他宫爲外番，無他宫則看外卦。若來傷剋本宫，其年外番必來侵犯。外生内卦，必多進貢。

本卦休囚，國家衰替。

本宫爲國家，無本宫則看内卦。旺相，國家强盛。無氣，則國家衰替。

陰陽相合，定然雨順風調；

凡遇世應相生、六爻相合，其年必主雨順風調。更得安静，財福不空，必是豐登之歲。

兄鬼皆亡，必主民安國泰。

兄弟乃剋剥破敗之神，官鬼係禍患灾殃之主，二者空亡，或不上卦，必主國泰民安。

推明天道，能知萬象之森羅；識透玄機，奚啻一年之休咎！

國朝

君恕則臣忠，共濟明良之會；國泰則民樂，當推禍福之原。雖天地尚知其始終，況國家豈能無興廢？本宮旺相，周文王創八百年之基；大象休囚，秦始皇遺二世主之禍。

如臣卜，以本宮爲國爻，以太歲爲君爻，歲合爲后爻，月建爲臣爻，日建爲東宮，子孫爲黎庶，父爻爲國。卜得本宮旺相，如周文王子孫享國八百年之久；若本宮休囚，大象又凶，則如秦始皇二世亡國。

九五逢陽，當遇仁明之主；四爻值福，必多忠義之臣。

五爻爲君位，逢陽象，遇青龍財福，是仁明之君。四爻爲臣位，臨旺福，乃敢諫直臣；臨兄鬼，乃阿諛佞臣也。

歲剋衰宮，玉樹後庭花欲謝；

本宮衰弱，遇太歲剋，國有亂亡之兆。陳後主選宮女，曲有玉樹後庭花，君臣酣歌，旦夕爲常，後爲隋所滅。

年傷弱世，鼎湖龍去不多時。

已下指言國君自卜。如太歲刑沖剋害世爻，主疾病或内難將作。

世臨沐浴合妻財，夫差戀西施而亡國；

皆指言帝自卜也。如世臨沐浴，合財爻、應爻，或沐浴動剋合世，必是好色，如夫差戀西施之美，爲越所滅。

應帶咸池臨九五，武后革唐命而爲周。

君自卜，以應爲皇后，若帶咸池，其后必淫，更居九五尊位剋世，如唐武后廢中宗爲廬陵王，革唐命爲周。

遊魂遇空，虞舜南巡不返；

卦遇遊魂，不宜遷都、巡狩。若加凶煞剋世，或世爻動化墓絶，如虞舜南巡，崩于蒼梧之野。

歸魂帶煞，始皇返國亡身。

若歸魂卦遇動爻剋世身，如始皇求仙海上，返國崩于沙丘。

子發逢空，張子房起歸山之計；

他宫子孫爲臣，若逢空動，被世剋害，必是君欲害臣，如漢張良棄職，從赤松子遊也。

將星被害，岳武穆抱籲天之冤。

將星，如寅午戌日卜，午爻爲將星，其餘類推。若將星臨財子，必得忠良智勇；值官鬼白虎，必强悍之將。若將星持鬼，剋害世爻，恐有造謀之變。若將星被動爻剋害，如岳武穆遇秦檜之害也。

應旺生合世爻，聖主得椒房之助；

應爲皇后，若旺相合世爻，更臨財福，主后智略仁慈，導君以善，如漢馬后、宋宣仁，稱爲女中堯舜是也。

日辰拱扶子位，東宫攝天子之權。

若本宫子孫生旺，更得日辰扶助，欲傳位太子當國，攝天子事也。

世剋福爻，唐玄宗有殺兒之事；

若世剋本宫之墓絶子孫，太子遇讒被害，如唐玄宗信李林甫譖，將太子瑛、鄂王瑶、光王琚皆廢，復賜死。

子傷君位，隋楊廣有弑父之心。

本宫子孫旺動，剋害世爻，乃太子有篡位之兆，如隋楊廣弑父，自立爲帝。

一卦無孫，宋仁宗有絶嗣之嘆；

卦中無子孫，或子孫休囚，動入墓絶，必是國無太子，如宋仁宗無子而嘆。

四爻剋子，秦扶蘇中趙相之謀。

四爻乃臣位，若旺動傷剋本宫子孫，則如秦太子扶蘇被趙高矯詔賜死。

身值動官，唐太宗禁庭蹀血；

身世持官帶殺旺動，必至殺剋兄弟，如唐太宗伏兵玄武門，射死建成、元吉，血流禁庭，馬蹀踐也。

世安空弟，周泰伯讓國逃荆。

世持空弟，與應爻生合，有吉神動剋，是兄弟推讓天位之象，如周泰伯託爲採藥，逃之荆蠻，讓位季歷也。

凶神生合世爻，玄宗信林甫之佞；

若鬼煞動來生合世爻，必是佞臣阿諛，人君信任，如唐玄宗信任李林甫一十九年，養成天下大亂。

君位剋傷四位，商紂害比干之忠。

四爻爲臣，持財子，而被世爻動剋，如比干之盡忠，而被紂王之誅也。

離宫變入坎宫，帶凶煞而徽、欽亡身於漠北；

卦象凶，世又遭剋，或動入墓絶，乃死亡之兆。離南坎北，離化坎，由南入北，如宋徽、欽被金所擄，死于漠北。

乾象化爲巽象，有吉曜而孫、劉鼎足於東南。

乾變巽宫，大象皆凶，若有吉曜，如劉先生與吴、魏三國鼎足而立也。

國之治亂興衰，卦理推詳剖決。

征戰

醫不執方，兵不執法，堪推大將之才能；謀事在人，成事在天，當究先師之妙論。觀世應之旺衰，以決兩家之勝負；將福官之强弱，以分彼我之軍師。

世爲我，應爲彼，世旺剋應則勝，應旺剋世則負。子爲我之將，鬼爲彼之師。

父母興隆，立望旌旗之蔽野；金爻空動，側聽金鼓之喧天。

父母爲旌旗，金動則聞金鼓聲，金空則響故也。

財爲糧草之本根，兄乃伏兵之形勢。

財爲糧草，旺多衰少，空爲無糧。兄爲伏兵，又爲奪糧之神，不宜旺動。

水興扶世，濟川宜駕乎輕舟；火旺生身，立寨必安於勝地。

水若動來生扶世身，或水爻子孫動，宜乘舟決戰以取勝。火若旺動，生扶世身，結寨必得形勝之地也。

父母興持，主帥無寬仁之德；子孫得地，將軍有決勝之才。

父母持世動，乃主帥不恤士卒，上下離心。若帶兄弟官鬼，須防自變。若子孫持世旺動，將軍必決勝千里。

水爻剋子子孫强，韓信背水陣而陳餘被斬；

世持水動，或水爻剋子孫，若子孫亦動，得日月生扶，可效韓信背水戰而反勝也。

陰象持兄兄剋應，李愬雪夜走而元濟遭擒。

兄爲伏兵，在内象動，剋應，乃我之伏兵；剋世，是他之伏兵。若在陽象，宜日間伏；在陰象，宜夜間伏。如唐憲宗朝李愬雪夜銜枚，直擣蔡城，以擒吴元濟也。

世持子而被傷，可效周亞夫堅壁不戰；

世持子孫，將必才能，可以剋敵。若被動剋，宜固守，不宜速戰。如漢景帝時七國反，帝使周亞夫屯細柳以攻之。中夜軍驚，擾亂至帳下，亞夫堅卧不起，深溝高壘，數日乃定，遂破七國之兵。

應臨官而遭剋，當如司馬懿固壘休兵。

應持官旺，彼將才能，我難與敵。雖有子孫動，不能大勝。如三國時司馬懿自料不能如孔明，甘受巾幗，堅壁不戰也。

世持衰福得生扶，王翦以六十萬衆而勝楚；

身世雖持，子孫衰弱亦難勝。若得月建、日辰生扶，可效始皇時王翦以六十萬衆而成勝楚之功。

卦有衆官臨旺子，謝玄以八千之兵而破秦。

官父雖多而安静，子孫雖少而旺動，必寡可勝衆也。如晉謝玄、劉牢以八千兵破秦王苻堅九十萬衆也。

兩子合世扶身，李郭同心而興唐室；

卦有兩子旺動生世，主有二將合謀勝敵。如唐李弼、郭子儀二人，同心以忠義自勵，終能靖亂，復興唐室。

二福刑衝化絶，鍾鄧互隙而喪身家。

兩重子孫旺動，皆化入死墓絶空，雖勝敵將，必争權奪寵，兩相殘害。如晉鍾會、鄧艾領兵平蜀，蜀平而嫌隙互生，乃至自相屠戮，身家俱喪。

子化死爻，曹操喪師於赤壁；

子孫爲我軍卒，若動入死墓絶敗，應臨鬼父，動傷身世，必致損兵折將。如曹操爲周瑜、黄蓋火攻所敗。

世逢絶地，項羽自刎於烏江。

世爲國主，三軍之帥，宜旺動剋應。若衰世而被應爻刑沖剋害，動入死墓空絶者，如項羽自刎于烏江也。

水鬼剋身，秦苻堅有淝水之敗；

水鬼旺動，傷剋世身，敵兵必得舟楫渡江之利。如秦苻堅敗于謝玄八千渡江之兵也。

火官持世，漢高祖遇平城之圍。

火官帶鬼，賊寨必近。火爻持世，須防困圍。子孫旺動，被圍得勝。若子衰官旺，如漢高被圍平城，七日乃解。

應官剋世卦無財，張睢陽食盡而斃；

應爻持鬼剋世，卦中無財，乃食盡死亡之象，如張巡被圍睢陽城也。

世鬼興隆生合應，吕文焕無援而降。

旺鬼持世，乃困圍之象。卦又無財，子孫又弱，世又生合應爻，乃兵少食盡降敵之兆。宋吕文焕守襄陽，元兵圍久，賈似道隱蔽不援，城中食盡，遂降。

外宫子動化絶爻，李陵所以降虜；

子在外宫動，世被應剋，終必有敗，又化絶爻，不免降虜。如漢武帝時李陵之事也。

内卦福興生合應，樂毅所以背燕。

子孫發動，反去生合應爻，傷剋身世，是我將卒有背主降敵之兆。如燕將樂毅背燕投趙是也。

鬼雖衰而遇生扶，勿追窮寇；

官爻雖衰，若遇動爻、日辰生扶拱合，是敵兵雖少，必有救援。

子雖旺而遭剋制，毋急興師。

子孫雖旺，若被日辰、動爻剋害，彼必有計，不可急攻，攻之必被摧折。雖不大敗，亦損軍威。宜緩圖之。

鬼爻暗動傷身，吴王被專諸之刺；

旺官暗動，剋害世身，如吴王被專諸之刺。世剋暗動之鬼，或子動來救，如荆軻刺秦王不中，自反被誅也。

子化官爻剋世，張飛遭范張之誅。

子孫化官鬼，生合應爻，反來剋害身世者，是我兵卒殺主降敵。如後漢張翼德被部卒范疆、張達之刺，帳下因之而投孫權也。

要識用兵之利器，五行卦象併推詳。

土爲砲石，金爲刀箭，水木爲舟，火爲營寨。又乾兑爲刀，震巽爲弓馬，火爲鎗，坤爲野戰類。若有剋應之神，宜用此器敵之。如應爻剋世，須防敵人用此器也。

仁智勇嚴之將，豈越於此？攻守克敵用兵，當審於時。

身命

乾坤定位，人物肇生。感陰陽而化育，分智愚於濁清。既富且壽，世爻旺相更無傷；非夭即貧，身位休囚兼受制。

人生一世，貧賤高低，欲知何等人物，但看世爻爲主。旺相又得日辰、動爻生合，必主其人富貴福壽；若休囚無氣，而被日辰、動爻剋制，其人非貧即夭。

世居空地，終身作事無成；身入墓爻，到老求謀多戾。

凡占身命，大忌世身空亡，主一生作事無成。如世身入墓，主其人如醉如痴，不伶不俐，諸謀少就。

卦宮衰弱根基淺，爻象豐隆命運高。

蓋人之根源係于卦，命之吉凶係于爻，故卦宮無氣根基薄，爻象得時命運高。

若問成家，嫌六沖之爲卦；要知創業，喜六合之成爻。

遇六沖卦，必主作事有始無終；得六合卦，爲人交游謙善，基業開拓。沖中逢合後成，合處逢沖後敗。

動身自旺，獨力撑持；衰世遇扶，因人創立。

世爻不遇生扶，而自强旺發動者，必白手成家，無人幫助；若無氣而遇日月動爻生扶，必遇人提拔成家。

日時合助，一生偏得小人心；歲月剋沖，半世未沾君子德。

世爻遇年月日生合，得貴人親愛，小人忠敬；如見沖剋，不免欺凌。如父來合，定得父蔭；兄來剋，受兄弟累。

遇龍子而無氣，總清高亦是寒儒；

青龍子孫持世，必然立志高遠，不慕功名富貴，如邵康節、陶淵明輩。子孫無氣，是絶俗超群之寒士也。

逢虎妻而旺强，雖鄙俗偏爲富客。

白虎臨旺財持世，其人雖不知禮義，然必家道殷實，如李澄、蕭寵之徒。旺財有制伏，亦粗知文墨也。

父母持身，辛勤勞碌；鬼爻持世，疾病纏綿。遇兄則財莫能聚，見子則身不犯刑。

父母持世，主辛苦勞碌，動則剋傷子孫。官鬼爲禍殃，遇之則主帶疾，或招官訟。若貴人并臨，則貴。兄乃破敗之神，剋妻破耗多端，一生不聚財物。遇子孫不能求名，一生官刑不犯，安閑自在，衣禄豐盈，大怕休囚。

禄薄而遇煞沖，奔走於東西道路；

以財爲禄，若臨死絶，無氣則禄薄，而世爻又被惡神衝動，無吉神救助，是至下之命。

福輕而逢凶制，寄食於南北人家。

子爻若遇死墓絶空，謂之福輕，而世爻又被剋制，是受制于人，必主倚靠寄食于他人也。

子死妻空，絶俗離塵之輩；

以福爲子，財爲妻，二爻若臨死墓絶空之地，乃是刑妻喪子之兆，必絶俗離塵輩也。

貴臨禄到，出將入相之人。

貴人禄馬旺臨身世，而官鬼父母又來扶助，或月建、日辰生合，必是將相之兆，富貴非常之人。

朱雀與福德臨身，合應乃梨園子弟；

子孫是喜悦之神，朱雀又善言語，若臨身世，生合應爻，是合歡于他人，故爲子弟之兆，不然伶俐人也。

白虎同父爻持世，逢金則柳市屠人。

父母屬金，帶白虎持世，是宰猪羊之輩，蓋白虎臨金爲刀，而父母又剋子孫之神，子孫爲六畜，故曰屠人。

世加玄武官爻，必然梁上之君子；身帶勾陳父母，定爲野外之農夫。

玄武鬼主盜賊，如臨身世，乃梁上君子也；勾陳職專田土，加父母勤苦之神持世者，乃耕種耘耨之輩也。

財福司權，榮華有日；官兄秉政，破財無常。

若得財福二爻旺相發動，總目下淹蹇，終須發達；若見官兄當權旺動，雖目下亨利，亦有破敗貧窮之時。

卦卜中年，凶煞幸無挫折；如占晚景，惡星尤怕攻沖。

如卜中年運，或問財福，必須財福二爻旺相發動，生身或持世，得日月生合，又無動爻刑沖剋害身世，是必妻財子孫無刑剋破耗也。倘占中年功名運，不可子孫發動，世持官爻，並無日月動爻刑沖剋害，得日月動爻生扶拱合，又得九五之爻生合，是必官上加官也。如占生子，不宜子孫爻空伏墓絶，日月動爻剋之。如有日月動爻生扶提拔，即斷其生扶提拔之年生子。後卷占驗註明，兹不細述。如占晚景結局，最怕世爻休囚，被日月動爻剋沖。如得子孫動來生世，當主晚年有子有孫，享孝順之福。如財爻相合無沖，許夫婦和諧。如子孫剋世，世爻旺相，縱有壽而子孫悖逆。如子孫空絶無救，財爻無氣，老年孤獨不堪也。如問壽數，生世之爻爲壽。如生世之爻被何年刑沖剋害，又看何年月傷剋世爻，即此年壽數止矣。易林補遺定大小二限，小限一爻管一年，正卦管前三十年，互卦管後三十年，互卦又互管六十歲後，予屢卜無驗，敢删其謬，以示學者。

正内不利，李密髫齡迍邅；

正卦者，卜卦前之事，如正卦凶，已前多苦。

支卦有扶，馬援期頤矍鑠。

支卦者，變卦也，管卜卦後之事，如變出生扶，將來旺健享福也。

一卦和同，張公藝家門雍睦；

占身得六爻安静，無沖破剋害，相生相合，則家門歡好，如張公藝九世同居，上和下睦也。

六爻攻擊，司馬氏相殘骨肉。

六爻亂動，卦又沖剋，或三刑六害者，必主親情不和，骨肉相殘，如晉司馬氏八王樹兵，俱遭誅戮。

閔子騫孝乎内外，父獲生身；孔仲尼父友家邦，兄同世合。

父母爻爲生我之親，若世能生合父母爻，如閔子騫之孝父母也。若世爻與兄弟生合，如孔仲尼之内和兄弟，外信朋友也。兄爻在本宫，以兄弟言；在他宫，以朋友言。看内外應爻，以別親疏。

世應相生，漢鮑宣娶桓氏少君爲婦；晦貞相剋，唐郭曖〔一〕招升平公主爲妻。

世是一生之本，應爲百歲之妻，若見生合，必然夫唱婦隨；若見沖剋，必然琴瑟不調。

箕踞鼓盆歌，世傷應位；

世持虎蛇臨兄弟，乘旺發動，刑害應爻，應爻臨無氣之地，必主剋妻。如春秋時莊子妻死，鼓盆而歌。

河東獅子吼，應制世爻。

應爻剋沖世爻，其人憑妻言語，如宋陳季常河東獅吼之事也。

世值凶而應剋，願聽雞鳴；

倘世爻自帶兄官虎蛇等凶神者，反喜應來剋世，謂之剋我之凶，去我之病，主有賢妻。如齊襄公荒怠慢政，得陳賢妃，有夙夜警戒相成之道，故詩有雞鳴篇。

〔一〕「曖」，底本及諸校本皆作「曦」，據舊唐書、新唐書改。

身帶吉而子扶，喜聞鶴和。

世帶吉神旺動，子孫又來生扶者，主有賢子共成事業，以濟其美。易曰：「鶴鳴在陰，其子和之。」

福遇旺而任王育子皆賢，

子孫若旺相不空及無傷害者，主有賢子。如任遥之子昉、王渾之子戎，見稱于阮籍諸賢。

子化凶而房杜生兒不肖。

子孫動變月破、官鬼，與兄弟爻相合，或動變臨玄武，或與玄武官合，其子必不肖。蓋兄弟乃破敗之神，官鬼多災惹禍之宿，玄武奸險盜賊之星，月破無成之神故也。李英嘗曰：「房杜平生辛苦，又皆生子不肖。」

伯道無兒，蓋爲子臨空位；卜商哭子，皆因父帶刑爻。

子孫若臨空地，必主無子，如鄧伯道棄子而不生。若父帶虎蛇，動剋子孫，如子夏哭子喪明也。

父如值木，竇君生丹桂五枝芳；

若問子多少，當以五行生成數論之。若父爻屬木，則子孫屬土，土數五，如竇燕山生五子。

鬼或依金，田氏聚紫荆三本茂。

如鬼爻屬金，則兄弟屬木矣，主有兄弟三人，如田真、田廣、田慶。

兄持金旺，喜看荀氏之八龍；弟依水强，驚睹陸公之雙璧。

六親類，當以生成數推之，然不可不別衰旺，如逢生旺者倍加，休囚者減半。故兄持金旺，如荀淑子兄弟八人，以八龍似之；若臨水旺相，如陸暐與弟陸恭之雙璧。若旺相有制，休囚有扶，又當以本數斷。餘倣此。

若也爻逢重疊，須現在以推詳。

若卦中只有一位，可以五行數推，如兩重三重，即以現在幾爻，斷其二位、三位幾位是也。

財動剋親於早歲，兄衰喪偶於中年。

財動傷剋父母，兄動則剋妻財。

化父生身，柴榮拜郭威爲父；

卦有父母，又化出父母來生合世身者，必重拜父母，身爲他人子，如五季時柴世宗之于周大祖也。

化孫合世，石勒養季龍爲兒。

卦有子孫，又外宮化出子孫，與身世生合者，主其人必有螟蛉之子，如晉時後趙石勒子季龍是也。

世陰父亦陰，賈似道母非正室；

父與世皆屬陰者，必是偏生庶出，如宋賈似道是也。

身旺官亦旺，陳仲舉器不凡庸。

官爻旺相，身世亦旺相，又逢貴人、禄馬、文書，生合世爻者，必主異日金榜標名，如陳仲舉爲不凡之器。

化子合財，唐明皇有禄山之子；

子從他宫化出，乃螟蛉子也。若與財爻相合，帶咸池玄武，必與妻妾有情，如安禄山與楊貴妃之通也。

内兄合應，陳伯常有孺子之兄。

兄爻在内卦，乃兄弟，非朋友也。若與應爻或財爻相合，其妻必與兄弟相通，如陳平之盜嫂也。

應帶勾陳兼值福，孟德耀復産於斯時；

勾陳主黑醜誠實，子孫主賢淑，應爻爲妻，旺相臨之而無傷損者，妻如孟光，貌雖不揚而德甚美也。

財臨玄武更逢刑，楊太真重生於今日。

玄武乃淫亂之神，若臨財爻，妻不貞潔，發動與應爻相合，或與他爻相合，如楊貴妃污行尤甚。

合多而衆煞争持，乃許子和之錢樹；

應位財爻，見合過多，再加玄武刑害臨持者，乃娼妓也。如許子和爲妓，臨死謂其母曰「錢樹子倒矣」是也。

官衆而諸凶皆避，如隋煬帝之綵花。

凡月日動變，見官鬼爻太過，合財而財爻不臨玄武等煞者，必主其婦重婚再醮，如隋煬帝西苑剪綵爲花也。若本宫官鬼衝剋財爻者，乃生離活别之兆，非夫死再嫁者也。

白虎刑臨，武后淫而且悍；

白虎乃强暴之神，婦人見之，必然凶悍，更加刑害臨財爻，如武則天凶悍且淫也。

青龍福到，孟母淑而又慈。

青龍主仁慈，子孫主清正，若財臨青龍化子，或子臨青龍生財，其婦必慈祥愷悌，賢德如孟母也。

逢龍而化敗兄，漢蔡琰聰明而失節；

財遇青龍，本主聰明，如化兄弟及沐浴，皆主不貞潔兼不壽，如蔡琰文章絶世，失節胡人。

化子而生身世，魯伯姬賢德而無疵。

財動化出子孫生合世身者，必有懿德，如魯莊公夫人伯姬，言行皆善，無疵可議之矣。

合而遇空，竇二女不辱於盜賊；

若他爻動來相合，或玄武咸池動來剋合，若財爻值空，如唐奉天竇氏二女被盜劫投崖，寧死不受辱也。

静而衝動，卓文君投奔於相如。

咸池玄武持財，若衰空不動者無碍，如日辰、動爻沖之，如相如以琴挑動，卓文君夜奔相如，後當壚賣酒。

福引刑爻發動，衞共姜作誓於柏舟；

子孫旺動主剋夫，然子乃貞潔之神，主守節之象，如衞共姜作柏舟詩，以死自誓也。

身遭化鬼剋刑，班婕妤感傷乎秋扇。

如卦象六合，而世爻化官鬼刑剋，以動爻爲始，以變爻爲終，如漢班姬于成帝，始親愛，後疏絶，所以見秋扇而感傷，作詞以寓其凄楚之意。

二鬼争權水父沖，錢玉蓮逢汝權於江滸；

若有二鬼發動，俱來生合財爻，又遇水父來刑沖，而財爻值空者，必有兩夫争權之象，父母逼勒之兆，自有守節之操，故入于空，如孫汝權之于錢玉蓮類也。

六爻競合陰財動，秦弱蘭遇陶穀於郵亭。

男帶合則俊秀聰明，女帶合則澆浮淫佚。若六合卦而財爻又屬陰者，不動猶可，動則淫濫無恥，如秦弱蘭遇陶學士也。如財爻與世相合，不可此斷。如女人自卜，以世爲自己，發動合旁爻，亦此斷。

鬼弱而未獲生扶，朱淑貞良人愚蠢；

凡女人身命，以鬼爲夫星，不宜旬空，空則難爲夫主；又不宜衰弱，弱則招夫不肖。若衰弱而無生扶合助，兼帶勾陳、螣蛇等煞者，必如朱淑貞之夫，愚蒙不正，人物侏儒，因有斷腸之詩。

官强而又連龍福，吴孟子夫主賢明。

若鬼爻旺臨青龍、禄馬、貴人，主有貴顯賢明之夫，如吴孟子得魯昭公爲夫也。若衰弱而逢生助，亦然。

若卜嬰孩之造化，乃將福德爲用爻。

凡卜小兒生長難易，所喜兄弟興隆，最忌父母旺動。若父母動則傷剋，兄弟動則生扶，蓋有生扶則易養。

隨官入墓，未爲有子有孫；助鬼傷身，不免多災多病。

若見子孫入墓，或化官墓，或化官鬼，必死，故曰「未爲有子有孫」。若遇鬼傷剋兄弟爻，致子孫爻無根，必然多病難養。財動助鬼剋兄，或鬼持世臨身，亦主多病。

胎連官鬼，曾經落地之關；

子孫之胎爻臨鬼，或化出鬼爻，或鬼來沖剋者，臨盆時絶而復甦，俗所謂落地關是也。

子帶貴人，自有登天之日。

子爻若帶禄馬、貴人，主此子他日必然貴顯。

遇令星如風摇幹，逢絶地似雨傾花。

凡父動剋子，若得子孫值日辰、月建，雖見小悔，猶微風摇幹，無妨；若逢墓絶，一有剋戰，如驟雨傾花，有損。

子孫化鬼，孝殤十月入冥途；禄貴臨爻，拜住童年登相位。

子孫休囚，化鬼化父，皆死之兆，似漢殤帝，生纔十月即亡。若臨貴人、禄馬旺相，如元拜住年十四即爲相。

凶煞來攢震卦，李令伯至九歲而能行；

震爲足，若遇官鬼凶神刑剋，走必遲，如李魏公九歲方能行，蓋爲凶神纏足也。

吉神皆聚乾宮，白居易未週年而識字。

乾爲八卦首，屬金，卦數一，純陽之象。陽主上達，金主聰明，一則數之始也。若遇龍德，及子孫在此宮者，必然幼敏如白樂天，生甫七月，便識「之」、「無」二字。

八純頑劣，晉食我狼子野心；

八純卦六爻相沖，小兒見之，必主頑劣性悍，如晉食我心野不馴，猶豺狼之子也。

六合聰明，唐李白錦心繡口。

大抵六合卦必然陰陽相半，小兒遇之，聰明智慧，他日文章必有擲地金聲之妙，如李太白之文才也。

陽象陽宮，后稷所以岐嶷；

陽主高明上達之象，子臨陽宮陽爻，如后稷生于姜源，克岐克嶷也。

陰卦陰爻，晉惠所以戇騃。

陰主卑污下達之象，子臨陰宮陰爻，主癡愚。如晉惠帝聞蛙聲，曰：「爲公乎，爲私乎？」見人飢死，曰：「何不食肉糜？」故史以戇騃譏之。

龍父扶身，效藏燈於祖瑩；

青龍爲吉神，父母爲詩書學館，若臨身世，或生合世身福德者，主此兒好學。如祖瑩八歲躭書，父母恐其成疾，禁之，乃密藏火，待父母寢，復燃燈讀也。

歲君值福，希投筆於班超。

歲君乃君象也，子孫臨之，此兒必志大。如漢班超爲兒時，嘗投筆嘆曰：「大丈夫當立功異國，安能久事筆硯乎？」後出使西域，果萬里封侯。

官鬼無傷，曹彬取印終封爵；

歲君值福，固有大志，然官鬼受制，或落空亡，則志雖大，而終莫能遂。官鬼無傷，斯能稱意。如曹彬週歲時提戈取印，後出將入相，終封爵也。

父身有氣，車胤囊螢卒顯名。

龍父扶身，固知好學，然身世用神，及官父臨墓絶，徒取辛勤。必有氣，方有成望。如車胤勤學，卒以成業也。

金爻動合，啼必無聲；

五行中惟金有聲，五臟中惟肺有聲，故以金爻爲人之聲音。或沖或空，聲必響喨。如動被合，啼哭無聲也。

父母静衝，兒須缺乳。

若子孫旺相，乳必多；休囚空破，乳必少。最怕父動，或静而逢沖，若非缺乳，定剋子也。

用旺兒肥終易養，主衰兒弱必難爲。

子孫旺相無傷，兒肥易養；子孫休囚有剋多灾，瘦弱難養。

身臨父母，莫逃鞠養之辛勤；

父母持世，兒多災悔，故鞠育之勞，所以不免。蓋父爲辛勤勞碌之神，故爲小兒之惡煞也。

世遇子孫，終見劬勞之報效。

子孫持世，兒必孝順，故劬勞之恩必然報效。蓋子孫臨于世者，以其有親親之義也。

若問榮枯，全在六親之決斷；要知壽夭，必須另卜以推詳。

一卦六爻，管人一生之榮枯得失，可將財、官、父、兄、子決斷；如卜壽夭，須另占一卦可知。後卷占驗註明。

卜筮正宗卷之六

古吴洞庭西山王維德洪緒註

婚姻

男女合婚契於前定，朱陳締結，分在夙成。然非月老，焉知夫婦於當時？不有宓羲，豈識吉凶於今日？欲諧伉儷，須定陰陽。

陽奇陰耦，配合成婚。如男家卜，宜世屬陽、應屬陰，用神陰陽得位；女家卜，宜世陰應陽。陰陽相得，乃成夫婦之道。

陰陽交錯，難期琴瑟之和鳴；

如男卜女，遇世陰應陽、世陰財陽者，是陰陽交錯，後主夫妻欺淩，終朝反目。

内外互摇，定見家庭之撓括。

占婚姻，卦宜安静，安静則家庭雍睦無争。若財動，則不和公姑；鬼動，則不和妯娌；父動，則不和子姪；兄動，則不和妻妾。動加月建、日辰，不惟不和，更有刑剋。

六合則易而且吉，六沖則難而又凶。

六合卦，一陰一陽配合成象，世應相生，六爻相合，占者得之，必主易成而又吉。六沖卦，非純陰則純陽也，其象猶二女同居，兩男並處，志必不合，占者得之，必主難成，總成亦不利。

陰而陽，陽而陰，偏利牽絲之舉；

世與用宜陽反陰，應與財宜陰反陽，占娶妻，多不利，惟入贅最吉。

世合應，應合世，終成種玉之緣。

男家卜，世爲男家，應爲女家，若得相合，是兩願之象，必主易成，後亦吉利。

欲求庚帖，豈宜應動應空？若論聘儀，安可世蛇世弟？

欲求庚帖，須得應爻安静，生合世爻者，必然允許。若應爻發動，或空或沖，皆主不允。世臨蛇弟，主男家慳吝，禮必不多。應爻臨之，主女家妝奩澹泊。如旺動，主剋妻也。

應生世，悦服成親；世剋應，用强劫娶。

應爻生合世爻，主女家貪求其男，則易成。若世爻生合應爻，主男家貪求其女，如旺世剋衰應，乃恃富欺貧，用强劫娶也。

如日合而世應比和，因人成事；

世應比和，得日辰合世應者，或間爻動來合世應者，是賴媒人之力也。

若父動而子孫墓絶，爲嗣求婚。

若因無子而娶，遇父旺動或子孫墓絶，主無子息，父持身世者亦然。

財官動合，先私而後公；

夫占以財爲婦，世與動合，是必先通後娶，財與世爻動合亦然。財爻動，與旁爻合，與他人有情，財遇合多亦然。

世應化空，始成而終悔。

世動生合應爻，男家願成；應動生合世爻，女家願嫁。皆易成之象，但怕變入空亡，必有退悔之意也。

六合而動象刑傷，必多破阻；世沖而日辰扶助，當有吹噓。

世應逢生主吉，若遇動爻、日辰沖剋，兩邊必有阻隔，難成；世應沖剋本凶，若遇動爻、日辰生合，兩邊必有吹噓，可成。要知吹噓破阻之人，依五類推之，如父母爲伯叔尊長類，外宫他卦以外人而言。

鬼剋世爻，果信緑牕之難嫁；用合身位，方知綺席之易婚。

如鬼煞剋世，不獨不願爲婚，更防禍殃；如用神生合世位，不但易成，後必恩愛。

財鬼如無刑害，夫妻定主和諧；

財鬼刑沖剋害，夫妻必然不睦。如無此象，到老和諧。

文書若動當權，子嗣必然蕭索。

父母旺動，子孫旬空，反可得子。至子孫出空之年，亦難免剋。若不空，現受其傷，主無子息。

若在一宮，當有通家之好；若加三合，曾叨會面之親。

世應生合比和，財鬼又同一宮，是親上親也。不帶三合，雖親未認；若帶三合，必曾會過矣。

如逢財鬼空亡，乃婚姻之大忌；苟遇陰陽得位，實天命〔一〕之所關。

夫卜女以財爻，女卜夫以鬼爻，爲占婚姻之用神也。若值空亡，必不吉利。然不可執法推財空妻失、鬼空夫亡，蓋男占女以財爲主，鬼空不妨；女占男以鬼爲主，財空不妨。如父母伯叔卜子姪女婚姻，必要看子孫爻何如。若兄占弟婚，必看兄弟爻，遇吉則吉，逢凶則凶。當從用神斷，不可一概而言之也。

應財世鬼，終須夫唱婦隨；應鬼世財，不免夫權妻奪。

世持鬼、應持財，如男自占，是陰陽得位之象，必然夫秉男權，妻操婦道，能夫唱于前，婦隨于

〔一〕「天命」，緑蔭堂本作「大命」。

後。若應持鬼、世持財，是陰陽失位也，必然夫權妻奪，惟贅壻反吉。

妯娌不和，只爲官爻發動；翁姑不睦，定因妻位交重。

夫占婚，以兄爲妯娌，父爲翁姑。卦有官動，則尅兄弟，主妯娌不和；有財動，則尅父母，主公姑不睦。若旺而無制，父爻衰弱不能敵，與親有刑尅也。

父合財爻，異日有新臺之行；世臨妻位，他時無就養之心。

占婚遇財父二爻帶玄武動合者，有翁淫子媳之事。若財臨世身，玄武不動合者，其婦必不善事公姑。

空鬼伏財，必是望門之寡婦；動財值虎，定然帶服之嫠娘。

卦中財爻伏于空鬼之下，其女先曾受聘，未婚夫死，俗謂之望門寡。若加白虎發動，則是已嫁而夫死帶孝。若鬼伏財下不空者，必是有夫婦女。如被日辰、動爻提起，刑尅世爻者，後防爭訟。

世應俱空，難遂百年之連理；

世空自不欲成，應空彼不欲成，勉强若成，終不遂意。

財官疊見，重爲一度之新人。

男占女卦有兩財、女占男卦有兩鬼，必是再續再嫁，重爲一度新人。兩鬼發動，必有兩家争娶。鬼伏財下，男必有妻在家；財伏鬼下，女必有夫在身。鬼不空而動爻、日辰沖剋妻財，必是生離改嫁。

夫若才能，官位占長生之地；妻如醜拙，財爻落墓庫之鄉。

要知男女情性容貌，財鬼二爻取之，旺者身肥，衰者弱瘦。加虎蛇、勾陳、玄武，屬土火，貌醜；加青龍，屬木金，貌美。衰而有扶，醜有才能；旺而入墓，美偏愚拙。

命旺則榮華可擬，時衰則發達難期。

命者，即求卜人之本命爻是也。旺衰二字，古註以四季論之，謬矣。倘木命人擇于春季占，必發達乎？豈富貴貧賤由人自取耶？予之屢驗者，惟本命爻臨財福、青龍、貴人等吉宿，或遇日辰、動爻生扶拱合者，固榮華有日。如命臨兄鬼、白〔一〕虎等凶神，或遇日辰、動爻刑沖剋害者，固發達無期。○如命臨父母，主好技藝。若加青龍，主好詩禮。臨兄弟，則愛賭好費。臨財福，必善作家。臨官鬼，帶凶神，主疾病官刑；不加凶神，乃公門人役；帶貴人，則貴。學者宜以類推。

財化財，一舉兩得；鬼化鬼，四覆三番。

〔一〕「白」，底本及諸本作「日」，形訛，據上下文改。

占婚遇財化進神，有婢僕同來，謂之贈嫁，遇沖終必走失；財化子，有兒女帶來，謂之他有名，逢空雖來不壽。如化退神逢沖，日後必背夫改嫁，或退母家。大抵鬼化鬼，不論進退神，凡事反覆不定。

兄動而爻臨玄武，須防劫騙之謀；

兄弟臨玄武、螣蛇來刑沖身世者，須防其中奸詐，設計騙財。若世應生合，陰陽得位，亦必大費而可成。

應空而卦伏文書，未有執盟之主。

父母爲主婚人，若不上卦，或落空亡，必無主婚。如卦身臨財，乃其婦自作主張。

兩父齊興，必有争盟之象；雙官俱動，斯爲競娶之端。

卦中動變，見有兩重父母，主有兩人主婚，不然，主兩家庚帖。若兩鬼俱動，則有兩家争婚，多變。若卦中見有父化官，官化父，或父官皆動，恐有争訟之患。兄臨朱雀動，必有口舌。

日逢父合，已期合卺於三星；

日辰與父爻作合，或日辰自帶文書，主成婚日期已選定矣。

世獲財生，終得妝奩於百兩。

凡占妝奩，當看財爻，若財爻生合世爻，又得日辰、動爻扶助，必有妝奩。如臨勾陳，必有奩田。

欲通媒妁，須論間爻。

占庚帖，以間爻爲媒人。如獨指媒人占，又非間爻論，必以應爻爲媒妁〔一〕是也。

應或相生，乃女家之瓜葛；世如相合，必男室之葭莩。

間爻與世生合，言我家親；與應生合，言彼家親；與世應俱生合，兩家皆有親也。旺相新親，休囚舊眷，本宫至親，他宫外親。

先觀卦象之陰陽，則男女可決；

陽男媒，陰女媒，以衰動旺静取之是也。

次看卦爻之動静，則老幼堪推。

爻重二爻或衰弱者，是老年人；单拆二爻或旺相者，是少年人。

論貧富當究身命，決美惡可驗性情。

男問婦看財爻，女問夫看鬼爻，女問男家、男問女家，皆看應爻。若應旺財衰，女家雖富，女貌不揚。餘類推。

〔一〕「妁」，底本作「妨」，據緑蔭堂本改。

雀值兄臨，慣在其中得利。

間爻如值螣蛇、朱雀及兄弟者，其人慣賴媒妁獲利。

世應沖合，浼他出以爲媒。

間爻安静，被世應沖合起，及日辰沖併起者，其人無心作伐，必央他説合也。間爻自動者，勿如此斷。

兩間同發，定多月老以争盟；二間俱空，必無通好以爲禮。

兩間俱動，必有兩媒。或動出兩鬼，主有争競爲媒。須看衰旺及有制無制，可知那個執權。

世應不和，仗冰言而通好；

世應相沖相剋，若得間爻生合動世動應，須賴媒人兩邊説合方成。

間爻受剋，總綺語亦無從。

欲求親，必得應爻生合間爻，必然聽信媒言。如間爻反被應爻沖剋，雖甜言亦不從。

財官沖剋，反招就裏愆尤；

間爻若被日辰、動爻或財官沖剋，其媒必然取怨于兩家。世爻剋沖，男家有怨；應爻剋沖，女家有怨。

世應生扶，必得其中厚惠。

間爻遇世應日辰帶財福生合，其媒必有兩家酬貺，旺相多，休囚少。世旺男家多，應旺女家多。

一卦吉凶，須察精微委曲；百年夫婦，方知到底團圞。

此章惟論男卜女婚、女卜男姻之意，今術家不辨其詳，凡擇壻、擇媳、嫁妹、娶嫂，竟不以用神斷，概以官爲夫、財爲婦，大誤於人。況章内有云：「妯娌不和，只爲官爻發動；翁姑不睦，定因妻位交重。」此二句可證矣。學者當憑用神吉凶推斷，不可概論財官是也。

産育附老娘、乳母

首出渾沌，判乾坤而生人物；繼興太昊，制嫁娶以合夫妻。迄今數千百年，化生不絶，雖至幾億萬世，絡繹無窮。蓋得陰陽交感，方能胎孕相生。先看子孫，便知男女。陽爲男子，掌中探見一枝新；陰是女兒，門右喜看弧帨設。

子孫爲占産用神。旺相單重爲陽爻，是男；休囚交拆爲陰爻，是女也。

主星生旺，當生俊秀之肥兒；命曜休囚，必産委靡之弱子。

子孫生旺，子必肥大，異日主俊秀不凡；休囚無氣，子必弱小，異日主委靡不振。

如無福德，莫究胎爻。

用神不出現，查伏于何爻之下，當以伏神吉凶斷之是也。

雙胎雙福必雙生，一剋一刑終一夢。

卦有兩重子孫爻，又有兩重胎爻，總不發動，亦主雙生。若子化子，又見胎化胎者，如化退神，主雙胎不收。陰陽動静，可定男女。一動一静、一陰一陽，一男一女類。卦無子，若胎爻又被月建、日辰、動爻刑剋，大凶之兆。一場春夢，言其子必亡也。子孫衰弱受剋者亦然。

胎臨官鬼，懷姙便有採薪憂；財化子孫，分娩即當勿藥喜。

鬼臨胎爻，主孕婦有疾，或財化福爻，則分娩安泰。

妻財一位，喜見扶持；胎福二爻，怕逢傷害。

夫占妻，財爲産母，胎爲胞胎，福爲兒女。三者皆喜月建、日辰、動爻生扶合助，則産母安、胞胎穩、子易養；若見刑沖剋害，産母多灾、胞胎不安、生子難養。如化入死墓空絶，亦然。

虎作血神，值子交重胎已破；

白虎爲血神，若臨子孫，或臨胎爻發動，其胎已破，臨財動亦然。

龍爲喜氣，遇胎發動日將臨。

占産以青龍爲喜，若在胎福財爻上動者，生期已速，必然當日臨盆也。

福遇龍空胎動，乃墮胎虚喜；

福臨青龍空亡受制，又見胎爻發動，或被日辰、動爻沖動者，乃墮胎虚喜。

官當虎動福空，乃半産空娠。

白虎臨官發動，或臨財化官，或臨鬼動空化空，或被沖散者，當小産，其子不育之象。

福已動而日又沖胎，兒必預生於膝下；

福神發動而日辰沖胎者，其子已生膝下矣。

福被傷而胎仍化鬼，子當髒死於腹中。

子孫墓絶，又被月日動爻刑沖剋害者，大凶。或胎臨官鬼，或動化鬼，必是死胎。如財爻受傷，防母子有難。

兄動兮不利其妻，父興兮難爲厥子。

兄動則剋妻財，父動則剋子孫。如夫卜妻産，見兄動則産母不安，見父動則難爲厥子。

用在空亡逢惡煞，何妨坐草之虞；

父爻發動，本爲剋子，如福爻有月建、日辰生扶，或避空不受剋，故云無慮。

妻臨玄武入陰宫，果應夢蘭之兆。

巽、離、坤、兑四宫屬陰，如財子二爻皆居此象，必生女。如財臨玄武，或與玄武、應爻、旁爻作合，是野合得孕。

剋世剋身，誕生日迫；

得子孫胎爻沖剋身世，生期已速，當以日時斷之。

不沖不發，産日時遲。

胎福不動，又無暗沖者，必然遲緩，須待沖月日時可分娩也。

胎福齊興，官父合，臨産難生；

胎福二爻發動，本主易生，若被官鬼、父母、動爻合住，或日辰合住，皆主臨産難生，待沖破日時，方得分娩。

子財皆絶，日辰扶，將危有救。

如遇子財二爻在墓絶之地，固凶，若得日辰、動爻生扶，此乃将危有救之兆。

間合間生，全賴收生之力；

老娘收生，以間爻推之。若動而生合財爻，必得老娘收生之力。

官空官伏，定然遺腹之兒。

如旁人及孕婦來占，遇卦無官鬼，或在真空墓絶之處，主産婦之丈夫已死，是遺腹子也。如官爻伏而旺相，有提拔者，其夫遠出，乃背生兒也。

遊魂卦官鬼空亡，乃背爹落地；

卦遇遊魂，官鬼值空，若非過月，定主其夫出外而産，謂之背生也。若其夫自占，勿論官爻，以世爻言之。如世爻空遇遊魂，主出門後生産。

發動爻父兄刑害，必携子歸泉。

父兄爻若當權旺相，動來刑剋妻財子孫，而財福二爻又無救助者，主母子俱凶。

官化福，胎前多病；財化鬼，産後多災。

鬼化出子孫，主胎前有病；財化官鬼，恐産後多災。

三合成，兄兒缺乳；六沖遇，子婦安然。

卦有三合成兄弟局者，生子必然乳少，夫占更防剋妻。若得福神發動，或安静得日辰沖動，則財有生氣，所以産母安然也。

應若逢空，外家無催生之禮物；

以應爲外家，若逢空，必無催生禮物。

世如值弟，自家絶調理之肥甘。

兄值世衰，則家貧而少將息，産婦必難强健。

陽福會青龍，無異桂庭之秀子；陰孫非月建，何殊桃洞之仙姬。

子孫臨月建、青龍，或月建帶青龍生合子孫者，必是男喜，後主俊秀聰明。如子孫爻不是月建、日辰，又無月建、日辰生之，臨陰象陰爻者，必是女。

若卜有孕無孕，須詳胎伏胎飛。

凡占胎孕有無，耑取胎爻爲主，不看子孫。如卦中六爻上下及年月日時皆無胎爻者，俱主無孕。卦中有動爻化出者，目下無胎，後必有胎。惟遇胎爻出現，便爲有胎。

出現空亡，將衃而復散；交重化絶，既孕而不成。

衃，音肧，凝血也。衃者，陽精陰血凝聚成胎之謂。蓋未成形曰衃，已成形曰孕。胎爻出現，如遇空亡，主雖有胎，不能成形而散。若得發動，其胎已成。惟怕變入墓絶，則胎孕雖至成形，不能産育，是亦不成而已矣。

姅必逢官，妉須遇虎。

姅，音半，孕傷也。胎臨官，或被官爻、月建、日辰刑沖剋害，皆主胎孕有傷。娠婦既孕，月事又通曰妉，若未及月，胎臨白虎，必是漏胎。如遇煞沖，或發動化鬼者，必小産。

帶令星而獲助，存没咸安；

凡胎爻旺相，又有生合扶助，不臨官鬼、父母及空亡者，其胎必成。臨陽爻，則生子易養。

有陰地而無傷，緩急非益。

胎爻臨陰，休囚而得月建、日辰、動爻生合，再無凶神刑剋者，其胎亦成，但生女，故曰「緩急非益」也。

如逢玄武，暗裏成胎；若遇文書，此前無子。

胎臨玄武，所受之胎非夫妻正受也；若臨父，主此前未曾有子，今始成胎也。

孕形於内，衹因土併勾陳；胎隱於中，端爲迎龍合德。

胎臨勾陳，懷胎顯露。胎臨青龍，其胎不露。更逢三合、六合必隱。

若問收生之婦，休將兩間而推；如占代養之娘，須以一財而斷。

如占胎産，以卦中間爻爲老娘也。今人獨占老娘，吉凶概以間爻論者，則失于理矣。故凡單占老娘及乳母，俱以妻財一爻爲用神，不可又以間爻推之是也。

兄動兮手低，乳母須防盜物；

兄弟發動，占老娘、乳母，則主此婦見財起意，又主貪食。臨玄武，必濫。

父興兮乳少，老娘竊恐傷胎。

父母發動，加刑害，兒必爲其所害，切不可用。如占乳母，亦然。

子孫發動，乳多手段更高能；

子孫旺相發動，不受制伏。生扶財爻，老娘手段必高，乳母必主乳多也。

兄鬼交重，禍甚事機猶反覆。

官鬼發動，必有禍患。不傷身世，雖凶亦淺。一遭剋害，禍不可言。

財合福爻，善能調護；身生子位，理會維持。

卦身與財合子孫最吉，占老娘，慣能救死回生，占乳母，主其婦善撫小兒，乳亦必多也。

如逢相剋相沖，決見多灾多咎。

子孫被財與卦身刑沖剋害，最忌，兒亦必被其所害。

進人口

獨夫處世，休言無子即忘情；君子治家，難道一身兼作僕？必須便嬖，乃足使令於前；若不螟蛉，焉繼宗支於後？

老而無子曰獨，過繼他人之子曰螟蛉，如詩所謂「螟蛉有子，蜾蠃負之」是也。

須別來占，方知主用。

過繼小兒，以子孫爲主。買妾婢、僮僕，及收留迷失之人，皆以財爲主。若窩藏有難之人，則看其人與我如何相識，若朋友以兄弟爲主、尊長以父母爲主、婦人以妻財爲主類。

用不宜動，動必難留；

用爻發動，其人難託。若遇遊魂，或化入遊魂，異日主逃竄。若來生合世爻，不致連累。

主不可傷，傷須夭折。

主象衰弱，而被日辰、動爻乘旺來刑傷剋害，更無解救者，必然夭折。

衰入墓中，擬定委靡不振；旺臨世上，決然幹蠱有成。

用爻入墓，其人性慵懶，衰弱無氣空絶，主委靡不振。若得旺相臨身持世，或生合世爻者，乃大吉兆也。

動化空亡，有始無終之輩；蛇合官鬼，多謀少德之人。

用爻發動，變入空亡，主其人有頭無尾。若臨螣蛇，動合官鬼，其人雖多謀，然奸詐不實，婦人不貞潔。

臨玄武而化兄爻，門户須防出入；遇青龍而連福德，貲財可付經營。

用臨玄武，動化兄弟，主其人貪財好色，莫用出入。用臨青龍，動化子孫，生合世爻，主其人至誠忠厚，托以財物，則守而不失，使之經營，則利歸于主。

若逢太過及空亡，反主少誠兼懶惰。

卦中用爻見有三四重或旬空者，皆主其人暗藏機巧，反覆不實。

用爻生合世爻，必得其力；主象剋沖身象，難服其心。

用爻生合世爻，其人可用，凡有事幹，必然用心。大怕合處逢沖。

財化子，携子偕來；世合身，終身寵用。

凡占妻婢，財爻化出子孫，有小兒帶來。若動財生合世爻而化子，反來刑剋者，其婢可使，子必頑劣。卦身一爻，占事爲事之體，占人爲人之身。若遇世爻生合，主其人必得寵用。

受動變之傷，向後終難稱意；得日月之助，他時定見如心。

月建、日辰、動爻剋世，其人不可用。世爻衰，必被其害。若得變動，日月生扶合助，然後爲吉也。

世與卦身，以和爲貴；

世身二爻，相合、相生、比合，爲吉；相剋、相沖、刑害，爲凶。

兄弟官鬼，惟静爲佳。

兄動爲破財、口舌，官動爲禍患、疾病。故二爻皆不宜動，静必稱意。

兄鬼交重，誠恐將來成訟；三合絆住，須知此去徒勞。

兄與官爻發動，或官與文書互變，主日後興詞成訟。縱遇合住，日後亦成徒勞之事也。

若在間爻，乃是牙人作鬼；

買賣交易，以間爻爲牙行人。若臨兄弟、官鬼發動，必是牙人作鬼爲謀。

如居空地，不過賣主爭財。

官鬼一爻空動，而與應爻相合，必賣主、牙人作鬼論財。

卦象兩官兩父，須知事係兩頭；

卦中父母、官鬼俱有兩爻，恐重疊交易。

兄鬼一動一沖，切莫財交一手。

卦遇應爻剋世，而兄官發動，須防設謀誆騙。

應生世，他來就我；世生應，我去求人。

占買僱奴婢、托人等事，以應爲主。如生合世，是他來就我，成事最易；若世生應，我去求他，成事難也。

和合易成，最怕日辰沖破；

如得應來生合世爻，凡事易成。若是合處逢沖剋壞，主有人破阻。要知何等人，以破合之爻定之。

相沖難就，偏宜動象生扶。

世應相沖相剋，凡事難成。若得動爻、日辰生扶合助，必有貴人維持，事亦可成。

兄爻發動，爲詐爲虛；卦象亂興，多更多變。

兄弟爲反覆不定之神，亂動則事不定，故多更變。

六爻無父，定無主契之人；

以父母爲文書主契之人，若六爻皆無父母，必無主契之人。若動爻變出者，則旁邊有人作主。

兩間俱空，未有作中之子。

間爻爲媒中，如空，須浼人居間。

世獲間生，喜媒人之護向；

間爻生世合世，媒人必然向我。如臨子孫，即係子姪輩人也。

生扶弟出，防賣主之合謀。

若兄鬼動剋世爻，而應爻又來刑沖剋害我者，則是間來生合，假意合謀，非真心也。

父化兄，契虚事假；

凡遇父母化兄弟者，決主事體不真、文契不實。卦無父母而從兄弟化出者，亦然。

兄持世，財散人離。

兄弟持世，必然徒費錢財。事亦干衆，一應托人買婢不得力。更帶凶神旺動，必主人離財散。

應若空亡，我欲成交徒費力；世如發動，彼來謀合亦難成。

應空則他意難同，世動則自多更變，故不成也。

弟因財乏，鬼必疑心。

兄弟持世者，必因資財欠缺。鬼爻持世，則自心多疑，或進退不定，故難成也。

四覆三番，事機不定；千變萬化，卦象無常。能求不見之形，自喻未來之事。

凡占收留遺失子女，最怕鬼臨玄武發動，必是盜賊。用臨玄武，或化出鬼爻，亦然。刑剋世爻，必被其害。

卜筮正宗卷之七

古吴洞庭西山王維德洪緒註

病症

人孰無常？疾病無常。事孰爲大？死生爲大。

凡占病症，以官爻爲輕重。得病根由獨發之爻，亦可推之。

火屬心經，發熱咽乾口燥。水歸腎部，惡寒盜汗遺精。金肺木肝，土乃病侵脾胃。衰輕旺重，動則煎迫身軀。

鬼爻屬火，心經受病，其症必發熱、咽乾、口燥類；屬水，腎經受病，其症必惡寒、盜汗，或遺精、白濁類；屬金，肺經受病，其症必咳嗽、虚怯，或氣喘、痰多類；屬木，肝經受病，其症必感冒風寒，或四肢不和類；屬土，脾經受病，其症必虚黄、浮腫，或時氣瘟疫類。若鬼爻衰弱，則病輕；旺相，則病重；安静，則安卧；發動，則煩躁之類也。

坤腹、乾頭，兑必喉風咳嗽；艮手、震足，巽須癱瘓腸風。

鬼在坤宫，腹中有病，火鬼必患腹癰，水鬼腹中疼痛。動化財，或化水鬼，必患瀉痢。土鬼則是食積癖塊，或沙脹蠱症。木鬼絞腸沙痛，或大腸有病。金鬼脇肋疼痛，在上胸痛，在下腰痛。此鬼在坤宫斷，餘卦類推之。

螣蛇心驚，青龍則酒色過度；勾陳腫脹，朱雀則言語顛狂。虎有損傷，女子則血崩血暈；玄武憂鬱，男人則陰症陰虚。

螣蛇鬼，則坐卧不安，心神不定。青龍鬼，則酒色過度，虚弱無力。勾陳鬼，胸滿腫脹，脾胃不和。朱雀鬼，狂言亂語，身熱面赤。白虎鬼，跌打氣悶，傷筋損骨。女人血崩血暈，産後諸症，蓋白虎血神故也。玄武鬼，色慾太過，憂悶在心。在本宫，主陰虚；化子孫，男子陰症陰虚，蓋玄武暗昧之神故也。斷宜通變。

鬼伏卦中，病來莫覺；官藏世下，病起如前。

遇官鬼不出現，必隱然得病，不知何由。官鬼伏在世下，必是舊病復發。

若伏妻財，必是傷飢失飽；如藏福德，定然酒醉躭淫。父乃勞傷所致，兄爲氣食相侵。

鬼伏財下，必是傷食，或因財物起因，或因婦女得病。鬼伏子下，必是酒醉過度，或恣行房事，夏或過于風涼，冬或多着裘帛，或過服補藥所致。鬼伏父下，必是勞心勞力，憂慮傷神，或因動土所致，或因尊長得病。鬼伏兄下，必因口舌爭競，停食感氣，或有呪詛得病。

官化官，新舊兩病；鬼化鬼，遷變百端。

卦中現有官爻，而又變出官爻，主新舊兩病也。又如官爻化進神，則病增；化退神，則病減。

化出父書在五爻，則途中遇雨；變成兄弟居三位，則房内傷風。

化出父母，必在修造之處得病。若在五爻，屬水，則在途中冒雨而得也。如化兄弟，必因口舌毆氣，或是傷食。若在三爻，必房中脱衣露體，感冒風寒。若化子孫，則在僧道寺院或漁獵游戲。化財傷食，或因妻奴，或因買賣。已上六親化出官鬼爻，亦依此斷。

本宫爲在家得病，下必内傷；他卦爲别處染灾，上須外感。

鬼在本宫，家中得病。在下三爻，必是内傷症候。官在外宫，外方得病。更在上三爻，必是外感風邪。上下有鬼，内傷兼外感，症候不一。

上實下空，夜輕日重；

鬼在内宫，病必夜重。鬼在外卦，病必日重。若卦有二鬼，一旺一空，或一動一静，必日輕夜重也。

動生變剋，暮熱朝涼。

凡動爻爲始，變爻爲終，若動爻生扶用爻，而變爻刑剋用爻者，必朝涼暮熱，日輕夜重。動剋變生，反此斷。

水化火，火化水，往來寒熱；

水化火，火化水，不拘鬼爻，但有干犯主象者，皆是寒熱往來之症。卦有水火二爻俱動，亦然。水旺火衰，寒多熱少。倘水受傷，火得助，則常熱乍寒也。坎宫火動，内寒外熱。離宫水動，皮寒骨熱。若帶日辰，必是瘧疾。

上沖下，下沖上，内外感傷。

上下有鬼，病必内外兩感。俱動俱静者，一同受病。二鬼自沖者，適感而適愈也。

火鬼沖財，上臨則嘔逆多吐；

火性炎上，財爲飲食，故占病遇火鬼動剋外財，必是嘔吐，重則反胃不食。

水官化土，下值則小便不通。

水官化出回頭土〔一〕，剋在本宫初爻，是小便不通；屬陰，是大便不通；陽宫陰象，陰宫陽象，二便俱不通。若加白虎，陽爻是尿血，陰爻是瀉血，白虎血神故也。帶刑害，是痔漏症。

若患牙疔，兑鬼金連火煞；

〔一〕「土」，底本作「上」，據緑蔭堂本改。

鬼在兑宫，口中有病，若金鬼化忌神，或忌神化金鬼，必患牙疔。不化忌神，則是齒痛。静鬼逢沖，齒必動摇。

如生脚氣，震宫土化木星。

鬼在震宫，病在足，加勾陳足必腫，加白虎必折傷破損。土鬼化木，則患腳氣。木鬼酸疼麻木，水鬼是湿氣，火鬼必生瘡毒，金鬼是腳、骱、膝疼，骨痛，或刀刃所傷類。

鬼在離宫化水，痰火何疑；官來乾象變木，頭風有準。震遇螣蛇仍發動，驚悸顛狂；艮逢巳午又交重，癰疽瘡毒。

離宫鬼化水爻，痰火症候，水動化鬼亦然。乾宫鬼化木爻，頭風眩暈，木動變鬼亦然。震在外卦，勿以腳斷，可言其病坐卧不安，心神恍惚，蓋震主動故也。更加螣蛇發動，必是顛狂驚癇之症，小兒乃驚風也。逢沖則有逾牆上屋之患。艮逢火鬼，必生癰疽，若遇變出土鬼，可言浮腫蠱脹等症。餘可類推。

卦内無財，飲食不納；

財主飲食，若遇空亡，飲食不納。若不上卦，不思飲食。

間中有鬼，胸膈不寬。

世應中間即病人胸膈處也。官鬼臨之，必然痞塞不通。金鬼胸膞骨痛，土官飽悶不寬，木鬼心痒嘈雜，水鬼痰飲填塞，火鬼多是心痛。若化財爻，或財爻化鬼，必是宿食未消，以致胸膈不利。

鬼絶逢生，病體安而復作；

官鬼逢絶，其病必輕。如遇生扶，謂之絶處逢生，其病必將復作。

世衰入墓，神思困而不清。

世爻入墓，病必昏沉。旺相有氣，則懶于行動。衰則不言不語，是怕明喜暗，不思飲食，愛眠怕起，懶開目。更坐陰宫，必是陰症。用爻入墓、鬼墓臨用、原神入墓，皆依此法斷。

應鬼合身，纏染他人之症；

應臨官鬼，刑剋合用爻，必因探訪親友，病而纏染也。鬼爻屬土，是時行疫症。用爻臨應，必然病卧他家。

世官傷用，重發舊日之灾。

大抵官爻持世，必然原有病根，傷用必是舊病再發，否則必難脱體。卦身持鬼，亦是舊病。

用受金傷，肢體必然酸痛；主遭木剋，皮骨定見傷殘。火爲仇，則喘欬之災；水來害，則恍惚之症。

如金動來剋，則木爻受傷，支節酸痛；木動來剋，則土爻受制，皮骨傷損。餘可類推。

空及第三，此病須知腰軟；

第三爻如值旬空，爲腰軟。或旺相而空，爲腰痛。不空而遇動爻、日辰、官鬼剋沖者，乃閃腰痛也，動空亦然。鬼在此爻者，亦主腰痛。

官傷上六，斯人當主頭疼。

不惟官鬼剋傷上六而主頭疼，即如官鬼所臨之處，亦有病也。如官鬼剋間爻，或臨間爻，皆主胸膈不利，忌神亦然。餘可類推。

財動卦中，非吐則瀉；

財爻動臨上卦主吐，動臨下卦主瀉。若逢合住，則欲吐不吐、欲瀉不瀉。

木興世上，非癢即疼。

寅卯二爻屬木，寅木主痛，卯木主癢。

病體

既明症候，當決安危，再把爻神，搜索箇中之玄妙，重加参攷，方窮就裏之精微。先看子孫，最喜生扶拱合；

子孫能剋制鬼煞，古人謂解神，又名福德。占病又爲醫藥，卦中無此，則鬼無制服，藥無效驗，禱神不靈，所以先宜看此。惟占父母、丈夫病，不宜子孫發動，動則傷剋夫星，又剋傷父母之原神也。

次觀主象，怕逢剋害刑沖。

主象即用神也，如占夫以官爲用神、占妻以財爲用神類。如遇刑沖剋害，即病人受病磨折，故怕見之。剋害處若得生扶，必不至死。

世持鬼爻，病總輕而難療；

占自病，怕鬼持世，必難脱體。

身臨福德，勢雖險而堪醫。

月卦身乃一卦之體，子孫臨之，決然無虞。總然病勢凶險，用藥可以痊愈。

用壯有扶，切恐太剛則折；

凡用神臨月建，又得日辰生扶拱合，再遇動爻生扶者，乃太剛則折之兆。最怕用神又值日建，必凶。若有日辰、動爻刑剋，則不嫌其旺矣。所謂「太過者損之則利」也。

主空無救，須防中道而殂。

非獨指空而言也。凡主象墓絶空破，有救者無妨，無救者必死。救者，生扶拱合也。

禄係妻財，空則不思飲食；壽屬父母，動則反促天年。

占病以妻財爲食禄，卦若無財，或落空亡，乃是不思飲食。父母爻動，占病所忌，以其剋制福神，官煞能肆其虐故也。主服藥無效，故云反促天年。占兄弟病，反宜動也。

主象伏藏，定主遷延乎日月；

用爻不上卦，縱有提拔扶引者，必待其值日出露。或久病，必值年值月，病方愈。故曰定主遷延日月也。

子孫空絶，必乏調理之肥甘。

子孫固爲藥，又爲酒肉，若臨死絶，或在空亡，或不上卦，病中必無甘肥調理。或日辰，或應爻，帶子孫生合用爻者，必有人餽送食物資養。

世上鬼臨，不可隨官入墓；

凡占自己病，若世上臨鬼入墓于日辰，或化入墓庫于爻，固非吉兆，世爻持鬼墓發動者亦凶。

身臨福德，豈宜父動來傷？

占病以子孫爲解神，身若臨之，大吉之兆。如父母動來剋傷，仍爲不美。如父母有制，無妨。

鬼化長生，日下正當沉重；

鬼爻發動，病勢必重。若鬼化入長生，乃一日重一日之象。

用連鬼煞，目前必見傾危。

「連」字，當作「變」字解。今術家以用神變出官鬼者，斷其病必死，是以辭害義矣。孰知鬼煞者，是忌神也，用連鬼煞，即指用化回頭剋耳。如用神變回頭剋，而無月日動爻解救者，目前立見其危也。

福化忌爻，病勢增加於小愈；

子孫發動，制伏官鬼，其病必減。若化父母，回頭剋壞子孫，必因病勢少愈，不能謹慎，以致復加沉重。子孫化官爻亦然。

世撓兄弟，飲食減省於平時。

兄弟持世，飲食必減，其病亦因多食而得。

用絶逢生，危而有救；

凡用爻逢絶，如得卦中動爻相生，謂之絶處逢生，凶中回吉之象，雖危有救。

主衰得助，重亦何妨？

用神不宜太弱，弱則病人體虛，力怯難痊。若得日辰、動爻生合扶助，最吉。總有十分重病，亦不至死也。

鬼伏空亡，早備衣冠防不測；

此兩句，惟言父母、官府、丈夫病，如遇官爻伏而又空者，須防不測。

日辰帶鬼，亟爲祈禱保無虞。

如日辰帶官鬼生合世爻或用爻者，當爲祈禱，看其生合者是何等神。如生合青龍父母，是花幡香願，勾陳則土地城隍，朱雀則香燈口愿，螣蛇則百怪驚神，白虎則傷司五道，玄武則玄帝北陰。陽象陽爻是神，陰象陰爻是鬼。今陳大略，後有鬼神章，盡細閱之，照斷方是。切不可妄斷，有費民財。

動化父來沖剋，勞役堪憂；

卦中父母爻動來沖剋用爻，或用爻動變，父母不沖剋者，宜自在，少勞碌。不然，病即反覆，又加沉重矣。

日加福去生扶，藥醫則愈。

日辰臨子孫，生扶拱合用爻，必得藥力而愈。

身上飛伏雙官，膏肓之疾；

身者，卦身及用神也。如身爻上已臨官鬼，又他爻動而飛入身上來者，或身之前後夾有官鬼，或用爻前後夾有官鬼，或世上有鬼而身上又有鬼，皆謂之雙官夾用夾身，大象不死，亦是沉困考終之疾也。即如占子病吉凶，得恒卦三五爻皆是官爻，午火子孫居其四爻，鬼之中是也。餘倣此。

命入幽明兩墓，泉世之人。

以卦看有鬼墓，以世看有世墓，以用神看有主墓。凡遇此三墓出現卦中者，人皆見之，其墓爲明。變入墓中者，人所不見，其墓爲幽。不拘幽明，病主危困。或世爻、用爻被官鬼兩頭夾之，或見有兩重鬼墓夾身者，必死。得日辰、動爻沖破墓爻，庶幾無事。

應合而變財傷，勿食饋來之物；

應爻動來生合用爻，當有問安之人，帶財福必有饋送，兄弟則清訪而已。若應雖生合，而用爻或變妻財，或被財爻刑沖剋害用神者，倘有饋送，切宜戒食，否則反生傷害。若占長輩，尤宜忌之。

鬼動而逢日破，何妨見險之虞？

官爻發動，或忌神發動，其禍成矣。若得日辰、動爻沖之，謂已沖散，主其病雖凶而不死。

欲決病痊，當究福神之動静；要知命盡，須詳鬼煞之旺衰。

讀是篇者，不可以辭害義。福神者，其義輕於子孫，而重於原神也。鬼煞者，其理在於忌神，而不在於官鬼也。凡卜病，如遇原神旺動，即使用神空破伏藏者，其病可痊。如遇忌神旺動，即使用神出現不空破者，禄命當盡矣。

醫藥

病不求醫，全生者寡；藥不對症，枉死者多。欲擇善者而從之，須就蓍人而問也。應作醫人，空則睊亡而不遇；子爲藥餌，伏則扞格以無功。

凡卜醫藥，以子孫爻爲藥餌，以應爻爲醫生。如子孫受傷或墓絶，或官爻生旺，是藥不對症，必不能去病。如應爻旬空，醫人非他出不來，定用藥無效。

鬼動卦中，眼下速難取效；

占藥，要鬼爻安静無氣。若遇發動，雖有妙藥，一時難以取效。待鬼爻墓絶日，用藥方始有功。

空臨世上，心中强欲求醫。

世爻空亡，必不專心求醫，或自不相信他，雖請彼看，亦不用其藥石。

官旺福衰，藥餌輕而病重；

官爻無氣，子孫旺相，藥能勝病，服之有效。若子孫休囚，官爻旺相者，乃是藥輕病重，服之無功。

應衰世旺，病家富而醫貧。

世爲病家，應爲醫家，相合相生，非親則友。若應旺世衰，病家貧乏，醫必富。應衰世旺，反此斷。

父母不宜持世，鬼煞豈可臨身？

卦身與世爻皆不宜臨官臨父，遇之則藥不效。

官化官，病變不一；子化子，藥襍不精。

此言官爻化進神，症候不一，或病勢不定。化退神，反此斷。子孫乃占藥用神，如子孫化進神，而藥有效；如化退神及伏吟卦，不可服此劑。

福化忌爻，誤服殺身之惡劑；

蓋有動則有變，變出父母，回頭來剋，難傷官鬼，必致因藥傷命。

應臨官鬼，防投增病之藥湯。

應臨官鬼，必非良醫，更來刑剋身世用神，須防誤藥損人。或臨忌爻，或化官鬼，皆不宜用此人之藥。

鬼帶日神，定非久病；

鬼帶日神動出卦中者，必是目下暴病。若日辰雖是官爻，不現卦中，則不然。可言其病眼下正熾，必須過此，方可用藥。

應臨月建，必是官醫。

應持太歲，必是世醫；持月建、日辰，必是官醫。更得月日臨子孫，用藥神效；應臨子孫，乃專門醫士，可托之。

世下伏官子動，則藥雖妙而病根常在；

大抵自占病遇鬼伏世下，或占他人病遇鬼伏用爻下，其病不能斷根，日後恐再發也。

衰中坐鬼身臨，則病雖輕而藥力難扶。

卦身雖臨衰弱之鬼，纏綿難愈之象，或主象身臨官墓者亦然。

父若伏藏，名雖醫而未諳脈理；

卦中父動，子孫不能專權，固非吉，然又不可無，宜静不宜動。何也？蓋人氣脈皆屬父母，故占醫若無此爻，必是草澤醫人。雖然用藥，而脈理未明也。

鬼不出現，藥總用而莫識病源。

官鬼爲病，出現則易受剋制，用藥有效。若不上卦，其病隱伏，根因不知，症候莫決，率意用藥，亦難取效。

主絶受傷，盧醫難救；

主象若遇休囚墓絶，或變入墓絶，再有剋傷者，雖良醫不能救也。

父興得地，扁鵲無功。

父母發動，子孫受傷，藥必不效。若得子孫有氣，日辰、動爻剋父母，必須多服有功。

察官爻而用藥，火土寒涼；

火土官爻，其病必熱，宜用涼藥攻之。金水官爻，其病多寒，必温熱之劑治之。然火必寒、土必涼、水必熱、金必温等劑是也。又如火鬼在生旺之地，又遇生扶者，必用大寒之藥攻之。水鬼在生旺之地，又遇合助者，須用大熱之藥。如火鬼在陰宫陰爻，乃是陰虚火動之症，可用滋陰降火之藥。水鬼在陽宫内卦，乃是血氣虚損之症，可用補中益氣之藥。宜通變，餘倣此。

驗福德以迎醫，丑寅東北。

凡占服藥，須看子孫何爻，便知何處醫人可治。如在子爻宜北方醫人、丑爻東北方醫人類。又如寅爻子孫五行屬木，其醫是木旁草頭姓名，或是虎命者，雖非東北，皆能醫治。餘倣此。

水帶財興，大忌魚鮮生冷；

財爲飲食，資以養生，然動則生助鬼爻，反爲所害。若更屬水，必忌魚鮮生冷等物，藥始見功。如值木爻，忌食動風之物，值火忌炙煿熱物，值金忌堅硬鹽物，值土忌油膩滑物。財如不動，不可妄言。又忌鬼爻生肖物，如丑忌牛、酉忌雞類。餘倣此。

木加龍助，偏宜舒暢情懷。

青龍爲喜悦之神，更臨木爻，生合世爻主象，病人必抛却家事，放寬懷抱，然後服藥有功。

財合用神居外動，吐之則痊；

財在外宫主吐，若得生合用爻，以藥吐之則愈。

子逢火德寓離宫，灸之則愈。

子孫屬火，又在離宫，宜用熱藥療之，或用艾灸則愈。

坎卦子孫，必須發汗；木爻官鬼，先要疏風。

子孫屬水，或在坎宫發動，皆宜表汗；官鬼屬木，先散風邪，用藥有效。

用旺有扶休再補，鬼衰屬水莫行針。

用爻休囚墓絶，必是補藥方效。若用爻得時旺相，又有生扶合助，須用剋伐之藥治之，若再補，則反害矣。子孫屬金，利用刀針。鬼爻屬水而用刀針，則金能生水，反助病勢。土鬼忌用熱藥，木鬼忌用寒藥，火鬼忌用風藥，金鬼忌用丸藥。

福鬼俱空，當不治而自愈；子官皆動，宜内補而外修。

占病，子官二爻俱空，乃吉兆也。或俱衰静，無沖無併者，其病自愈，不用服藥。若二爻俱動，此非藥不對症，乃是神祟作禍，故曰無功，必須祈禱服藥，方得病痊，俗所謂「外修内補」也。

卦動兩孫，用藥須當間服；

卦有二爻子孫發動，用藥不必連服，以其分權故也。或用兩般湯藥，間服之，則效矣。

鬼傷二間，立方須用寬胸。

官鬼動來沖剋間爻，或鬼在間爻動，必然胸膈不利，須用寬胸之藥。逢兄弟發動，則是氣逆，治宜調氣。

父合變孫，莫若閉門修養；

卦中福官衰静，若有父母動來生合世身主象者，不須服藥，宜居僻静，閉門修養。

五興化福，可用路遇醫人。

如卦中第五爻變出子孫，不須選醫服藥，不如路遇草醫能治。若子孫不現，而日辰臨子孫生合者，意外自有醫生可治也。

世應比和無福德，須用更醫；

世應比和，卦無福德，此藥無損無益，須更换醫人，方可得痊。

財官發動子孫空，徒勞服藥。

財官俱動，其勢已凶，子孫又空，服之無益。

凡占醫藥者，須誠心默禱。用何人藥，有效無效，不必説明姓氏。卜家據此章而斷，自無薦醫之弊，則誠無不格，卦無不驗矣，豈非彼此心安乎？

鬼神

徼福鬼神，乃當今之所尚；禱爾上下，在古昔而皆然。不質正於易爻，亦虚行乎祀典。先看卦内官爻，便知鬼神情狀。

官鬼能爲禍福，故觀此可知其情狀也。

旺神衰鬼，方隅乾巽堪推；陰女陽男，老幼旺衰可決。

凡鬼爻旺相是神，休囚是鬼。陽爲神爲男，陰爲鬼爲女。乾宫西北方、巽宫東南方之鬼也。

若在乾宫，必許天燈斗願；如居兑卦，定然口愿傷神。坎是北朝，艮則城隍宅土；離爲南殿，坤則土地墳陵。震恐樹神，或杖傷之男鬼；巽必縊死，或顛仆之陰人。八卦仔細推詳，諸鬼自能顯應。

此以八卦推之，乾象爲天神，在此宫屬火，宜許點天燈斗愿類。

更值勾陳，必有土神見礙；如臨朱雀，定然呪詛相侵。白虎血神，玄武則死於不明之鬼；青龍善願，螣蛇則犯乎施相之神。

此以六神推之，勾陳職專田土，鬼爻臨之，乃是土神爲禍類。

金乃傷司，火定竈神香願；木爲枷鎖，水爲河泊江神。

此以五行推之，金乃刀兵所傷之鬼，旺是傷神，衰是傷鬼類。

若見土爻，當分厥類。

土鬼陰爻是陰土，陽爻是陽土。或從木化，是樹頭土。臨應沖世，是飛來土。若日月動變者，五方土類也。

鬼墓乃伏屍爲禍，財庫則藏神不安。

鬼爻屬金，卦有丑動，是鬼墓；妻財屬木，卦有未動，是木墓。餘倣此。

修造動土，必然煞遇勾陳；口舌起因，乃是土逢朱雀。

此亦土鬼也，如勾陳，必因修造動土以致不安。

或犯井神，水在初爻遇鬼；或干司命，火臨二位逢官。若在門頭，須犯家堂部屬；如臨道上，當求五路神祇。四遇世衝，鬼必出門撞見；六逢月合，神須遠地相干。

水鬼臨于初爻，斷井神；火鬼臨于二爻，斷司命。如鬼臨三爻，斷家堂；如臨五爻，斷路頭五聖；臨四爻，斷出門撞祟；臨六爻，斷遠處染邪。

鬼剋身，冤家債主；身剋鬼，妻妾陰人。我去生他，卑幼兒童僧道；他來生我，祖宗尊長爹娘。若無生合剋刑，必是弟兄朋友。

此以卦身推之。鬼生卦身爲父母，卦身生鬼爲子孫。鬼剋卦身爲冤仇，卦身剋鬼爲妻妾。

二者比合，爲兄弟朋友姊妹之鬼。

刑不善終，絶則無祀。

鬼帶刑爻，必非善終之鬼，當以五行所屬，推其何死。鬼不上卦，看伏何爻下，便知是鬼祟，如伏父下爲家先，伏福下爲小口類。

如臨日月，定然新死亡靈；

卦無官鬼，而日辰是鬼者，必然新死亡靈爲禍。若日辰是鬼，而卦中又有鬼，是近日新許之愿未酬也。

自入墓刑，決是獄中囚犯。

如未日占卦，得木爻官鬼入墓，必是死于囹圄囚獄之鬼。旺相發動，則是廟神。

旁爻財合，必月下之情人；應位弟生，乃社中之好友。

財爻動合鬼爻，或財化鬼、鬼化財，自相作合者，必與病人私通之人爲禍。

化出鬼爻臨玄武，則穿窬之鬼；變成父母遇螣蛇，則魘魅之精。

鬼動化出六親，即以化出者斷。如化兄，爲朋友、兄弟、妯娌類。若化鬼加玄武，必是盜賊。化父母，是伯叔六親，加螣蛇，乃其家因匠人造作魘魅，以致人口不安。父化官，雖非螣蛇，亦是匠人作弊。

太歲鬼臨，乃祖傳之舊例；日辰官併，是口許之初心。

若太歲、日辰俱官，則目下許酬祖先例未完。

持世則未酬舊愿，伏爲有口無心；變財乃不了心齋，空則有頭無尾。

鬼爻持世，有舊愿宜酬類。

鬼在宅中，住居不穩；官臨應上，朝向不通。

内卦第二爻爲宅，若動鬼臨之，住宅不安，常有疾病。若應爻臨鬼，其宅朝向不利，宜改作。

兑卦金龍，千佛像；坎宮木動，犯划舟。

金在兑宮發動，金身佛像；木在坎宮發動，舟楫之象。

水土交加在乾宮，則三元大帝；火金互動於兑卦，爲五道傷官。

三官，天地水三官，乾宮土水〔一〕互化遇官爻者是也。五道，乃刀劍之神，在兑宮互相發動而遇官鬼者是也。

三空無香火之堂，怪動有不祥之禍。

三爻空，其家不奉香火。怪爻，四季月，初六爻是；仲月，二五爻是；孟月，三四爻是。臨父

〔一〕「土水」，底本作「上水」，據緑蔭堂本及光緒本改。

母，必有怪器；加玄武，是盜人之物。凡遇此爻動，雖非鬼爻，必是怪事。螣蛇又動臨鬼爻，然後可言妖怪。

龍遇文書獨發，經文可斷；

如父母獨發，乃祖宗求祀。臨青龍，則有善願經文。

蛇逢官鬼屬陰，夢寐當推。

鬼臨螣蛇，必有虛驚怪異。若在陰宫陰象，則有夢寐，沖剋世爻用爻，必夢中所見神祟。

動入空中值鬼，恐失孝思之禮；

官爻動空化空，皆主先亡中有失祀禮。若在他宫外卦，則是眷屬中曾有祀禮，不設其位。

静居宅上臨木，家停暴露之棺。

本爻官鬼静臨二爻，或木鬼伏于父母下，其家必然停柩不安。

卜筮正宗卷之八

古吳洞庭西山王維德洪緒註

種作

農爲國本，食乃民天。五穀不同，孰識異宜而佈種？一年關係，全憑卦象以推詳。旺相妻財，豐登可卜；

妻財爲農之本，凡占種作，先看財爻現與不現、有傷無傷，便知吉凶。然此一爻雖不可無，亦不宜動，動則官鬼有氣，終有損耗。若變出福爻，則吉。

空亡福德，損耗難憑。

子孫爲原神，最喜生旺，發動爲吉。若遇空亡，則財無生氣，官鬼當權，定多損耗。

父母交重，耘耔徒知費力；

父母爲辛勤勞苦之神，動則必主費力，收成亦減分數。

兄爻發動，年時莫望全收。

兄弟劫財，大怕發動。倘得子孫亦動，反許全熟。年時如子孫之爻衰静，莫望全收，又主工本欠缺。

鬼在旺鄉，遇水神而禾苗渰腐；

鬼爻發動，若臨水爻沖剋身世，禾苗必爲渰腐。更逢月建、日辰、動爻生扶，當有洪水横流之灾。

官居生地，加火煞而稼穡焦枯。

鬼在生旺之地，而臨火爻動者，必主缺水。沖剋刑剋，恐有焦禾殺稼之禍。若有制服，雖旱不妨。

土忌剋身，水旱不調之歲；

土鬼發動，必主水旱不調，又主里社興灾，否則田禾欠熟。

金嫌傷世，螟蝗交括之年。

金鬼發動剋世，主有蝗虫。若不傷身傷世，財爻静旺者不爲害也。

木則風摧，静須穀粃；生扶合世，方許無虞。

木爻發動，傷剋世身，所種之物必遭惡風摧挫。若化水爻，或與水爻同發，當有風潮顛没之患。木鬼不動，亦主虚〔一〕粃，蓋木爻乃五穀主星，更若福静財衰，必主秀而不實，財福動空化空，俱是虚粃，空好看之象也。

二爻坐鬼，必難東作於三春；五位連官，定阻西成於八月。

二爻爲内卦之主，五爻爲外卦之主。内卦有官，種作時多阻；外卦有官，收成時多阻。若二五爻日辰刑傷，更看何爻受傷，便知何事阻節。如兄弟爲口舌，如官爻爲官訟、疾病。

初旺則種子有餘，四空則耕牛未辦。

初爻旺相，種子有餘，空則欠少；四爻旺相，牛必强壯，衰空則無。空動化出子孫，或化丑爻而與應爻作合，俱租佃他人之牛也。

應爻生合世，天心符合人心；

當以應爲天，以世爲地。應爻生合世爻，治田遇好天；沖尅世爻，則凡有所作，非風即雨。

卦象疊財爻，多壅争如少壅。

卦中財爻重疊太過，不宜多加堙壅。財爻不空、兄弟不動，而遇子孫發動者，多壅則多收也。

日帶父爻，一倍工夫一倍熟；

〔一〕「虚」，底本作「虗」，據緑蔭堂本改。

父母若臨日辰，或坐世上，必主辛勤勞苦。若非勤作，決然少收，蓋一倍工夫則有一倍熟也。

財臨帝旺，及時耕種及時收。

凡遇財在生旺爻上，不宜種作太遲，遲則少收。

要知始終吉凶，但看動爻變化；

動爻變財福吉，變兄鬼凶。父化兄鬼，辛勤不熟；父化財福，辛勤有收。財化兄、子化官，始則暢茂，終則空虛。兄化財、官化子，先遭傷損，後必如意。若然財旺化子孫，五穀豐登也。

欲識栽培可否，分詳子位持臨。

凡卜種植，當指實種子分占。得子孫持臨身世，財爻無刑傷剋害者，此種是必多收。如官鬼持身世，或父動，或財爻動變兄鬼，定主此種無收。

世值三刑，農須帶疾；

世爲治田之人，被日辰、動爻刑沖剋害，最爲不利。若帶白虎三刑，農夫必然帶疾，世持官爻亦然，如朱雀恐涉是非。持兄弟，必欠工本，或種作不精。持財福，或得財生福合，皆大吉。

爻逢兩鬼，地必同耕。

凡卦有兩鬼出現，或鬼臨應上，動來作合，或日辰帶鬼爻合世，或被兄弟合併，皆是包攬與人合種也。

父在外爻水輔，地雖高而潮濕；父居内卦日生，田固小而膏腴。

父母爲田，在外卦，其田必高；在内卦，其田必低。生旺田肥，墓絶田瘦。臨木田形必長，臨土田形必短，臨火是乾旱地，臨水是潮濕地，臨金是白沙地。日辰沖剋，人不顧戀；日辰生合，必是好田。

父化父，一丘兩段；

卦有兩父，或化出父爻見兩重，或卦身出現重疊，皆出兩處耕種。

沖併沖，七坎八坑。

日辰、動爻沖剋父爻，其田必不平坦，非七高八低，或六畜傷損，或行人踐踏。

陽象陽爻，此地必然官斗則；

父母在陽宫陽爻，是官田斗則也。

或空或動，其田還恐屬他人。

父母空亡，田種不成，否則必非己産。臨世發動，其田必有變更。化入空亡，或空合應爻，當賣與人。世臨勾陳動，亦主田有更變。

坐落胎養，開闢未久；

胎養，言其衰弱也。如父母安静，若遇衰弱之爻動來沖者，乃是新闢之田。父爻自值衰弱動者亦然，或是新置者。若父持太歲、月建，乃是祖遺産業。卦無父母從世化出，自己續置。若財化出者，乃妻家奩田。從兄弟化出，合户之田。從鬼化出，官家田地，不然，乃官斗則也。應爻化出，必是他人之田。

變成福德，溝洫分明。

父母化出福財，必然溝洫分明，其地亦善，其田必得高價。化兄田不值錢，或未分析，或與他家之田合段。若係卦身，則是與人合種。化官，其田不美。

若是坎宫，必近江湖之側；

父在乾宫，其田必高。總在内卦，亦非洼下低田。父在坎宫，田必傍江河。父在離宫，田邊遭旱。父在震巽宫，田邊必有樹木。父在坤宫，田在郊外，田心之田也。父在兑宫，田邊有官溝，或近池沼。

若伏兄弟，乃祖鄉鄰之田。

此指租種而言。若父爻出現，看父爻則知何人家之田。卦無父母，須看伏在何爻。如伏兄下，是鄰家之田。若無父，而動爻有化出者，是即其人之田也。如財爻化出，是婦人之田。餘倣此。

蠶桑

既言種植，合論蠶桑。採飼辛苦，只爲絲綿而養育。吉凶懸惑，因憑卜筮於蓍龜。

諸家以水爻爲忌，以火爻爲用，孰知卜蚕以子孫爲蚕，卜絲以財爻爲絲，卜葉以財爻爲葉價，至于水火，何喜何忌之有？倘財爻臨應，或合應，或與動爻相合之財，皆爲養蚕婦女，非絲非價也。宜通變。

初論子孫得地，則蠶苗必利；

凡占蚕，獨以子孫爲用。如子孫旺相得地，無刑沖剋害，必蚕苗盛利也。

次憑財位當權，則絲繭多收。

凡占絲繭，獨以財爻爲用。如財爻旺相，有生合無剋沖，自然絲繭多收。

福德要興，更喜日辰扶助；

子孫爲蚕身也。旺相發動，蚕必興旺。若衰弱，偶得日辰、動爻生扶拱合，大吉之象。惟怕父爻及日辰傷剋，蚕必有損。

妻財怕絶，尤嫌動象刑沖。

凡占絲綿，如財爻休囚死絶，或日辰、動爻刑沖剋害，必無好繭，亦無好絲。得生旺有氣，不受傷剋，大吉也。

兄弟臨身，葉費而絲還微薄；

卦身如臨兄弟，必主多費桑葉。剋世傷世，必然缺飼，絲綿少收。

父母持世，心勞而蠶必難爲。

父母爲子孫之忌神。若臨身世，雖或安静，必費收拾，倍加勤勞，然後可望，故言蠶必難爲。

日月不宜值之。

五行如遇官爻，必遭傷損；

官鬼發動，屬金，主有霧露，以致蠶多殭死。屬木，主門窗不謹，蠶冒風寒。屬水，主食濕葉，以致蠶瀉。屬火，剋世，須防火災，不然，火倉太熱，不通風氣。屬土，寒煖失宜，飼葉不匀，眠起不齊，或分擡遲緩，致蠶沙發熱蒸傷等類。

一卦皆無鬼煞，方始亨佳。

凡卜蠶事，一卦無官，眠眠無變，故云亨佳。

日主沖身，切忌穢人入室；

遇日辰相沖身世，或應爻動剋，須防穢污人帶魘入室，觸犯蠶花，以致變壞。

妻財合應，必然污婦臨蠶。

妻爻爲養蠶婦，臨太歲財爻，必是慣家。化子孫，必然精製。化父母，難爲蠶苗。化官鬼，有病。財爻化兄弟墓絶，蠶姑當有大難。臨子孫胎，或化子孫胎，必有孕。若與鬼爻應作合者，蠶婦必與外人有情。遇有沖剋，其事已露。

子受暗沖，每遇分擡須仔細；

子孫爲蠶身，出現不動，而被日辰、動爻暗沖者，主分擡時不加仔細，蠶恐傷損。

財無傷剋，凡占葉價必騰增。

獨占葉價貴賤，惟重財爻。若遇動爻、日辰相生，後必葉貴。或財衰無氣，或化入墓絶，皆主葉賤。

兄弟入空亡，絲番白雪；

如遇兄弟死絶，空伏不動，利有所望。獨占絲必好，獨占葉必貴，獨占蠶反不旺也。

福身臨巳午，繭積黄金。

凡養春蠶，在清明後收蠶苗，立夏後收絲繭。此時春末夏初，最宜子孫臨巳午二爻。巳午者，言其旺相也。若子孫與財會局，大吉之兆。

父動化財，不枉許多辛苦；

父動剋子，此非吉兆。如化財爻，回頭剋制，不能傷剋子孫矣，故曰「不枉許多辛苦」。

官興變福，亦遭幾度虚驚。

官鬼發動，育蠶必有損耗。若化子孫，回頭剋制，庶幾無事，然亦有虛驚。如買出火蠶養，比自收蠶苗更好。

卦出乾宮，若養夏蠶偏吉利；

蠶有春蠶、夏蠶。春蠶者，俗名頭蠶也，清明後收蠶苗，立夏後收絲繭。夏蠶者，俗名二蠶也，芒種後收蠶苗，夏至後收絲繭。比時夏火炎炎，如得子孫爻屬水反吉，因乾兑二宫子孫屬水，故曰「若養夏蠶偏吉利」。

母居刑地，如言蠶室定崩摧。

蠶房以父母論。生旺有氣，修治整齊；死絶刑害，崩摧破敗；帶水自刑，蠶室必漏。水化父、父化水，皆作前斷。

蠶繭獻功，三合會財局而旺相；卦宫定位，六爻隨動静以推詳。

卦有三合，最怕會成父官局，大爲不利。蓋會局之爻，不論四時，皆爲旺論。如會父局，則傷子孫。如會鬼局，則傷兄弟，兄弟乃子孫之原神也。故占蠶得三合、財福二局，可作十分吉斷。

六畜

道形萬物，理總歸於一心；易盡三才，占豈遺乎六畜？惟能精以察之，自得明而著矣。
凡占六畜，不可以其本命論之，當以指實一畜而卜，以子孫爻爲用神，以財爻爲身價斷之。
命在福神，若遇興隆須長養；
禽虫六畜之命，皆屬子孫。旺相有氣不空，必然長養易大。休囚墓絶，決然不濟。若不上卦，或落空亡，皆不可畜養。
利歸財位，如逢囚死定輕微。
大抵此占，惟牛馬爲力，其他爲利而占。然力與利同歸財爻，如逢休囚墓絶，則利必薄，氣力不多，旺相方爲大吉。
二者不可相無，一般皆宜出現。
無福則難養，無財則利少。財福不空俱出現，六畜相宜。
財旺福衰，雖瘦弱而善走；財空福動，總遲鈍而可觀。
凡占牛馬等物，子孫爻旺相主肥，休囚主瘦，動則强健。財爻旺相，則主有力，又主善走，後亦有力。
財若空亡，雖利暫時無遠力；
財爻發動，但不宜化入空亡，必無久遠力。

福臨刑害，若非齾鼻定凋疤。

子孫爻帶刑敗等爻，其畜主有破相。齾，音葉，缺齒也。

相合相生，必主調良且善；相沖相剋，定然頑劣不馴。

子孫生合世爻，六畜馴善，于我有益。若來形沖剋害，必主性劣不馴。

要知蹄足身形，須看臨持八卦；欲別青黃白黑，須參生剋六神。

乾爲頭，坎爲耳，震爲前足，艮爲後足，巽爲腰，離爲目，坤爲腹，兑爲口。青龍色青，白虎色白，朱雀色赤，玄武色黑，勾陳螣蛇色黄。凡占，以子孫所臨爲本身顔色，以他動來生剋者斷別處有異色。如子孫臨玄武，在乾宫，而被坤宫動剋之，乃是黑身黄足；若被艮宫白虎動剋，可言黄身白足。他倣此。凡剋處多于生處，衰處少于旺處，自宜通變。

陰陽有雌雄牝牡之分；

禽曰雌雄，獸曰牝牡。以子孫屬陰屬陽，如陽爻子孫占牛爲牡、占馬爲雄之類也。

胎養爲駒犢羔雛之類。

馬子曰駒，牛子曰犢，羊子曰羔，雞鴨子曰雛。凡遇子孫之胎養臨于世爻上，必是此類。

身坐子胎，必是受胎之六畜；

如子孫之胎爻臨于身爻上，則是有胎之畜，化出胎爻亦是。

福臨鬼墓，須知有病於一身。

福臨鬼墓，畜必有病，或被鬼沖，皆主有病也。

父動有傷，子絶則徒爲勞碌；

父母發動，則傷子孫，六畜必有損失。更子孫受絶無氣，必主死亡，牧養亦徒勞碌。

兄興不長，福興則反有生扶。

兄弟發動，六畜不長。若得子孫亦動，財爻則反叨其生扶，主易養利厚。

世若空亡，到底終須失望。

世爻空亡，必不稱意，畜之亦有始無終。

逢金生旺，當慮嚙人；值土交重，須憂病染。

金鬼發動，有蹼脾之患。若剋世爻，必難觸犯。世爻更絶，必被傷人。木鬼發動，主有結草之病。水鬼發動，主有寒病。火鬼發動，必主畏熱。土鬼發動，須防瘟病。

官加蛇雀，必因成訟成驚；

日帶螣蛇發動，異日此畜必有怪異驚駭。若臨朱雀，必致口舌争訟；臨玄武，防偷盜；臨白虎，防跌蹼。

子變兄財，可驗食粗食細。

子孫化出兄弟，主口嬌食細；化出財爻，主食粗口裸。

財連兄弟，乃芻豢之失時；

子化兄，是口嬌不食。財化兄，乃人之豢養失時，以致飢餓，非不食也。

子化父爻，必勞心之太過。

子孫發動，其畜必良。若化父回頭來剋，是人不愛惜，過勞其力，以致于傷。

福連官鬼，須防竊取之人；鬼化子孫，恐是盜來之畜。

子孫化鬼，日後必被人盜，否則病死。若官化子，恐人盜來者，生合世，必有利；沖剋世，必有害。

官兄交變，難逃口舌之相侵；

卦中鬼變兄，或官兄俱動，必因此畜起是非口舌。

日月並刑，豈免死亡於不測？

日辰、月建、動爻，俱來刑剋子孫，不免病死。

若占置買，亦宜福動生身；

凡占置買六畜，子孫發動，出產必多。要來生合世爻，必然好買易成；與世沖剋，定難置買。

若問利時，最怕財興化絶。

財爻出現不空，有氣持世生合，世不受傷剋，不變兄鬼，即爲有利。或化絶化剋，皆主無利。

或賭或鬬，皆宜世旺財興；

北人好鬬鵪鶉、雞、羊，南人促織、黄頭。凡遇占此，要世爻有氣剋應，子孫發動，即是我勝。得月建、日辰、動爻刑剋應爻，亦勝。若世被應剋，子孫空伏，官鬼發動，日月動爻反來刑剋，必是他勝。

或獵或漁，總怕應空福絶。

凡占漁獵，要應生世，福神旺相，生合世身爲吉。倘或空絶，不能得意。

乳抱者，宜胎福生旺而無傷；

凡占畜養母猪羊，要胎福二爻生旺，不受刑剋，便無損害。

醫治者，要父官衰絶而有制。

六畜有病，占醫治療，要子孫旺相有氣，不遭刑剋。而父母官鬼休囚墓絶，或雖動而有制者，無妨。

求名

書讀五車，固欲致身於廊廟；胸藏萬卷，肯甘遯跡於丘園？要相國家，當詳易卦。父爻旺相，文成擲地金聲；鬼位興隆，家報泥金喜捷。

凡占功名，以父爻爲文章，鬼爲官職。二者一卦之主，傷一則不成。若父爻旺相，文章必佳；官鬼得地，功名有望。泥金喜報，總言金榜題名、功名成就之意，非以鬼爲音信也。

財若交重，休望青錢之中選；福如發動，難期金榜之題名。

惟卜功名，以財福反爲惡煞。蓋財能剋父，子能剋鬼故也。如財爻持世，若得官動來生，而財無忌也。子孫固爲忌客。

兄弟同經，乃奪標之惡客；

同類者爲兄弟，求名見之，乃是與我同經之人。如遇發動，或月建、日辰俱帶兄弟，則同經者多，必能奪我之標，總大象可成，名亦落後。

日辰輔德，實勸駕之良朋。

如父母、官鬼無氣，若得日辰扶起，剋制惡煞，仍舊有望，故曰輔德。或世爻衰静空亡，得日辰生扶沖實，主有親友資助盤費，輔其前往求名也。

兩用相沖，題目生疏而不熟；

以官爻爲用爻，喜合而不喜沖。若見官爻相沖，主出題生澀不熟也。

六爻競發，功名恍惚以難成。

六爻皆喜安静，止要父母、官鬼有氣不空，月建、日辰不來傷剋，則吉。凡動則有變，變出之爻又有死墓、絶空、刑剋等論，皆爲破敗。故凡亂動卦，其大概不吉可知矣。

月剋文書，程式背而不中；

父旺而得動爻、日辰生合，其文字字錦繡。妻財傷剋，必多破綻。月建沖剋，其文必不中試官之程式也。

世傷官鬼，仕路窒而不通。

世乃求名之人，若持官鬼，或得官鬼生合，功名有望；若臨子孫，則剋制官鬼，是仕路未通，徒去求謀無濟。

妻財助鬼父爻空，可圖僥倖；

父母空亡，若得財爻發動，生扶官鬼，僥倖可成。若財官兩動，而父爻旬空，反不宜也。父爻不空，有望。

福德變官身位合，亦忝科名。

正卦無官，若得子孫變出官鬼，與世身生合，得文書有氣，功名有望，但不能高中。

出現無情，難遂青雲之志；

卦中官父，若不臨持身世，而反臨應爻，或發動而反生他爻，不來生合世身，或破壞墓絶，皆謂出現無情。雖在卦中，與我無益，所以難遂青雲之志也。

伏藏有用，終辭白屋之人。

官爻不現，但觀其所伏何處，如得有用之官爻，俟值年當辭白屋矣。

月建剋身當被責，財如生世必幫糧。

月建若在身爻，發動刑剋世爻，而官爻失時者，必遭杖責。卦中官爻持世，而財爻發動生合世爻者，必有幫糧之喜。

父官三合相逢，連科及第；

卦有三合會成官局者，必主連科及第，會成父局亦吉。

龍虎二爻俱動，一舉成名。

青龍、白虎俱在卦中，動來生合世爻，必中魁選。若持官父，或持身世，尤妙。

殺化生身之鬼，恐發青衣；

以子孫爲煞，乘旺發動，必遭斥退。若得化鬼爻生世，終不脱白，無過降青衣而已。卦有財動，合住子孫，可用資財謀幹，能復舊職。

歲加有氣之官，終登黄甲。

太歲之爻，最喜有情，若臨鬼爻，是人臣面君之象，更得生旺有氣，必然名姓高標。

病阻試期，無故空臨於世位；

動爻、日辰來傷世爻，而世爻落空，大凶之象。試前占，去不成，强去終不利，輕則病，重則死。

喜添場屋，有情龍合於身爻。

若大象既吉，更得龍動生合世身，不但名成，必然别有喜事。空動，出空之月日見喜。

財伏逢空，行糧必乏；

六爻財無，伏財又居空地，必乏行糧，盤纏欠缺。

身興變鬼，來試方成。

卦遇不成之兆，而得身世爻變官鬼有氣，而父母不壞者，下科可中也。

卦值六沖，此去難題雁塔；爻逢六合，這回必占鰲頭。

占功名，得六沖卦，必難求；六合卦，必易得也。

父旺官衰，可惜劉蕡之下第；父衰官旺，堪嗟張奭之登科。

父母、官鬼，皆宜有氣無損，功名可成。若父爻旺相，官鬼空亡，或不上卦，文字雖好，不能中式，如劉蕡之錦繡文章，竟不登科也。若父爻衰弱，得官爻旺動，扶起文書，文字雖平常，可許成名，如張奭之文章，雖欠精美，反登高第也。

應合日生，必資鶚薦；動傷日剋，還守雞窗。

父官化絶，名必不成。若應爻動爻或月建日辰扶起官鬼，必須浼人推薦，或用財買求可成。

世動化空用旺，則豹變翻成蝴蝶；

若得必中之卦，如遇世爻發動，變入墓絶，恐名成後不能享福。游魂死于途中，歸魂卦到家而死，墓絶是太歲，踰年而死也。

身官化鬼月扶，則鵬程連步蟾宫。

卦身爲事體，功名尤宜看之，怕臨財福。如得官爻臨之，必有成望。更若發動化官爻，而得月建生合者，必主連科及第。

更詳本主之爻神，方論其人之命運。

本主者，本人之主爻也。自占以世爻論，占子姪看子孫爻類，此爻最怕傷剋變壞。如此搜索，吉凶自應。

雖賦數言，總論窮通之得失；再將八卦，重推致用之吉凶。

仕宦

爲國求賢，治民之本；致身輔相，禄養爲先。旺相妻財，必得千鍾之粟；興隆官鬼，定居一品之尊。

未仕求名，不要財爻；已任貴人，要見財爻。蓋有爵必有禄，未有無俸而得官者。故凡占官員，得此爻旺相，俸禄必多。若財爻休囚，或空或伏，未得俸禄。財動逢沖，因事減俸。或日辰、月建沖財，而刑害世爻及官爻者，恐有停俸罷職之患。官鬼旺相，官高爵大；休囚死絶，官小職卑。若發動生合世爻，或得月建、日辰生扶，必有陞擢。

子若交重，當慮剥官削職；

子孫若在卦中發動，所謀必不遂意，已任者恐有褫職之禍。

兄如發動，須防減俸除糧。

兄弟發動，不免費財，多招誹謗。如與子孫同發，或化子孫，必有除糧減俸之事。持身臨世，皆不吉利也。

父母空亡，休望差除宣勑；

父母爻爲印綬、文書、誥牒、宣勑、奏疏、表章，卦中不可無，宜旺不宜衰，扶世最吉。若持太歲，有氣生合世爻，主有朝廷宣召。如加月建，乃主〔一〕司奬勵之類。若空亡，則休望也。

官爻隱伏，莫思爵位陞遷。

〔一〕「主」，緑蔭堂本及光緒本作「上」。

官爻臨持身世，或動來生合世爻，不受月建、日辰沖剋者，凡有謀望，必然稱意。

月建生身，當際風雲之會；歲君合世，必承雨露之恩。

太歲乃君象，月建是執政之官，若得生合世身，必有好處。惟怕沖剋世身，必遭貶謫。如月建扶出官爻、世爻者，必是風憲之職。太歲加父母，扶出官爻及世爻者，必有天恩，更得生旺尤美。

世動逢空，官居不久；

若是出巡之職，世動逢空，反利已任。遇日辰、動爻相沖，必不久任政事。

身空無救，命盡當危。

世臨無救之空，不拘已任未任，必有大難，甚至死亡。若欲求謀幹事，則主不成。

鬼化福沖當代職；

出巡官宜鬼爻發動，牧守官宜官爻安静。若鬼動化子，必有别官替代。

財臨虎動必丁憂。

凡占官，不可無財，亦不可發動。若鬼爻無氣而得財動扶起，必須用財謀幹，方得陞遷。若父母衰弱，而遇此爻加臨白虎旺動者，必有丁憂之事。

日辰沖剋，定然誹謗之多招；

日辰刑沖剋世，必招誹謗。依五類推之，如帶兄弟，因貪賄賂，或徵科太急；帶財爻，因財賦不起；帶子孫，嗜酒好游，怠於政事；帶父母，因事繁劇，不能料理；帶官鬼，非酷刑，則同僚不協。若世臨月建，雖有誹謗，不能爲害。

鬼煞傷身，因見災殃之不免。

官鬼動來生合世者爲用神，如動來剋傷世爻者爲鬼煞。生扶合世，必有進取之兆；刑沖剋世，必有凶禍。

兄爻化鬼無情，同僚不協；

兄弟爲僚屬，卦中鬼動，化出兄弟，沖剋世爻，主同僚不和，或兄弟刑害傷世皆然。世剋兄爻，是我欺他也。

太歲加刑不順，貶責難逃。

太歲動傷世爻，必遭貶責，更加刑害虎蛇，必有鎖鈕擒拿之辱也。

卦静世空，退休之兆；身空煞動，避禍之徵。

已任世爻空亡，若六爻安静，日月歲君來傷，乃是休官之象。若動鬼同日月歲君傷剋世爻者，如世爻旬空，急宜避之，可免禍也。

身邊伏鬼若非空，頭上烏紗終不脱。

或得鬼爻臨身持世，或本宫鬼伏世下，雖見責罰，官職猶在。若不臨持身世，或不伏于世下，或雖伏仍遇空亡者，必遭黜革。

財空鬼動，聲名震而囊篋空虚；

凡得官動生合世爻，日月動變又無沖剋者，爲官必有聲名聞望。更得財爻生扶合助，則内實貪賂，外不喪名。若財爻空伏死絶，聲名雖有，賄賂却無也。

官旺父衰，職任高而衙門冷落。

父母旺相，衙門必大，休囚則衙門必小。若官旺父衰，又非小職，乃閑静冷落衙門。官父俱衰，職卑衙小。

職居風憲，皆因月值官爻；

官鬼不臨月建，定非風憲之職。若臨月建，又得扶出世爻，決是風憲之任，必非州縣之官。如帶白虎刑爻，主鎮守邊陲，職掌兵權。

官在貳司，只爲鬼臨傍位。

官臨子午卯酉，是正印官也。官臨寅申巳亥，乃佐貳職官。臨辰戌丑未，乃襍職官。如臨月建、日辰，乃掌印之官也。

撫綏百姓，兄動則難化愚頑；

凡任牧民之職，要財爻旺而不動，父母扶而不空，方是善地。若財爻空絶，父爻受制，則地瘠民貧。父母動臨世上，政必繁劇。兄弟持世，財賦不起，或貧民難治。

巡察四方，路空則多憂驚怪。

欽差出巡，怕世應逢空。若世在五爻空，須防日月刑剋，恐途中有患難莫測之禍耳。

出征勦捕，福德興而寇賊殲亡；

凡任將帥之職，或征討之官，平居卜問，不宜子孫發動，主有降調貶謫。如臨卜問，則喜子孫發動，必成勦捕大功。更得歲君、月建生合世爻，主有陞賞。官鬼不作爵位，當作寇賊論。世剋應，亦吉。

鎮守邊陲，卦爻静而華夷安泰。

鎮守地方，不拘文武官職，皆宜六爻安静。日辰、月建不相沖剋，則安然無驚。若遇官鬼發動，世應沖剋，必多侵擾。宜通變推之。

奏陳諫諍，那堪太歲刑沖？

凡欲奏對、陳疏、上章、諫諍及赴召面君類，皆忌動爻沖剋，亦忌太歲刑剋世爻。若太歲、月建生合世爻，必見俞允。如來沖剋，須防不測之禍。

僧道醫官，豈可文書發動？

僧道醫官，皆以子孫爲用。如父動，則傷僧道，醫官則用藥不靈，反爲不美。生〔一〕世則吉，剋害刑衝，須防是非。

但隨職分以推詳，可識仕途之否泰。

〔一〕「生」，底本作「王」，據緑蔭堂本改。

卜筮正宗卷之九

古吳洞庭西山王維德洪緒註

求財

居貨曰賈，行貨曰商，總爲資生之計。蓍所以筮，龜所以卜，莫非就利之謀。要問吉凶，但看財福。

財爲本，福爲利，二者不可損壞。卦中子孫之爻稱曰福神〔一〕。

財旺福興，無問公私皆稱意；財空福絶，不拘營運總違心。

財爻旺相，子孫發動，不拘公私之謀，皆得稱意。或傷剋，或臨墓絶，無救，不拘買賣，皆違心之所願。

有福無財，兄弟交重偏有望；

〔一〕「神」，底本及光緒本闕，據緑蔭堂本補。

有者，言其發動之意；無者，言其伏藏之意。凡卜求財，卦中子孫爻動而無傷，則財源豐厚固吉。如再見兄弟爻發動，生扶子孫，則財愈加根深蒂固，故曰「兄弟交重偏有望」，皆爲子孫亦動也。

有財無福，官爻發動亦堪求。

子孫藏伏，財無生氣，一遇兄弟，便被劫奪。須得卦中官爻發動，或日辰是鬼剋制兄弟，亦可求謀。如有子孫而官鬼動，則有阻滯，反不易矣。

財福俱無，何異守株而待兔？

有財無福，財必艱難，豈可財福俱無？守株待兔，喻妄想也。

父兄皆動，無殊緣木以求魚。

父母能剋子孫，能生兄弟。父兄皆動，猶如緣木求魚，言必不可得也。

月帶財神，卦雖無而月中必有；

月建爲提綱，若帶財爻，雖正卦無財，而伏財亦叨。月建拱扶，所伏之神值日，必有得也。

日傷妻位，財雖旺而當日應無。

財爻旺相，生合持世，乃是必得之象。若被日神剋制，須過此日，然後可得。

多財反覆，必須墓庫以收藏；

卦中財現三五重爲太過，其財反覆難求，須有財之庫爻持世身，謂之財有收藏，必得厚利也。

無鬼分争，又怕交重而阻滯。

無鬼兄必專權，財雖有氣，亦多虚耗。兄更發動，必有争奪分散財物之患。官鬼又不宜動，動則必有阻隔。

兄如太過，反不剋財；

兄弟乃占財忌煞，日月動變，俱帶兄弟，重疊太過，一見子孫發動，反不剋財，其利無窮。子孫安静，多不吉。

身或兄臨，必難求望。

卦身一爻，占財體統，若持兄，不拘作何買賣、問何財物，皆無利益。兄弟持世亦然。

財來就我終須易，我去尋財必是難。

財爻生合世爻，持世剋世，皆謂財來就我，必然易得。若財爻而與世爻不相干者，謂我去尋財，必難望也。

身遇旺財，似取囊中之物；世持動弟，如撈水底之針。

世爲求財之人，若臨財爻，雖或無氣，必主易得，旺相更美。若臨兄弟，雖或安静，亦主難得，發動尤甚。

福變財生，穰穰利源不竭；

占財得子孫發動，利必久遠，更兼財爻生合世身，乃綿綿不絶之象，儘求儘有。財化子亦然。

兄連鬼剋，紛紛口舌難逃。

舊註言兄弟變官鬼來剋世，是有口舌紛紛，予以爲謬。大凡卦中兄弟動剋世爻，化官鬼回頭剋制，則不能口舌損耗矣。予之屢驗者，卦中官鬼、兄弟皆發動，固有口舌是非。兄連鬼剋者，此謂兄弟與官鬼也，非謂兄弟化官鬼也。

父化財，必辛勤而有得；

父化財，不能自然而得，必勤勞可有。兄化財，先散後聚，或利于後，不利于前。官化財爻，生合世身，最利公門謁貴及九流藝術之人，求財十分有望。如官來剋世，謂之助鬼傷身，公私皆不吉也。

財化鬼，防耗折而驚憂。

財化官，或化兄，最凶，主損折駁耗，更見世爻有傷，恐因財致禍。

財局合福神，萬倍利源可許；

卦有三合，會成財局，而在卦中動來生世，主財利綿綿不竭。更得財旺，可許萬倍財利。會成福局，動來生合世爻者亦然。

歲君逢劫煞，一年生意無聊。

凡占久遠買賣，最怕太歲臨持兄弟，主一年無利；持官鬼，一年驚憂；持父，一年艱辛；持財福，一年順利也。

世應二爻空合，虚約難憑；

世空有財難得，應空難靠他人，世應俱空，謀無準實，空動帶合，謂之虚約，化空亦然。

主人一位刑傷，往求不遇。

主人，如求貴人財鬼爲主，求婦人財財爲主類。若主爻遇日辰、動爻刑剋，或自空，或化空，皆主不遇，遇亦不利。

世持空鬼，多因自己遲疑；

鬼爻持世，財必相生，凡求必易。若遇空亡，乃自不上前，遲疑退怯，故無成也。世持空財亦然。

日合動財，却被他人把住。

財爻動來生合，固是易得之兆，若被動爻、日辰合住，其財必有人把持，不能與我。要知何人把持，以合爻定之，如父母合住爲尊長把持類。要知何日到手，必待逢沖之日方可有也。

要知何日得財，不離旺衰生合；

財動入墓，或被合，皆待沖日得；或動財遇絶，必待生日得；逢沖，合日得；動逢月破，填實逢合日得；或安静，逢沖日得；旬空，出旬得；伏藏，出現日得。

欲決何時有利，但詳春夏秋冬。

凡占貨物何時得價，不可概以財臨五行斷之。如木財斷春冬得價，又宜以沖待合、合待沖、絶逢生、墓待開等法斷，又宜以子孫爻斷。又如財坐長生之地，一日得價一日；若坐帝旺，目下正及時，遲則賤而無利。

合夥不嫌兄弟，

凡占合夥買賣，若世應俱財爻，必然稱意。兄臨卦身，必至分財故也。静者無嫌，動則不宜。

公門何慮官爻？

占財皆忌官動，主有阻隔，惟求公門之財，必然倚托官府，必得旺相生合世身則吉。刑剋世爻，禍害立至。

九流術士，偏宜鬼動生身；

九流求財，以鬼爻爲主顧，出現發動，生合世爻，必然稱意，忌刑剋世爻。

六畜血財，尤喜福興持世。

凡卜販賣生口、蓄養六畜，皆要子孫旺相，持世臨身則吉。父母發動，則有傷損。化出土鬼，須防瘟死。福旺財空，六畜雖好而無利。

世應同人，放債必然連本失；

凡放私債，最忌世應值兄弟，必無討處。財爻更絶，連本俱無，世應值空亦然。

日月相合，開行定主有人投。

開行人占財，世應要不空，財福要全備，官鬼要有氣，父兄要衰静，斯爲上吉。更得月建、日辰、動爻生合世爻，則近悦遠來，財利必順。動出官兄，常有是非口舌。應空，主開不成。

應落空亡，索借者失望；

求索假借，不宜應空，空則不實，必得物爻不空，緩圖庶可有望。如衣服、經史看父母，六畜、酒器看福爻，其餘財物、食物皆看財爻。

世遭刑剋，賭博者必輸。

凡占賭博，要世旺應衰。世剋應，我勝；應剋世，他勝。兄鬼動來刑剋世爻，或臨兄弟，或世爻空，皆主不勝。世應静空，賭博不成。世坐官爻，防他合謀騙我。間爻動出官鬼、兄弟，多致争鬭。

鬼剋身爻，商販者必遭盜賊；

買賣經商，若遇官臨玄武，動來剋世，必遭盜賊之禍。

問興害世，置貨者當慮牙人。

買貨要應爻生合世位，必然易成。刑剋世，必難置。物爻太過貨多，物爻不及貨少，空伏貨無。物爻者，六畜看子、五穀看財爻類。最怕兄鬼交重，須防光棍誆騙。在間爻傷剋世爻，當慮牙人謀劫財物。出路買貨，應空，多不順利。

停塌者，喜財安而鬼静；

積貨不宜財動，動恐有變。亦不宜空，空恐有更。官鬼若動，興灾作禍莫測。如父母化官鬼，刑剋世爻，貨被雨水滰腐。故塌貨者宜六爻安静，惟子孫喜動。

脱貨者，宜財動而身興。

財動則主易脱，世動亦主易賣也。如財在外動生世，宜往他處賣；如在内動生世，就本地脱之可也。倘財爻持世，有子孫爻在外動，亦宜往他處脱。學者宜通變。

路上有官，休出外；

五爻爲道路，臨官發動，途中必多驚險，不宜出外。要知有何灾咎，以所臨六神斷，如白虎爲風波、玄武爲盜賊類。

宅中有鬼，勿居家。

二爻爲住宅，在家求財，鬼動此爻，必然不利。以所臨五行斷，火鬼忌火燭類。得子孫持世發動，庶幾無害。如無子孫發動，宜遷移店鋪可解。

內外無財伏又空，必然乏本；

動變無財，又伏空地，其人雖欲經營，必無貲本。

父兄有氣財還絶，莫若安貧。

父兄二爻有氣，恐防折本，故不若安貧守分爲高也。

生計多端，占法不一，但能誠敬以祈求，自可預知其得失。

家宅

創基立業，雖本人之經緯，關風斂氣，每由宅以肇端。故要知人宅之興衰，當察卦爻之内外。内爲宅，外爲人，詳審爻中之真假；

内者，内卦也，内卦第二爻爲宅舍；外者，外卦也，外卦第五爻爲人口。凡占家宅，最重者宅舍、人口、財官父兄子、世應、日辰、月建、歲君。凡内卦二爻剋五爻，謂宅去剋人，凶。或外卦五爻剋二爻，謂人來剋宅，吉。或内卦二爻生五爻，謂宅去生人，吉。

合爲門，沖爲路，不論卦内之有無。

合二爻爲門，沖二爻爲路，卦爻内不必明現沖合。且如天風姤卦，二爻辛亥水爲宅，寅與亥合，以寅爲門；巳亥相沖，以巳爲路。卦内本無寅巳二爻，姤屬金，以寅木爲財、巳火爲鬼。寅爲財，即是門，利；巳爲鬼，即是路，不吉也。餘倣此。

龍德貴人乘旺，嶽嶽之侯門；官星父母長生，潭潭之相府。

龍者，青龍也。德者，年月日建謂之德。官星，即官鬼也。貴人，即天乙貴人也。如青龍、文書、官鬼、貴人臨年月日建，臨宅，臨身，臨命，主有官職之家也。

門庭新氣象，重交得合青龍；

交重青龍不空，在日辰旬内得生旺，主鼎新創造。倘值休囚，主修舊合新門之象。臨財新修舊廚，臨父新修舊堂，臨兄新修門户，臨子新修房舍，臨官新修廳堂屋宇。

堂宇舊規模，宅舍重侵白虎。

白虎交重，休囚空絶，主遠年遷造，破舊不整。

土金發動，開闢之基；父母空亡，租賃之宅。

土化金、金化土，爲開闢之基。父母爲房屋，逢空無氣，更逢應爻、日辰、動爻化文書，與宅相生相合，主是租賃之地。

門庭熱鬧，財官臨帝旺之鄉；

財、鬼、龍、德、貴人乘旺長生之位，臨宅生命世爻，主家庭熱鬧。

家道興隆，福禄在長生之地。交重生剋，重新更换廳堂；

福即子孫，禄即妻財，在生旺之位，臨宅臨人，生身生世，主家道興隆。第二爻發動，或生或剋，主改造廳堂。

世應比和，一合兩般門扇。

比和者，兄弟也。或臨兄弟，或世應化兄弟，或臨宅爻，或合宅爻，主一合兩般門扇。

門路與日辰隔斷，偏曲往來；宅基與世應交臨，互相换易。

且如巽卦，辛亥水爲宅，以寅合爲門，日辰與動爻如臨子，子與寅虚有丑字隔之，如臨辰，辰與寅虚有卯字隔之，謂之隔門。又如巳沖亥爲路，日辰與動爻臨卯，卯與巳虚有辰字隔之，如臨未，未與巳虚有午字隔之，謂之隔路。如遇隔斷者，門路曲折也。

世與日辰剋宅，破祖不寧；

世爻與日辰同去剋宅爻，主破祖不寧。

宅臨月破剋身，生災不已。

月破之爻，動剋世爻及身命爻，主生災不已。

應飛入宅，合招異姓同居；

應臨之爻與宅爻相同，謂之應飛入宅，主有異姓同居。

宅動生身，決主近年遷住。

宅爻動來生世生身，必主近年遷住。

門逢三破，休敗崩頹；

三破爲年月日沖破也。如臨兄弟，主門户破、牆垣毁；臨子財，主房舍、廂廊、烟廚破壞類也。

宅遇兩空，荒閑虚廢。

如宅爻在日辰旬之空，又在當家本命旬之空亡，主荒閑虚廢，或是逃亡死絶之屋。

世臨外宅，離祖分居；

宅爻與正卦世臨之爻相同，或與變卦世臨之爻相同，如明夷卦二爻己丑爲宅，世臨四爻爲世臨外宅。餘倣此。動則離祖分居，不動則主偏宅。

應入中庭，外人同住。

應臨之爻與宅臨之爻相同者是。又如剥卦、井卦應臨宅爻，亦爲應入中庭，主外人同居。日辰同臨，爲寄居也。

宅合有情之玄武，門庭柳陌花街；木臨無氣之螣蛇，宅舍茅簷蓬户。

宅爻合玄武，又逢沐浴爻動，主女人淫慾，如花街柳陌人也。螣蛇木爻死氣臨宅，主甕牖繩樞之地也。

鬼有助而無制，鬼旺人衰；

如納音木命人，占乾兑卦，以火爲官，木能生火，謂之本命助鬼。若卦體無水生命，又謂鬼無制，主人衰鬼旺。若金命人助離宫水鬼，水命人助坤宫木鬼，火命人助坎宫土鬼類。

宅無破而逢生，宅興財旺。

歲、月、日三破不臨宅爻，更逢三件動爻生宅爻，與財爻旺相有氣，爲宅興財旺。

有財無鬼，耗散多端；

若無鬼爻，則兄弟無制，恐兄弟當權之時，財物破散，妻宫亦有駁雜也。

有鬼無財，灾生不已。

鬼不宜動，財不可無，若官鬼動剋世爻、剋宅爻，主連生灾咎。

有人制鬼，鬼動無妨；

且如木命人占得坎卦，以土爲鬼。木命人剋土鬼，金命人則制坤宫木鬼，但以本命剋鬼爲制，乃無害也。

助鬼傷身，財多何益？

如金命人占得乾卦，以火爲鬼，以木爲財。木能生火，火能剋金，有財爲助鬼傷身，總然財多無益。

忌鬼爻交重臨白虎，須防人眷刑傷；

忌鬼爻併白虎發動，沖剋何納音命，即指其人有灾殃。

催屍煞身命入黄泉，大忌墓門開合。

鬼動剋人命爲催屍煞，人命逢死絶爲黄泉路，忌人命爻沖合墓爻。日辰、動爻沖合墓爻，爲墓門開合，凡卦中必見鬼墓爻便是。

木金年命，最嫌乾兑卦之火爻；

木金年命人，占得乾兑卦之火鬼，木命生火，謂之助鬼；火鬼剋金，爲傷身。金爻木命皆然。

水火命人，不怕震巽宫之金鬼。

凡本命納音是水火，占得震巽卦金鬼，金能生水，火能剋金，故水火命人不怕震巽二宫之鬼也。

官星佩印居玉堂，乃食禄之人；

若有官、有貴、有禄、有印，并太歲生身命，登金門而步玉堂之人。

貴刃加刑控寶馬，必提兵之將。

貴，貴人。刃，羊刃。刑，三刑。貴人同吉星相輔，刃加三刑，臨貴人之位，受太歲之生，旁爻有馬，乃提兵將帥也。

財化福爻，入公門多致淹留；

官爻持世，財來生，吉也。化福，则財倍有力，更吉也。倘財爻持世化子孫，反生他爻之鬼，凡仕宦公門之人，反不利也。

貴印加官，在仕途必然遷轉。

官父帶貴人臨世，併日辰旬中發動，在仕途必有遷轉之喜兆。

子承父業，子有跨竈之風；

子命爻臨五爻之位，相生相合，主子有跨竈之風；相剋相沖，主悖逆不肖，不克紹箕裘之業。

妻奪夫權，妻有能家之兆。

妻命臨夫五爻之上，與夫相生相合，得内助能家之兆；若妻剋夫爻，主妻凌夫或破夫家也。

弟紾乃兄之臂，身命相傷；

弟爻起臨兄之命爻，或兄爻起臨弟之命爻，若刑剋，主不友不恭；若生合，主兄弟怡怡如也。

婦僭姑嫜之爻，家聲可見。

二爲媳婦之爻，與姑之命爻相刑相沖，主凌上悖逆不孝；相生相合，主能敬顺盡婦道也。

妻犯夫家之煞，妻破夫家；

妻命臨月破兄弟，加白虎發動，主破夫家。

夫臨妻禄之爻，夫食妻禄。

如妻年甲子，生禄在寅，夫命臨之，生旺有氣者，主夫食妻禄。若逢羊刃空鬼耗破，雖食妻禄，亦無用矣。

交重兄弟剋妻身，再理絲絃；

兄弟之爻發動，剋傷妻命，或夫命臨兄弟動，主琴瑟再續也。

内外子孫生世位，多招財物。

内外子孫發動，生命世之財爻，必多招財物也。

世爲日辰飛入宅，鳩踞鵲巢；

世併日辰與鬼飛入宅爻，主他人之屋或租賃之宅。如大過卦内巽辛亥爲宅，外兑丁亥持世發動是也。

應臨父母動生身，龍生蛇腹。

應臨父母之爻，占者命爻臨之，得應爻生之，或動生子命，主婢生庶出，或前後父母所生。身命俱臨父母，必主重拜雙親。

世應隔異，兄弟多因兩姓。

如晉卦，己酉兄弟持世，乙未臨應，隔申字。又如遯卦，應臨壬申金，世持丙午火，有未隔斷，但申爻是本宫兄弟，是真兄弟。或日月建動爻隔斷，亦依此斷。餘皆倣此。

應爻就妻相合，外人入舍爲夫；

應爻飛入宅，與妻命生合，主招外人入舍爲夫。

假宫有子飛來，異姓過房作嗣。

假如子孫在假宫，飛來伏在身命爻下，主有異姓過房之子。本宫飛動應爻，過房與人也。

妻帶子臨夫位，引子嫁人；

妻命帶子孫，動臨夫位并日辰，主妻引子嫁來是也。

夫身起合妻爻，將身就婦。

世爻動臨妻命爻，或自命爻動臨合妻命爻，定然將身就婦也。

本命就中空子，見子應遲；

子孫在命旬之空，主得子遲。

身爻合處逢妻，娶婚必早。

夫身爻起合妻之命爻，娶妻必早；妻身爻起合夫之命爻，婦嫁無遲。

夫婦合爻見鬼，婚配不明；

夫合之爻、妻合之爻見鬼，主婚配不明，但有合爻見鬼是也。

子孫絶處刑傷，兒多不育。

子孫逢絶，更受刑傷剋害，主子多不育難招。

夫妻反目，互見刑沖；兄弟無情，互相凌制。

夫身爻并日辰動刑妻命，主夫不和妻；妻身爻并日辰動刑夫命，主妻不和夫。或妻命沖夫身，或夫命沖妻身，主夫妻反目。兄弟日辰剋弟身命爻，或弟帶日辰剋兄身命爻，主兄弟不和，互相凌虐。

日將與世身相生，當主雙胎；身命與世應同爻，多應兩姓。

身世與日辰、動爻同位，兩生命者，主雙胎。命臨應上，世亦臨之，主有兩姓。

妻財發動，不堪父值休囚；父母交重，最忌子臨死絶。

上有父母，不堪財爻發動，主有剋害之患。父動，則剋子也。

妻剋世身重合應，妻必重婚；

財爻動剋夫命，或妻命動剋夫爻，并日辰又與應相合，主妻再嫁。若帶咸池，與應爻相合，剋夫身命爻，主妻與外人謀殺夫主。若臨交爻，主未來之事。

夫刑妻命兩逢財，夫當再娶。

夫刑剋妻命，或刑剋財爻，更逢剋處兩財，主夫剋兩妻。併日辰合旁爻之財，主再娶。併日辰、動爻帶刃刑等煞，傷妻命爻，主遭夫毒手也。

妻與應爻相合，外有私通；

妻命財爻，與應相合咸池、玄武，主妻有外情。夫併日辰剋妻與應爻，主獲妻奸。

男臨女子互爻，内多淫慾。

男命爻起合女命爻，女身爻起臨男命爻，爲互合，尊卑失序，主有淫亂之事。若夫妻互相合，主先姦後娶。

青龍水木臨妻位，多獲奩財；

如財臨水木有氣，夫命臨之，主得妻財。

玄武桃花犯命中，荒淫酒色。

身命帶玄武、咸池，主貪酒色。男女同論。

世應妻爻相合，當招偏正之夫；

爲世、應、財爻三合，逢兩鬼合妻命，主有偏正之夫。

財爻世應六沖，必是生離之婦。

妻命值鬼爻，與世應併日辰破合，重重相沖，與財兩合。或妻命爻與世應動爻相沖，或日辰相沖，主是生離之婦〔一〕。

世應爲妻爻相隔逢沖，必招外郡之人；

世應在日辰旬中隔斷，妻爻與夫爻相隔，在日辰旬外逢沖，主夫是外郡之人。

夫妻與福德相逢帶合，必近親鄰之女。

夫妻二命爻俱在本宫，就中合見子孫，主因親致親。

命逢死炁，最嫌煞忌當頭；

主象逢死絶，若日辰、動爻臨忌煞來剋，或剋本命，主有死亡之禍。

鬼入墓鄉，尤忌身爻濺血。

命爻帶鬼入墓，怕身爻再帶煞受制，最不吉之兆。

惡莫惡於三刑迭刃，

刑無刃不能傷人，刃無刑禍亦不大。若刑刃兩全，剋身臨官，主犯官刑；臨玄武劫煞，盜賊圖財動命。世併日辰、動爻剋應，主我殺他人。應併日辰、動爻帶煞剋世，主他人傷我。若遇子孫發動，凶中有吉。

〔一〕「婦」，底本作「歸」，據緑蔭堂本改。

凶莫凶於四虎交加。

四虎者，年月日時建也。若帶鬼煞重重，舉家遭禍死亡。若卦中福德動，主悲喜相半之象。

四鬼貼身，防生灾咎；

四鬼者，亦謂年月日時，值官鬼持世，臨身臨命，主有災咎。

三傳剋世，易惹灾危。

三傳，年月日也。若帶煞剋世身命，主宅丁人眷災危。太歲主一年之禍，月建主數月之災也。

劫亡兩賊傷身，青草墳頭之鬼；身命兩空遇煞，黄泉路上之人。

身命逢絶，在旬中空亡，遇鬼傷身剋命，主有死亡之患。

勾陳傷玄武之妻財，女多凶禍；白虎損青龍之官鬼，夫忌死亡。

新增家宅搜精分别六爻斷法

初爻非水休言井，酉金干涉道雞鵝。

初爻如臨亥子水爻，方可以井斷。值財福以吉論，值官鬼忌神以凶推。若初爻與酉爻刑沖、剋害、生合，即是干涉也。如有干涉，方可言畜養雞鵝鴨之吉凶，不可混而言也。

臨土逢沖基地破，
　初爻臨辰戌丑未土爻，被月日沖破者，其宅基必有挖開破缺之象。
無官無鬼小兒和。
　初爻臨官鬼，白虎父母發動，其家主傷小口。若非官鬼忌煞臨持，小口必平和無恙也。
宅邊若有墳和墓，須知鬼墓值爻初。
　鬼墓者，指卦中官鬼之墓庫爻也。如得震巽宫卦，金爲官鬼，金庫在丑，如丑爻臨于初爻，則宅邊必有古墓也。
水臨白虎將橋斷，
　如初爻臨子亥水，附臨白虎，主有橋梁。臨財福則吉，逢沖橋必壞也。
寅木猫良鼠耗無。
　如初爻臨寅木吉神，主其家有好猫能捕鼠。
玄武水乘溝利瀹，木爻官鬼樹爲戈。
　如初爻臨亥子水附玄武，不可論橋論井，當以溝渠之通塞斷。如木爻官鬼值此，主其家左近有樹根穿破宅基。
二爻木鬼梁横竈，

言二爻如臨木爻官鬼，主竈上有横梁。

父母持之主堂奥。

如二爻臨父母爻，不論金木水火土，皆以房屋之堂奥推斷。如臨旺相安静則吉，如逢休囚破剋，主房屋破漏不堪。

雀火官持慮火灾，土金變化宜興造。

如朱雀並火官在二爻，主有火灾。如二爻土化金，或金化土，主有興造。

木被金沖鍋盖摧，金局摧殘鍋破壞。

如二爻臨木爻，被金日金爻沖之，知其鍋蓋破碎。摧者，壞也。倘二爻會金局被沖，其竈上必有破鍋。

玄武土乘竈不潔，土逢沖剋竈崩敗。

如二爻玄武同土持之，主竈前不潔。如二爻值土，被日月動爻沖剋，則竈必坍頽。

世鬼並臨非祖屋，福財遭剋苦相逐。

世臨官鬼在二爻，此屋決非祖産。如福德財爻在二爻旺相有氣，主其家安享豐足。倘遭休囚破剋，主其家窮苦相逐也。

戌土干連以犬言，

如二爻與戌爻生剋沖合，當以防家犬斷。臨財福吉，臨忌煞凶。

應飛此地人同宿。

如應臨之爻飛入二爻，主有外人同住。同宿者，言同住也。

此爻不獨斷宅母，各分名分安危卜。

古以二爻爲宅母之位，斷其吉凶，予以爲謬。凡人家祖母、母、嫂、弟婦、姊妹、妻女，同居一室，各有名分，宜以用神觀其生剋，卜其吉凶也。

三爻亥水斷猪牲，兄弟臨爻方論門。

第三爻非臨亥爻，不可便斷猪牲吉凶。如兄弟爻臨于三爻上，方可以門户斷。如臨財官父子，不可概推。

兄弟卯爻床榻論，

如兄弟是卯爻，不可言門户，當以床榻論之。大凡卯爻兄弟臨第三爻，必神堂前有床榻，或樓上做房，關碍神堂。

無官莫妄斷家神。

第三爻若臨官爻，方可寔指神堂。若非官爻臨持，不可便斷神堂也。

金官臨主香爐破，木鬼青龍牌位新。

如三爻臨金官，主香爐破損。或值木鬼青龍旺相，神牌自然新彩畫也。

四爻若動來沖剋，門門相對似穿心。

若第四爻動來沖剋三爻，主家中門門相對，或穿心走破，不利。

三四互臨兄弟位，門多屋少耗傷金。

如三四爻俱臨兄弟爻，主其家屋少門多，耗散金銀之象。

若被動爻沖本位，出入不在正門行。

如本爻被日月動爻沖剋，主其家旁門出入，不走正門。

爻臨卯木主床帳，木臨蛇鬼婦虛驚。

如第三爻臨卯木，是床帳也，臨財福則床帳新鮮，若臨螣蛇官鬼，其婦女在床，有意外虛驚。

三爻不是弟兄位，官摇父陷始難寧。

古以第三爻爲兄弟之位，謬也。如官爻發動，剋害兄弟爻，又遇父母空陷，不來救護，方可論弟兄之有患難不安寧也。

四爻兄弟方言户，四二相合主大門。

三門四户是古法也，然無兄弟臨之，不可便言門户，如臨兄弟，方以户斷。第四爻或動或静，與第二爻相合者，當以大門決斷。

未變鬼臨第四位，畜羊不利見災迍。

未爻臨于第四爻上，當以羊斷，如變鬼爻，畜羊有損。

玄武官鬼門破漏，青龍財福喜更新。

四爻上如臨玄武官鬼，門主破陋。如臨青龍財福，與二爻生合者，可知其門樓有更新之象。

朱雀臨官主獄訟，

朱雀臨官爻，在四爻上，主有官非訟事。

玄武乘兄有水侵。

如玄武臨兄弟，不可以兄弟爲户論，必有池潭水侵住宅，如沖剋二爻，有碍住居也。

兄弟螣蛇臨爻位，鄰人坑廁碍家庭。

四爻弟兄臨螣蛇，不可以兄弟爲户論，當主鄰家有破坑相碍。

旬空月破當爻見，不是無門是破門。

若第四爻值旬空月破，當以無大門或破門斷之。

沖剋相乘旁出入，外族不應將此論。

如遇沖遇剋，必主旁門出入，至于外族之論，係易林之謬，不可爲憑也。

財剋子臨傷父母，陰陽兩斷内中分。

財動剋父，若再得子孫爻動，而助財來剋，主父母有傷。如父母爻臨陽象，則剋父，陰象則剋母，卦中六爻内見之皆如此。古以四爻爲母位，而論其剋母，此説大謬。

五爻剋二人口寧，

五爻爲人口之爻，剋二爻則人口安寧，如動來剋宅，亦不宜也。又宜以六親生剋論之，如二爻動來剋五爻，此屋居之不安穩也。

官連蛇鬼長房迍。

五爻爲長房長子，如官鬼同蛇虎持之，主長房長子多悔也。

若遭白虎刑沖剋，主有驚癇不得生。

倘五爻被白虎爻動來刑沖剋害，又不可以長子長房斷，主其家有驚癇之疾者，不能醫治而難生也。

世臨陰位女爲政，財爻持世贅爲姻。

如世居五爻，爻是陰位，主其家内閫爲政，主持家事。財爻持世居此位，其人贅去爲婚，又非女人主事也。

若是二爻沖剋破，當家夫婦少恩情。

二爻如逢沖破，主夫婦乖張，又非贅婚之論也。

水臨世合水遶屋，兄弟臨時墻有坑。

五爻臨水，與二爻生合，或與世爻生合，主宅邊有水環繞。如臨兄弟，主墻内有坑碍。

丑土剋沖牛不利，椿庭休咎父爻尋。

如丑爻發動剋五爻，或與五爻刑沖，畜牛不利。若以五爻爲父，謬矣。欲問父之吉凶休咎，應向父爻論其生剋可也。

六爻財位論奴丁，父母相臨祖輩人。陽木棟梁陰是柱，官庫侵之乃是墳。

第六爻若臨財位，方言奴僕。如遇旬空月破，則奴僕無力。倘遇日沖爻沖，主有逃亡之事。若臨父母，當論祖輩的休咎。倘陽爻臨木父，不可以祖輩言，當以棟梁斷。如臨陰木父母爻，當以庭柱論。如官爻之庫臨于六爻上，當以坟墓論。其生剋合沖，分別吉凶。

父臨屬土主墻壁，

如父母屬土，當以墻壁斷。

卯木籓籬定吉凶。

如臨卯木，不論陰陽，當以籓籬斷之，以生剋合沖定其吉凶。如卯爻旬空，向有籓籬。如動來剋世，當以凶推；如逢生合，當以吉斷。

身世相臨第六爻，離祖成家斷可必。

如卦身臨于第六爻，或世爻臨之，主來卜之人必離祖業方可成家。

位臨於酉動爻沖，鍋破懸知在此中。

如第六爻臨有酉金，被月日動爻沖之，主家中有破鍋不安。

雀鬼臨爻顛女斷，爻爻分别不相蒙。

如朱雀官鬼臨爻，主有女人染風癲之疾。蒙者，蒙昧不明也。

卜筮正宗卷之十

古吴洞庭西山王維德洪緒註

墳墓

葬埋之理，乃先王之所定，雖爲送死而然，風水之因，特後世之所興。禍福吉凶攸係，故墳占三代，穴有定爻。一世二世，子孫出王侯將相之英。世四世三，後嗣主富貴繁華之茂。絶嗣無人，端爲世居五六。爲商出外，祇因世在游魂。八純凶兆，歸魂亦作凶推。吉兆相生相合，凶兆相剋相沖。

內卦爲山頭，外卦爲朝向，世爻爲穴場。世臨初、二爻穴場，乃得山頭之生氣，後代當産王侯將相之英。世臨三、四爻，穴場乃得山頭之餘氣，故後嗣不過富貴繁華。世臨五、六兩位，乃山頭生氣已脱，是不合山形地勢，故至絶嗣。游魂好動爲商，歸魂氣滯不吉。世得相生相合，自然環繞多情；若遇相剋相沖，自然沙飛水背。

穴騎龍，龍入穴，穴嫡龍真；

以亡人本命納音爲穴，或世臨穴爻，或世穴相生相合，或動爻月日生合世爻穴爻，謂之「穴騎龍，龍入穴，穴嫡龍真」。

山帶水，水連山，山環水抱。

山者，内宫也。水者，亥子水也。如亥子水臨財福吉神在内宫，與世爻相合相生，或與穴爻相合相生，謂之山環水抱。

交重逢旺氣，聞雞鳴犬吠之聲；

旺相之爻發動，臨水火，穴近民居，故曰「聞雞鳴犬吠之聲」。

世應拱穴爻，有虎踞龍蟠之勢。

世應生扶拱合于穴爻，或龍虎生合于穴爻，或穴居于世應之間，或穴叨世應、龍虎拱扶，皆是虎踞龍蟠之勢。

三合更兼六合，聚氣藏風；

世爲主山，應爲賓山，世應與穴爻三合成局，或得六合卦，或龍虎二爻與穴爻三合成局者，皆聚氣藏風之地也。

來山番作朝山，回頭顧祖。

來山者，内卦之世爻也；朝山者，外卦之應爻也。如世臨之爻與應爻同，謂之回頭顧祖也。

死絶之鬼邊有荒墳，長生之爻中有壽穴。

卦中官爻休囚死絶，知穴旁有荒坟古塚。如鬼爻遇長生于日，或化長生者，知有壽穴也。

合處與應爻隔斷，内外之向不同；

亡人本命納音爲穴，納音之墓爲墓，合納音之爻爲向。假如己未納音屬土，即以土爲穴。土庫于辰，即以辰爲墓。午與未合，即以午爲向。辰與酉合，酉亦爲向。如辰申二日，或應臨辰申，謂之隔斷午。或未亥二日，或應臨未亥，謂之隔斷酉。當知金井墓門之向不同也。

穴中爲世日沖開，左右之穴相反。

穴臨巳未二爻，世併日辰臨午爻，午居巳未之中，謂之分開巳未二穴，知左右之穴相反也。

餘例倣此。

穴道得山形之正，重逢本象之生；

穴即亡人本命納音，臨内宫世爻，皆得山形之正。如穴爻臨水，遇内屬金，或水爻在于金宫内，皆謂之本象之生也。

世應把山水之關，宜見有情之合。

第六爻爲水口之爻，應爻臨之，若帶合，則有關鎖。或第六爻與世相合亦是。

坐山有氣，怕穴逢空廢之爻；

且如坎山屬水，坎山者，坎居内宫也，得穴逢申爻，而水長生于申，最怕申爻逢旬空月破耳。

本命逢生，忌運入刑傷之地。

凡占生墓，要看本人年命，亦將本人年命納音爲穴。運即穴爻也，忌穴爻與内宫及卦爻刑剋。如穴爻得生有氣，爲吉。若遇旬空，而亡人且忌，生人却不畏空，反吉。

青龍擺尾，就中逢泄氣子孫；白虎昂頭，落處逢生身父母。

若青龍子孫有氣生穴，謂之擺尾多情；如白虎臨父母爻生穴者，謂之昂頭有勢。

後來龍餘氣未盡，有玄武吐舌之形；前朝案動爻逢沖，爲朱雀開口之象。

日辰入穴臨玄武，謂餘氣未盡，有吐舌之形。後者，玄武也。世前一位爲案，被日辰、月建沖破，朱雀臨之，有開口之象。前者，朱雀也。

世坐勾陳之土局，破坎田園；應臨玄武之水爻，溝坑池井。

世坐穴爻，并臨勾陳，值辰戌丑未之土局，或被沖剋，乃破坎田園之所也。應臨亥子水爻，加臨玄武，或會水局，乃溝坑池井之所也。

白虎在破耗之位，古墓墳塋；螣蛇臨父母之爻，交加産業。

若白虎再加月破，持世、持穴、持身者，知是古墓坆塋也。在歸魂卦，或鬼飛入穴，謂還魂之地。螣蛇爲勾絞之神，父母爲文書契字，非重埋疊賣，即衆分交加之産也。

勾陳土鬼，塚墓纍纍；

勾陳臨戊己辰戌丑未土鬼，逢死絶之爻，爲古墓。游魂鬼動逢沖空，旁有改墓之地。日辰去剋白虎穴爻，有崩頽之墓。青龍臨土鬼，主有新坟。若歸魂卦，或土鬼飛入穴爻，主有改墓之地。

玄武金神，巖泉滴滴。

金爲石，玄武爲水，主淋漓自出之泉。臨穴爻，或伏穴爻之下，或白虎臨金，皆主有石有水。

青龍發動臨子孫，決主新遷；朱雀飛來帶官鬼，必然争訟。

若青龍發動，或值子孫，必主遷移。朱雀官鬼，并動爻、日辰飛入穴，主奪地争訟。

應爻加木臨玄武，前有溪橋；日辰沖土鎮螣蛇，邊通道路。

若應爻併木爻臨玄武，主墓前定有溪橋。螣蛇爲路，臨辰戌丑未之爻，與日辰、動爻沖剋，主近道路。螣蛇土爻飛入穴爻，或與穴爻相沖，主有道路穿坟。

朱雀火爻發動，廚庭炊爨之旁；青龍財庫相生，店肆庫倉之畔。

朱雀火爻發動臨財，必近廚庭烟竈之所。青龍臨四墓逢財，相生有氣，必近店鋪酒肆。若遇庚申、癸酉、丁酉金，爲倉庫之畔。

玄武世飛入穴，暗地偷埋；勾陳土動落空，依山淺葬。

玄武世爻，併日辰動飛入穴，主偷埋盜葬，或者暗地瞞人出殯。勾陳土動，或空或發動，必是依山淺葬也。

日合鬼爻有氣，近神廟社壇之旁；

鬼旺有氣，或臨青龍、貴人，與日辰相合，主近神廟或古跡靈壇之所。

動臨華蓋逢空，傍佛塔琳宮之所。

華蓋穴爻，併鬼動逢空，乘旺有氣，主近寺觀，不然，爲匠藝人家，有響應之聲。

世應逼左右之山欺穴，龍虎磕頭；

世應逢青龍辰爻、白虎寅爻，爲龍虎磕頭，剋穴則凶。

交重併旬内之水傷身，溝河插脚。

水爻動在日辰旬中，居穴之前，主有溝河插脚之水。

生生福合三傳上，百子千孫；重重墓在一爻中，三墳四穴。

三傳，即年、月、日三建也。或福德逢穴爻，更在三傳之位，相生相合，主百子千孫。六親、世應、日辰、動爻，重重墓在一爻之内，主有三坟四穴。應爻、鬼爻墓歸一爻之内，主有外人同葬。

神不入墓，游魂之鬼逢空；鬼已歸山，本命之爻逢合。

亡命并鬼爻逢空，穴爻化鬼逢空，及臨游魂卦，皆主鬼不入墓。游魂世居外卦，空穴空墓，主無埋葬之地，或葬他鄉。若帶凶煞剋卦身者，必主惡死。亡命穴爻相生相合，或鬼爻逢墓，謂鬼已歸山。若在外卦應爻，亦主附葬也。

日帶應爻劫煞入穴，劫塚開棺；用併世象動爻剋應，侵人作穴。

日辰併玄武、應爻帶煞飛入穴，或動爻破穴破墓，主劫塚開棺。沖剋亡命，主暴棄尸骸。世應并日辰之煞動破穴爻，主自家起墓開棺，盜財移葬。若剋亡命，必主暴露不葬。用爲世爻併日辰、動爻剋應，主侵人坟地作穴。動與應爻併日辰剋世剋穴，主他人侵自己坟地而埋葬。

客土動而墓爻合，擔土爲墳；朝山尊而穴法空，貪峰失穴。

客土者，外卦土、應土是也。與穴爻、墓爻發動，相合相生，主是擔土爲坟。或旁土爲左右臂，朝山在長生貴人位，主前有貴峰聳秀。若穴空，主有貪峰失穴之象。苟或不空，却朝山聳秀之。

子孫空在日辰之後，穴在平洋；兄弟爻落世應之間，墳遷兩界。

子孫在日辰之後逢空，或勾陳親戊己辰戌丑未土爻，或爻在明堂寬大之地，多主平地作穴。世應同臨穴爻，更臨兄弟之爻，或在世應之間，皆主坟遷兩界。或在日辰前後兩間之爻，亦然。

日辰與動爻破穴破墓，定合重埋；世應併穴道沖屍沖棺，當行改葬。

日辰發動，沖破墓爻，世應沖屍沖棺，或父化父、兄化兄、鬼化鬼、財化財，皆主重埋改葬。又云：金爲屍首，木爲棺，土爲墓兮仔細看。

重爻生穴，經營非一日之功；龍德臨財，遷造爲萬年之計。

爻重二爻發動，併日辰皆生穴爻，主加工用事，非一日之可成。喜龍臨財爻，子孫生旺有氣，與穴相合相生，主所造之坟美麗悠久。

應飛入穴，必葬他人；煞動臨爻，凶逢小鬼。

如應爻飛入穴爻，主外人同葬，或是他人舊墓之旁。凶煞犯亡人本命，或亡人本命臨死絶之地，主亡人不得善終，或不得善疾而死。

犯天地六空亡之煞，骸骨不明；穴遇三傳刑刃之空，屍首有損。

六空，即六甲旬空也。三傳，乃太歲、月建、日辰也。三刑羊刃，且如己卯日占得坤卦，甲子亡命，穴臨上六癸酉金，乃甲戌旬中空金，乃甲寅旬之空甲子。三傳帶刑刃凶煞，傷剋本命穴爻，或又在日辰旬之空亡，主骸骨不明，屍首有損。

逢沖逢剋，怕犯凶神；相合相生，真爲吉兆。

用爻逢凶神，相剋、相沖、相刑，爲凶惡之兆。青龍福德爲吉神，生合扶拱，爲吉祥之兆。

爻生之子孫，逢官逢貴，臨三傳，必作官人；

穴生之爻，臨子孫逢官星貴人，臨三傳生本命，作印綬，主官職之榮。

穴中之象數，合禄合財，若兩全，當爲財主。

穴臨旺氣，有子孫財官爻在五爻之下，若子孫相生相合，如財禄兩全，乃富家之子也。

游魂福德空沖，主流蕩逃移；，惡鬼凶神變動，見死亡凶横。

子孫逢空沖，在游魂卦，主逃離之人。空亡主流蕩不歸鄉。白虎螣蛇凶神，併鬼剋身世，主有死亡横禍。

損父母子孫之財鬼，鰥寡孤獨；

卦内父受損兼不上卦，主出孤兒。子孫受傷兼不上卦，主絶嗣。財爻受傷兼不上卦，出鰥夫。鬼爻受傷兼不上卦，出寡婦。要指引明白，不可概論。

疊刃刑鬼破之刼亡，疲癃殘疾。

鬼臨月破，兼三刑六害同剋用爻，或乾宫主頭面、喘急、咳嗽、小腸之疾，坎宫主臂面、兩耳、小便、氣血、腰痛、脅心之疾，艮宫主鼻瘡、手指、腿足之疾，震宫主骨、足、肝、腿、三焦、顛狂之疾，巽宫主額、鬢、膝、血氣、風邪之疾，離宫主脾胃、癰疽、眼目、心痛、熱症、湯火之疾，坤宫主肚腹、嘔吐，與血瀉痢、黄腫之疾，兑宫主口齒、缺〔一〕唇、掀皮膚之疾。金鬼痨嗽，木鬼風邪，火鬼熱症，水鬼吐瀉，土鬼黄腫之疾，中間不可盡述，依理推詳。

玄武遇咸池之劫煞，既盗且娼；青龍臨華蓋之空亡，非僧則道。

玄武歲破、月破共位，臨世爻在坎，出奸盗，或因盗至死。玄武咸池帶合，主女墮風塵，或淫奔敗化。世爻併胎神受剋，主有墮胎産難之厄。青龍華蓋孤神，值空亡有氣，是爲僧道之類。

月卦勾陳之土鬼，瘟疫相侵；陽宫朱雀之凶神，火灾頻數。

月卦，是月將勾陳土鬼臨世身爻，主時灾瘟疫相侵。朱雀怕逢火，更在火位，主有火灾。

父母臨子孫之絶氣，嗣後伶仃；福德臨兄弟之旺宫，假枝興旺。

父母以爲孤煞，且如子孫爻屬火，火絶在亥，若父母臨亥爻動，主後嗣伶仃。若子孫爻臨亡命，或在兄弟爻，臨旺相，自假宫來，主假枝興也。

動併旬中之凶煞，立見灾危；穴臨日下之進神，當臻吉慶。

劫刃、刑害、月破等煞在日辰旬中發動，若被刑沖傷剋身命，主見灾危劫殺之事。穴逢日辰進神值財福，主臻吉慶康寧，例如戊寅日占，得己卯穴爻逢財福是也。

〔一〕「缺」，緑蔭堂本作「鈌」，二字通。

看已形之既往，察過去之未來。

觀可往可見之形察吉凶，過去未來之兆無不驗也。

事與世應互同，可見卦中之體用；

世爲體，應爲用，有體用發動，係于事體如何也。

動與日辰相應，方知爻内之吉凶。

事與日辰生合者吉，日辰與事剋沖者凶。

求師

捐金饌食，教養雖賴乎嚴君；明善復初，啓發全資于先覺。凡求師傅，須究文書。

文書即父母爻，爲書籍、爲學館、爲學分。

用居弱地，必不範不模；若在旺鄉，則可矜可式。

所請之師，無尊卑稱呼者，以應爻爲用神也。如有尊卑名分，不可看應爻，當以名分論之。如門人卜投師，不論老幼，皆以父母爻爲師長。如用神休囚，其師必然畏懼局促，不能爲人之模範；旺相有氣，則魁梧雄偉，堪爲學者矜式。

臨刑臨害，好施賈楚之威；

賈楚，傲頑之杖，若帶刑害白虎，其師性暴少慈，必好笞撻，旺動尤甚。

逢歲逢身，業擅束脩之養。

用爻卦身或持太歲，其師專以嚴訓爲業，務得束脩以爲養家者。

兑金震巽，襍學堪推；離火乾坤，專經可斷。

凡推師之專經雜學，當以父母在震、巽、艮、坎、兑五卦爲襍學，離、乾、坤三宫爲專經。

本象同鄉，在内則離家不遠；他宫異地，在外則隔屬須遥。

用象在本宫而居外卦，是本處人，其住居必遠；在他宫而居内卦，是外郡人，其住居却近。

與世相生，非親則友；

與世爻生合，必有親道。若與世爻不同宫者，是相識朋友。

與官交變，不貴亦榮。

用化官爻，其師異日必貴。加白虎帶刑害，則是有病之人。如持月建，更加青龍，必有前程在身。

静合福爻，喜遇循循之善誘；動加龍德，怕逢凜凜之威嚴。

用神與子孫作合最吉，必能博文約禮，循循善誘，甚得爲師之道，必主師徒契合。惟怕父動，則剋子孫，更加白虎刑害，必然難爲子弟，主其師嚴毅方正，凜然不可少犯。

父入墓中，邊孝先愛眠懶讀；

父爻入墓，其師惟愛安逸，懶於教訓，學分欠通，逢空化墓皆然。若日辰沖破墓爻，又主聰察。

文臨身上，李老聃博古通今。

凡求師，以文爲師之才學。六爻無父，必欠學問。若得静臨卦身，或居生旺之地，其師才學非常。

母化子孫，必主能詩能賦；

父化福，其師善作雜文。帶刑害病敗等爻，雖能作文，必多破綻。子帶月建，又加青龍，必然出口成章。與父作合，其師或有小兒帶來。

鬼連兄煞，定然多詐多奸。

凡遇兄動化鬼，鬼動化兄，皆主奸詐。刑剋世爻，必有是非口舌。

口是心非，臨空亡而發動；

用爻宜静不宜動，宜旺不宜空，動空不誠實，静空懶教訓，化空亦然。

彼延此請，持世應而興隆。

世應俱動，主有兩家延請。兩爻俱空，皆不能成。

應值母而生世，須知假館；

父臨應上，而世爻動來生合者，必館於他家而欲附學也。

父在外而福合，必是擔囊。

凡卜求師，若子弟自占，以世爲徒，不看福爻。父兄來占，以子弟爲徒，不看世爻。若父在外卦，又係他宫安静，而子孫動去相合，必遊學他方，擔囊從師也。

鬼化文書剋世，則訟由乎學；

鬼動若化出父母，刑剋世爻，異日必主争訟。父化鬼爻，或官父皆動，有傷世者，亦然。

月扶福德日生，則青出于藍。

須得子孫有氣不空，又遇日月動爻生合，則學有進益。若用爻反衰，則弟子反勝於師，如青出於藍也。

刑剋同傷，父子必罹其害；合生爲助，官鬼莫受其扶。

父卜延師訓子，以世爲自，以子孫爲兒，以應爲師。如世與子孫皆受刑剋，日後父子必遭其害。如官爻動來刑剋世爻子孫，不可又加財動生合助之。

或擊或沖，父母逢之不久；

父母雖要有氣，然不宜動變。動則傷剋子孫，必不能久。

或空或陷，世身見之不成。

世應身爻空亡沖剋，皆見難成之象。

財化父爻，妻族薦之于不日；

若卦有父母，遇本宫財爻又化出一重者，不日間妻家又薦一師來也。兄弟化出，則朋友薦來。動爻是重，已薦過矣。動爻是交，將薦來也。

母藏福德，僧家設帳于先年。

如父爻伏在子孫爻下，其師必前年設帳于僧房道觀。父伏世下，乃是舊師。

搜索六爻，無過求理；思量萬事，莫貴讀書。

凡求師，不可專指道學之師，如欲投學百工技藝，及拜僧道爲師類，皆是。但師之主象，自占不異父母。而學者主象，自占當以世爻看之。如隔手來占，須問是何人，如朋友兄弟則以兄弟爲主類。皆要師弟相生相合則吉，相沖相剋則凶。

學館

學得明師，可繼程風于滿座；師非良館，難期賈粟之盈倉。故欲筆耕，先須蓍筮。世爲西席，如逢父母必明經；

凡占書館，以世爻爲西席之位。如臨父母，自必明經，世在離、乾、坤三宫亦然。臨官帶鬼，或本宫官伏世下，多是秀才。

應乃東家，若遇官爻須作吏。

應爻爲占館東家主人，若臨官，必是官吏户役人家；加白虎，則是病人。應臨父母勾陳，種田人家；加朱雀，讀書人家；加白虎，宰殺人家；加螣蛇，工藝人家。應臨子屬金，僧道作主。應臨財，在陰宫陰爻，而卦無官鬼者，必是婦人作主。若應爻臨官，又帶貴人，則是富貴人家。財化財、財化子，做買賣人家。

臨官兮少壯，休囚則貧乏之家；墓庫兮高年，旺相則富豪之主。

應爻臨旺爻，主人必然强壯。如臨墓庫，必是老年。臨財福，必然富貴。欲論其德性，當以五類六神參斷。

值土火空無父母，逢金水絶少兒孫。

卦得坤艮属土，如火爻旺空、動空、沖空，主父母不全，衰空必無父母。若卦得乾兑屬金，如無水爻，水又絶于飛爻，或絶于日辰，則主無子孫。餘皆倣此。

不拱不和，決定主賓不協；相生相合，必然情意相投。

世應刑沖剋害，異日賓主不合；若得生合比和，情意相投。生而化剋，始和終不睦；沖而化合，始疏後密。應與子孫生合，師弟則多恩義，若見沖剋，亦多不睦也。

財作束脩，不宜化弟；

占館以妻財爲束脩，獨怕兄弟發動。或財爻化兄，主束脩有名無實。財爻無氣，而遇日神、動爻生扶拱合者，束脩雖則不多，而四季節禮反周備也。

父爲書館，豈可逢空？

占館以父母爻爲書館，旺相則有好書館。卦無父或落空，必無書館，事亦難成。

鬼動合身，須得貴人推薦；

官鬼發動，當有間阻，若來生合世身，必得貴人推薦可成。

兄興臨應，決多同類侵謀。

凡應持兄動，必有同道之人爭謀其館，兄臨卦身亦然。若在間爻動來沖剋世爻，主有人破説也。

官如藏伏，應無督集之人；

鬼能生扶父母，故占館以此爻爲糾率子弟之人。若不出現，或出現旬空，主無人聚生徒以成學館也。

應若空亡，未有招賢之主。

應爻空亡，無人延請。更若父不出現或落空，必難成就。應爻動空化空，是假言作主也。

動象臨財難稱意，

文書爲占館用神，若遇財動，則被剋壞，未成者不能成，已成者不能遂意。

空爻持世豈如心？

卦中父母出現，應來生合，而世爻空亡者，求館不成。

身位受傷，雖成不利；

世身被日建、月建、動爻刑剋，雖成而日後有官非、疾病。

間爻有動，總吉難成。

間爻動剋，事多阻隔，故難成也。

鬼或化兄，備禮先酬乎薦館；

凡遇鬼爻動出兄弟，必得禮物，先酬薦館之人，則可成就。兄臨世身亦然。

世如變鬼，央人轉薦于東家。

鬼爻出現，而世又化出者，再得推薦可成。卦無官，而動爻有化出者，初無人薦，亦必央人薦之可成也。

世無生合，謾看白眼之紛紛；

應不剋世，父母不空，兄鬼不動，而月日動爻並不生合世爻者，其事總成，但主人不欽敬，故白眼待之也。

福或興隆，會見青衿之濟濟。

占館以福爻爲門生，旺相多，休囚少。

衰逢扶起，日加負笈之徒；

子孫衰弱，得日辰、動爻生合扶起，學徒始雖不多，開館後日漸增益也。

動遇沖開，時減執經之子。

子孫爻動，若被日辰、動爻沖散，其徒必有背師而去者。如被世沖，是先生叱退其徒也。

逢龍則俊秀聰明，遇虎則剛强頑劣。

子孫臨青龍，逢月建生合，而又臨金水，必有穎悟非常之徒。若臨白虎，則多頑劣之徒。

陽卦陽爻居養位，座前有劉恕之神童；陰宫陰象化財爻，帳後列馬融之女樂。

子孫在陽宫陽爻，而臨金水，旺相不空，有拱扶者，其徒必有出類拔萃，如劉恕之神童在門。若在陰宫陰爻，主有女徒受學。

兩福自沖，鬼谷值孫臏龐涓之弟子；子孫皆合，伊川遇楊時游酢之門生。

卦有兩爻子孫，俱動相沖，弟子中必多不合。若來傷世，必然責及先生。如遇二爻俱來生合世爻，則門生自盡弟子之禮。

世動妻爻，決主親操井臼；

世臨財動，乃自炊爨，非供膳也。

應生財值，定然供膳饔飧。

財爻臨應，生合世身，定主供膳。月建、日辰、動爻俱帶妻財，乃諸生輪流供膳，旺相款待厚，休囚款待薄。

如索束脩，可把妻財推究；若居伏地，還求朋友維持。

凡占取索束脩，以財爻爲主。若不出現，必須浼求朋友取討可有。

出現不傷，旺相生身名曰吉；入空無救，休囚死絶號爲凶。

占束脩，得財爻出現旺相，月建、日辰、動爻不來傷剋，則不欠缺。若財出現被剋，或絶、或空、或墓，皆不遂意。

變出父爻，書債必然償貨物；

財動化父，或父動化財，主束脩以貨物准折。

化成兄弟，硯田定主欠收成。

財爻化兄，有名無實。

身空、應空、財福空，必然虛度；

凡占束脩，遇卦身應爻及子孫妻財皆空，或不上卦者，主束脩無得。

月剋、日剋、動變剋，恐受刑傷。

月建、日辰、動變，諸爻皆來刑剋世爻者，占館有不測之凶。

鬼化財生，非訟則學金休矣；

卦中無財，而遇兄、鬼、文書化出財爻生合世爻者，必須訟訴公庭，束脩可有。

子連父合，因學而才思加焉。

世若衰絶無氣，而遇子孫動化生合世爻者，主子弟之才日加進益也。

詞訟

小忿不懲，必至争長競短；大虧既負，寧不訴枉申冤？欲定輸贏，須詳世應。

卦中世應，即狀中原被，看此則兩邊勝負可知。

應乃對頭，要休囚死絶；世爲自己，宜帝旺長生。

不拘原被告占，以世爲自己，應爲對頭。應旺世衰，他强我弱；世旺應衰，他弱我强。

相剋相沖，乃是欺凌之象；

世爻刑剋應爻，未爲我勝，乃是欺他之象。必得鬼剋應爻，方爲我勝。動爻與月建、日辰剋之，亦然。

相生相合，終成和好之情。

世應生合，原被有和釋之意。世生應，我欲求和；應生世，他欲求和；世應動空化空者，俱是假意言和也。

世應比和官鬼動，恐公家捉打官司；

世應比和，是和釋之象。倘官鬼動剋，主官府捉打官司，不依和議。子孫亦動，終成和議也。

卦爻安静子孫興，喜親友勸和公事。

六爻安静，世應雖不生合，而子孫發動者，必有親鄰勸和也。

世空則我欲息争，

世空，我欲息争；應空，他欲息争；世應俱空，兩願銷息。

應動則他多機變。

世動，則我必使心用謀。若化官兄，回頭剋制，反爲失計。應動，則他必有謀。若加月建，必有貴人倚靠，剋世則爲不吉。

間傷世位，須防硬證同謀；鬼剋間爻，且喜有司明見。

間爻爲中證之人，生世合世，必然向我；生應合應，必然向他；與世沖剋，與我有仇；與應沖剋，與彼有隙。若旺爻生應，衰爻合世，是助彼者有力，助我者無功。或静生應，動剋世，是向彼者雖不上前，怪我者偏來出面。若沖剋我之爻，反去生應合應，須防中證人同謀陷害。若得鬼爻剋制，或被日辰沖剋，是官府不聽其言，我得無事。間爻若受刑剋，中證必遭杖責，近世必是我之干證，近應爲彼之干證。

身乃根因事體，空則情虚；

卦身係詞訟根由，旺則事大，衰則事小，動則事急，静則事緩。如空伏，皆是虚捏事故。飛伏俱無，毫釐不實。

父爲案卷文書，伏須未就。

卦無父母，文書未成，帶刑臨敗病，必多破綻，化財亦然。化兄有駁，月建作合，上司必吊卷，有沖皆不依允。

鬼作問官，剋應則他遭杖責；

鬼爲聽訟官，動去剋應，訟必我勝，剋世我敗。

日爲書吏，傷身則我受刑名。

日辰能救事、能壞事。如鬼動剋世，自必有刑。得日辰制鬼沖鬼，必得旁人一言解釋，問官必寬宥于我也。

逢財則理直氣壯，

以財爲理，臨世我有理，臨應他有理。鬼來刑害，雖有理而官府不聽，兄動不容分辨。如下狀，則財爲忌爻。

遇兄則財散人離。

兄弟若在世身爻上，事必干衆，動則廣費資財。或加白虎，必主傾家蕩産。臨應爻，則以被斷之。

世入墓爻，難免獄囚之繫；

世爻入墓化墓，或臨鬼墓，卦象凶者，必有牢獄之禍。臨白虎，在獄有病。

官逢太歲，必非州縣之詞。

官居第五爻，若值太歲，此事必干朝廷。逢月建，必涉臺憲。

内外有官，事涉一司終不了；

官不上卦，無官主張。内外有官，權不歸一，主事體反覆，必經兩司，然後了事。

上下有父，詞興兩度始能成。

官父二爻，不宜重見，主有轉變不定之象，其事必主纏綿，卒難了結。如占告狀，遇此象，必再告方成也。

官父兩强，詞狀表章皆准理；妻財一動，申呈訴告總徒勞。

凡欲上表、申奏、申呈、告訴等事，皆要官父兩全、有氣不空，則能准理。最怕財動傷父，必不可成。

父旺官衰，雀角鼠牙之訟；

父母旺相，官鬼休囚，情詞若大，事實細，故乃雀角鼠牙之訟。

變衰動旺，虎頭蛇尾之人。

凡世應旺動，是有併吞六國之勢。若變入墓絶空亡，乃先强後弱，虎頭蛇尾之象。世以己言，應以彼言也。

世若逢生，當有貴人倚靠；應衰無助，必無奸惡刁唆。

世爻衰弱，遇月建、日辰〔一〕、動爻生合，必有貴人扶持，彼亦無可奈何。應爻遇之，反是。

無合無生，總旺何如獨脚虎；有刑有剋，逢空當效縮頭龜。

應爻旺動，無生合者，彼雖剛强，是獨腳虎，不足畏。世無生合，又遇日月動爻刑剋，當效縮

〔一〕「日辰」，底本作「月辰」，據緑陰堂本改。

頭黿，勿與對理。

兄在間中，事必干衆；

兄弟在間爻，詞内干犯衆多。動則中證人貪索賄賂，剋應索彼之財，剋世須用財託爲妥。

父臨應上，彼欲興詞。

父母爲文書，臨世我欲告理，臨應他欲申訴。動則欲行，静則未舉。

父動而官化福爻，事將成而偶逢兜勸；父空而身臨刑煞，詞未准而先被笞刑。

凡占告訴，遇官父兩動，訟事可成。若父有氣，或官化子孫，則主身到公門，將投詞而有人兜勸。若父化空亡墓絶，官鬼刑剋世爻，或被日辰刑沖剋害，告狀且不准，先遭杖責也。

妻動生官，須用貲財囑託；

若訟已成，卦有財動，必須用財囑託官吏。如遇子孫沖官，雖費貲財，亦無所益。

世興變鬼，必因官訟亡身。

世持鬼，我失理；應持鬼，他失理。世變鬼，恐因官事而喪身。應變鬼，以彼斷之。

子在身邊，到底不能結證；官伏世下，訟根猶未芟除。

卦身臨福德，出現發動，隨即消散。惟怕官鬼伏世下，則訟根常在，日下雖不成訟，至官旺出透時舉發也。

墓逢日德刑沖，目下即當出獄；歲掣福神生合，獄中必遇天恩。

世墓鬼墓爻動，皆是入獄之象。若得日辰刑沖剋破，目下即當出獄。在獄占卜，最喜太歲生合世爻，主有天恩赦宥；月建生合，上司審出；日辰生合，有司饒恕；父母生合，必須申訴，可得免也。

若問罪名，須詳官鬼；

凡卜罪名輕重，以官爻定之，旺則罪重，衰則罪輕。加刑白虎旺動剋世，火受極刑，金主充軍，木主笞杖，水土徒罪。須以衰旺有制、無制斷之，不可執滯。

要知消散，當看子孫。

若福動鬼静，以生旺月日斷；鬼動福静，以官墓月日斷。

卦象既成，勝負了然明白；訟庭一剖，是非判若昭彰。

卜筮正宗卷之十一

古吴洞庭西山王維德洪緒註

避亂

人有窮通，世有否泰。自嗟薄命，適當離亂之秋；每嘆窮途，聊演變通之易。因録已驗之卦爻，爲決當今之倭寇。

官鬼之方，并官鬼所剋之處，休往；子孫之方，并生我之處，宜去。如占守舊處，得子孫獨發生我，終無驚恐。占往他方，亦然。此註是一篇之大旨也。

鬼位興隆，賊勢必然猖獗；官爻墓絶，人心始得安康。

官鬼旺相發動，賊必猖獗。若得休囚安静，日辰、動爻制他，則安卧無驚。

路上若逢休出外，宅中如遇勿歸家。

内卦爲宅，外卦爲路。鬼在外動，出外必遇，宜守家中。若在内動，宜避于外。

動來刑害，總教智慧也難逃；變入空亡，若被拘留猶可脱。

若鬼動不傷世，任彼猖獗，不遭其禍，如被刑沖剋害，必難逃避。若官爻變入死墓空絶，則是虎頭蛇尾，雖凶無咎之兆。

日辰制伏，何妨卦裏刑傷；月建臨持，勿謂爻中隱伏。

官鬼動來刑剋世爻，固是凶兆，若得日辰、動爻剋制沖散之，皆謂有救，必不爲害。惟怕月建、日辰帶鬼刑剋世爻，雖卦中無鬼，不免遭害。

所惡者提起之神，所賴者死亡之地。

鬼爻伏藏，固吉，若被動爻、日辰沖開飛神，提起伏神，仍被其害。如鬼爻真空真破，方許無灾。

自持鬼墓，墳中不可潛藏；或值水神，舟内猶當仔細。

官鬼墓庫之爻，動來刑剋，或持世身是也。凡遇此象，不可避于墳墓内。木鬼不可避于草木叢中，水鬼不可避于舟船，金鬼不可避于寺觀，火鬼不可避于窑冶。

子爻福德北宜行，午象官爻南勿往。

官鬼所臨之方，乃寇出入之處，宜避之；子孫所臨之方，乃賊不到之地，宜往之。

鬼逢沖散，何須剋制之鄉；福遇空亡，莫若生扶之地。

子孫之方固吉，以其制鬼故也，若發動，則取之。若福静官動，而卦内有沖散官爻者，即以沖散之方爲吉，以其爲得用之神故也。若子孫空伏，衰静受制，而鬼爻又無沖散者，宜取生世合世之方爲吉。

旺興内卦，終來本境横行；

凡占倭寇到我境否，若官在本宫内卦發動，必來。在他宫外卦，則不侵境也。若持世臨内宫，直到我家。臨外卦持應，雖來不入我室。卦身亦忌臨之。

動化退神，必往他鄉摽掠。

官爻發動，若化退神，將往他處劫掠也。如化進神，倭必速到，宜早避之。

官運旺福合生身，反凶爲吉；

官爻發動剋世，必遭毒手。若得化出子孫制鬼，或動子財，反來生合世身者，必然因禍致福。

陽化陰財刑剋世，弄假成真。

官爻發動，不傷世爻，而被動財反傷世爻者，必因貪得財物而惹禍也。

賊興三合爻中，必投陷穽；

最怕動會鬼局，必主倭寇四邊合來，雖欲避之，前遭後遇，不能脱離。卦有兩鬼，俱動剋世，亦然。三合兄局，身雖無事，財物失散。三合父局，小兒仔細。三合財局，生合世爻，反主得財。刑剋世爻，則主父母失散。三合子局，剋制鬼爻，爲最吉也。

身在六旬空處，終脱樊籠。

身世空亡，避之爲吉。

官鬼臨身，任爾潛踪猶撞見；

官爻持世，乃是倭賊臨身，如何可避？如被捉去而占，亦不能脱彼而回。

子孫持世，總然對面不相逢。

子孫持世，不動亦吉，發動尤妙。若臨月建，或帶日辰，或在旁爻旺動，皆吉。卦中雖有鬼動，不足畏也。

兄變官爻，竊恐鄉人劫掠；

卦中無鬼，而遇兄動變出者，須防鄰人乘機劫盜財物，非真賊寇也。兄在内卦，是近鄰；在外卦，遠方人也。

財連鬼煞，須防臧獲私藏。

卦中無鬼，財變官爻者，是奴婢假妝賊寇劫物，或在亂中被其藏匿也。若在外卦，乃鄰里婦人。

日辰沖剋財爻，妻孥失散；動象刑傷福德，兒女抛離。

官動必有驚險，不拘日辰、動爻，被其傷處，即不太平。如沖剋財爻，主妻孥失散；沖剋子孫，主兒女拋離。

火動剋身，恐有燎毛之苦；水興傷世，必成滅首之凶。

卦中火鬼，動來剋世，主有火燒之禍。若水鬼剋世，主有水患。

父若空亡，包裹須防失脱；妻如落陷，財物當慮遺亡。

父爻空亡，非包裹失脱，須防父母有不測之禍。財空防失財物，否則妻妾有殃。子孫空則憂小口。類推之。

五位交重，兩處身家無下落；

凡遇五爻發動，東奔西走，避亂不暇。身宅兩處，更遇日辰、動爻沖散世爻，必無安身下落之所。

六爻亂動，一家骨肉各東西。

六沖卦及六爻亂動者，主父母、兄弟、夫妻、骨肉各自逃命，不能聚于一處。

福臨鬼位刑沖，帶煞則官兵不道；

子動固是吉兆，若帶刑害虎蛇，而又變出官鬼者，乃是官兵乘亂劫掠。

官變兄爻剋合，傷財則妻妾遭淫。

官動刑剋世爻，合住財爻，則身被擒，妻遭淫污。如不傷世，而但合財爻者，自身雖無事，妻必被辱也。更化兄爻，被姦而難望放回。

妻去生扶，只爲貪財翻作禍；

鬼動最喜衰絶，若有財動生扶，必因貪財惹禍。世以己言，應以人言。

子來沖動，皆因兒哭惹成災。

鬼静最吉，若被子孫沖動，必有小兒啼哭，因而知覺，乃被其害。福旺官衰不妨。

得值六親生旺，雖險何妨；如臨四絶刑傷，逢屯即死。

用爻遭剋，必有灾咎。若受傷之爻，如值生旺，不致傷命，惟怕臨于絶地。若遇衰弱，一剋即倒，必致喪命也。

世遇亂離，既已逐爻而決矣；時遭患難，亦當隨象以推之。

平居無事，何暇占卜？或刑罰所加，户役所累；或官府捉拿，仇家報復；或禍起于無辜，殃生于不測。苟不避之，終爲所害，是以不能無避害之占也。然大概與避亂相似，故併附列于此。

最怕官爻剋世，則必難迴避；

凡脱役避禍，遇鬼動傷世，皆不能避，持世亦然。若鬼空絶静，如伏于世下者，目下無事，後當令恐復發覺。

大宜福德臨身，則終可逃生。

子孫能制鬼，爲解神。若臨身世，或在旁爻發動，或值月建、日辰，雖遇官鬼，亦不妨事。大怕空亡墓絶受制。

官化父沖，必有文書挨捕；

旺父發動，名已入册，或有官批在外。鬼爻亦動，事體緊急。父化官、官化父，刑剋世爻者，必着公差挨捕。

日沖官散，必多親友維持。

官動固難逃避，若得日辰、動爻沖散剋制之，必有心腹親友與我周旋解釋。

鬼伏而兄弟沖提，禍由骨肉；

官伏而被兄弟沖飛提拔者，或兄弟沖動、鬼來刑剋者，是自家骨肉搜踪捕跡，恐難逃避也。

官静而旁爻刑剋，事出吏書。

鬼静而卦中動爻刑剋世爻者，乃是下役及仇家陷害也。若化兄爻，彼欲索詐財物。

應若遭傷當累衆，

官鬼傷剋應爻，必然累及他人，月建、日辰亦然。

妻如受剋定傷財。

如遇兄動，必主破費財物。

偏喜六爻安靜，

六爻不動，官爻無沖併者，患難可避，户役可脱。

又宜一卦無官。

無鬼則無官主張，事必平安。空亡亦吉。

或身世之逢空，

世身空亡，百事消散。總有鬼動，亦不妨事。

或用神之得地。

用神旺相，而無刑沖剋害，不化死墓空絶，皆爲吉兆。

天來大事也無妨，海樣深仇何足慮？

此二句，總結上文四節而言。卦中有一吉神，決然無事也。

事有百端，理無二致。潛心玩索，若能融會貫通，據理推占，自得圓神不滯。

逃亡

寬以禦衆，侮慢斯加；嚴以治人，逃亡遂起。故雖大聖之有容，尚謂小人之難養。須察用爻，方知實跡。

用爻者，如占奴婢妻妾逃亡，看財爻類是也。

若臨午地，必往南方；或化寅爻，轉移東北。

用爻安静，以所臨之地爲逃去之向，故云臨午是南方。如用爻發動，以變爻定方向。轉移者，轉往一方也。即如午變寅爻，定然先往正南，後往東北也。

木屬震宫，都邑京城之内；金居兑象，庵院寺觀之中。

用神如臨震宫木爻，必在郡邑。如臨九五，必往京城。若用臨兑宫金象，必避在庵院寺觀之中。

鬼墓交重，廟宇中間隱匿；休囚死絶，墳陵左右潛藏。

用持鬼墓，其人必隱廟宇之中。用臨死絶，必藏身于墳墓左右也。

如逢四庫，當究五行；

四庫，即辰戌丑未四支。如用爻屬木，卦有未動類。如辰爲水土庫，必在水邊。戌爲火庫，在寺廟側。丑爲金庫，在銀鐵匠家。未爲木庫，在園林柴草間，或木工篾匠之家。凡占逃亡盗賊，若遇墓爻，決難尋見，直待沖破墓爻日月，方可得見也。

倘伏五鄉，豈宜一類？

卦無用神，須看伏在何爻下，便知其人在於何處。如伏鬼下，在官倉官庫之中；旺加月建，在官户家；休囚無氣，在公吏家。伏父母下，在叔伯父母家，不然，在手藝家。伏兄下，在兄弟姊妹及相識朋友家。伏財下，在奴婢妻妾陰人處。伏子下，在寺觀及卑幼處也。又如伏於鬼墓下，不在廟宇中，則在寺庵内。又如伏於財庫爻下，不在倉庫中，則在富豪家也。

木興水象，定乘舟楫而逃；

用爻屬木，在坎宫動者，必乘舟逃去。木化水，水化木，或木在水宫動，或水動木宫者，皆然。

動合伏財，必拐婦人而去。

用爻動來與本宫財爻作合，其人必拐婦人逃去。財若伏於世下，必是妻妾；在應爻下，乃是鄰家婦女。

内近外遠，生世則終有歸期；

用爻在本宫内卦，人在本地；在本宫外卦，在本府別縣；他宫内卦，外縣交界處；他宫外卦，外府州縣；如在六爻，遠方去矣。最喜生世、合世、持世，其人雖去，日後當自歸來，尋亦易見也。

静易動難，坐空則必無尋路。

用爻不動，其人易尋。動則遷移無常，指東言西，或更名改姓，必難尋獲。若落空亡，杳無踪跡。

合起合住，若非容隱即相留；

用静逢合則合起，用動逢合則合住。若日辰、動爻合起用神，必有窩藏容隱相留。要知相留容隱之人，以合爻定之，如在子孫爲僧道、父母爲尊長類。合爻與世沖剋，決不來報。

沖動沖開，不是使令當敗露。

静爻逢沖爲沖動，動爻逢沖爲沖開。用爻遇動爻、日辰沖動，家中必有人使令逃亡者，如父母是尊長類。

動爻刑剋，有人阻彼登程；日建生扶，有伴糾他同去。

用爻逢沖，被人喝破；遇剋，被人捉住。有扶、有併、有生，有人糾他同去。已上刑剋等爻與世有情，必來報我。

間爻作合，原中必定知情；

間爻爲原保人，無保，以鄰里斷之。如與用爻相合，必知其情。更與世爻沖剋，必是此人誘去。

世應相沖，路上須當撞見。

世應俱動相沖，在途撞見。用爻與世動沖亦然。世爻動剋用爻，或世旺應衰，必然擒拿。應旺世衰，或用爻剋世，雖能遇見，不能捕之。

無沖無破居六位，則一去不回；有剋有生在五爻，則半途仍走。

用爻不受刑沖剋害，又不生合世爻，而世爻不剋用爻者，是逃者不思歸，尋者不得見，乃一去不回之象。若動爻、日辰剋制用爻，是可擒之兆。若遇變出之爻反生合用爻者，主捕後仍被逃走。

主象化出主象，歸亦難留；

卦有用爻，不宜化退神，謂之化去，必難捕獲。若被世爻、動爻、日辰剋制，縱捉回之後，亦難久留。

本宮化入本宮，去應不遠。

本宮仍化本宮卦者，譬如乾卦化入姤、遁、否、觀等本宮卦也，主其人逃在本處地方，必不遠出。若用爻在他宮動，而又化入他宮者，遠去又轉方也。

歸魂卦用仍生合，不捕而自回；游魂卦應又交重，能潛而會遁。

得歸魂卦，彼意歸切。若生合世爻者，彼必自歸，尋之易見。遇游魂卦，其人必無歸意，能潛會遁，尋必難見。

世剋應爻，任爾潛身終見獲；應傷世位，總然對面不相逢。

世剋用，是我制他，去不甚遠，尋之易見；用剋世，是他得志，自由之象，尋之難見。

父母空亡，杳無音信；

父母主信，逢空則無信。如動來生世合世，定有報信人來也。

子孫發動，當有維持。

子孫臨身世，自然去必順利。如得日辰生合世爻，必有維持，總有逆事，不能爲害。此言逃人自卜也。

衆煞傷身，竊恐反遭刑辱；

動變日月，刑沖剋害世爻者，謂衆煞傷身也，反遭刑辱，不逃者吉。

動兄持世，必然廣費貲財。

兄弟持世，費財可尋，費財可逃。若加玄武，旺動剋世，須防有人劫騙。

父動變官，必得公人捕捉；

父化官，官化父，或官父俱動，必須興詞告官，差捕可獲也。

世投入墓，須防窩主拘留。

凡遇世爻入墓者，反被拘留人之辱，或後有灾病。

世應比和不空，必潛于此；

凡卜逃人在此處否，須得世應生合、比和，用爻出現不空，必潛於此處。

世應空亡獨發，徒費乎心。

世空則去尋不緊，用空尋亦不見，世應俱空，必主無可尋處空回。兄弟獨發，虚詐不實，亦尋不見也。

但能索隱探幽，何慮深潛遠遁？

失脱附盗賊、捕盗、捉賊

民苦飢寒，每有穿窬之輩；勿忘檢束，亦多遺失之虞。要識其中之得失，須詳卦上之妻財。

財爻爲所失物之主，如得沖中逢合，失必可得；如合處逢沖，既失不能復得矣。

自空化空，皆當置而勿問；日旺月旺，總未散而可尋。

用爻自空，或動化空，皆難尋見。若財值月令，或在日辰生旺之地，此物未散，可尋也。

内卦本宫，搜索家庭可見；他宫外卦，追求鄰里能知。

財在本宫内卦，其物未出家庭，可見。財在他宫外卦，物已出外，難得。在間爻，鄰里人家可尋。

五路四門，六乃棟梁閣上；

此指六爻，言其大略。用神在五爻，道路可尋；在四爻，門户可尋；在第六爻，梁閣上可尋。學者不可執泥，宜當活潑。

初井二竈，三爲閨閫房中。

如用臨初爻子亥水，井中可尋；在二爻，竈前可尋；在三爻，房内可尋。如伏三爻官鬼下，神堂内可尋。

水失于池，木乃柴薪之内；土埋在地，金爲磚石之間。

財臨水爻，物在池沼。財臨木爻，竹木樹林柴薪内。財臨金爻，旺相，在銅鐵錫器中；休囚，缸甏罐瓶内。外卦旺相，磚石内；休囚，瓦礫中類。

動入墓中，財深藏而不現；

倘用爻入墓化墓，或伏墓下，必在器物中。要知何日見，須待沖墓之日。

静臨世上，物尚在而何妨？

凡占失脱，用爻不宜動，動有更變。若得安静持世、生世、合世，其物皆主未散，必易尋得，生旺不空尤妙。

鬼墓爻臨，必在墳邊墓側；

用臨鬼墓，其物必在寺廟中，無氣則在墳墓内。如係本宫内卦，則在柩傍，或在坐席上。更加螣蛇，恐在神圖佛像之前。在三爻，香火堂中類。

日辰合住，定然器掩遮藏。

用爻發動，遇日辰合住，必然有物遮藏。沖中逢合必得，合處逢沖難尋。

子爻福變妻財，須探鼠穴；酉地財逢福德，當檢雞栖。

財化福、福化財，其物必在禽獸巢窟中。如值子爻，是鼠啣去，更在初爻，在地穴。寅是猫啣，丑在牛欄，午在馬廄，未在羊牢，酉在雞栖，亥在猪圈類也。有合則在内，無合則在旁。

鬼在空中，世動則自家所失；

卦無官，或落空，而世爻動者，乃自遺失，非被人偷去也。

財伏應下，世合則假貸于人。

官鬼或空或伏，或死絶不動，而財臨應上或伏應下，乃自借於人也。要知何人假借，以應臨六親定之，如臨子爲卑幼類。

若伏子孫，當在僧房道院；如伏父母，必遺衣笈書箱。

用不上卦，須尋伏于何處。若伏子孫爻下，物在寺院，或卑幼處。如伏父母下，物在正屋中，或在尊長處。無合衣服書卷中，有合衣箱書箱内。若伏兄下，本宫兄弟姊妹處，他宫相識朋友處。

在内則家中失脱，在外則他處遺亡。

用爻在内卦，失于家中；用爻在外卦，失於他處。

財伏逢沖，必是人移物動；

財伏卦中，遇動爻、日辰暗沖者，若鬼爻衰静，其物被人移動，非人偷也。

鬼興出現，定爲賊竊人偷。

鬼不上卦，或落空，或衰絶不動，皆不是人偷。遊魂卦，多是忘記。若鬼爻變動，方是人偷。

陰女陽男，内卦則家人可決；生壯墓老，他宫則外賊無疑。

鬼爻屬陽，男子偷；屬陰，女人偷；陰化陽，女偷與男；陽化陰，男偷寄女。生旺，壯年人；墓絶，老年人；胎養，小兒偷；帶刑害，有病人偷。本宫内卦，家中人偷；他宫内卦，宅上借居人偷，或家中異姓人偷。

乾宫鬼帶螣蛇，西北方瘦長男子；巽象官加白虎，東南上肥胖陰人。

此指八卦以定方向，六神以定賊形。如鬼在乾宫，西北方人；在巽宫，東南方人。帶螣蛇，身長而瘦；加白虎，旺相賊必肥大，休囚瘦小。餘皆倣此。

與世刑沖，必是寃仇相聚；與福交變，必然僧道同謀。

鬼爻與世刑沖，其賊向有仇隙者。與世生合，乃是兼親帶故之人。鬼化子、子化鬼，必有僧道雜在其中。

鬼遇生扶，慣得中間滋味；

鬼爻無氣，又臨死絶，若遇動爻、日辰扶起者，此賊慣得其中滋味。帶月建是强盜，加太歲是積賊。

官興上下，須防裏外勾連。

卦有兩鬼，偷非一人。俱動，是外勾裏連。内動外静，是家人偷與外人。外動内静，家中人有知情。

木剋六爻，窬墻而入；金傷三位，穿壁而來。

木鬼剋土，窬墻掘洞。金鬼剋木，割壁鑽籬。火鬼剋金，劈鐶開鎖。水鬼剋火，灌水滅燈。土鬼剋水，涉溪跳澗。木火交化，明燈執杖。要知何處進入，以鬼剋處定之。如木鬼剋六爻，踰垣而入；剋初爻，後門掘洞而進也。

世去沖官，失主必曾驚覺；

世衝鬼爻，失主知覺。應沖鬼爻，他人知覺。旁爻沖鬼，旁人知覺。

日來剋鬼，賊心亦自驚疑。

鬼被日辰、動爻刑剋，彼時賊心驚疑，賊必捕獲。

子動丑宫，問牧童必知消息；福興酉地，見酒客可探情由。

子動，必有人撞見，詢之可知消息。如在子爻，可問科頭男子或捕魚人。在丑爻，可問牧童、築墻等人。在寅爻，是木客、木匠、擔竹木器等人。在卯爻，問織蓆、賣屨、挑柴、斫草等人。在辰爻，問開池、鑿井、傍河鋤地等人。在巳爻，問穿紅女子，或弄蛇乞丐人。在午爻，問燒窑、乘馬、討火、提燈等人。在未爻，問挑灰、耕種、牧羊等人。在申爻，問銅銕匠或弄猴人。在酉地，問針工、酒客、捉雞等人。在戌爻，問挑泥、鋤地、牽狗等人。在亥爻，擔水、踏車、洗衣、沐浴等人。

兄動刼財，若卜起贓無處見；

卜起贓及尋物，若見兄動，皆主財物失散，終難尋覓。

官興剋世，如占捕盜反傷身。

凡占捕盜，要世旺鬼衰、世動鬼静，則易于捕獲。若鬼爻乘旺，動來刑剋世爻，須防反被其害。

世值子孫，任彼强梁何足慮；

子爲捕賊之人，若旺動或臨世，或日月臨之，則鬼有制，賊必可獲。總凶惡强盜，不足畏也。

鬼臨墓庫，總能巡捕亦難擒。

鬼爻入墓及化入墓，或伏墓下，皆主其賊深藏難捕。得動爻、日辰破墓，可獲。

日合賊爻，必有窩藏之主；

鬼爲賊爻，捕盜遇合賊，必有人窩藏，不能得見，待沖合之日可獲也。

動沖鬼煞，還逢指示之人。

鬼爻遇沖動及受剋，必有人指示賊隱之處。

卦若無官，理當論伏；財如發動，墓處推詳。

捕盜無官，賊必隱跡，須看伏在何爻之下，便知賊在何處。如伏財下，在妻奴家類。若動爻有化出者，即以變爻論之，不須看伏。若卜起賍，見財爻發動，看其墓在何處，便知藏囥何方。

伏若剋飛，終被他人隱匿；飛如剋伏，還爲我輩擒拿。

此伏只論鬼爻，此飛只論世爻。如鬼伏世下剋飛，終難擒獲；如世剋伏，必可擒挐。

若伏空爻，借賃屋居非護賊；

鬼伏空爻下，賃屋居住，非是窩藏，或潛住他家，亦非容隱，後終敗露。

如藏世下，隄防竊盜要留心。

凡占防盜，最要鬼爻衰静及空，或日辰沖散，或子孫剋制，皆爲吉兆。若鬼爻無制，動剋世爻，當受其害。若鬼伏世下，目下雖無事，至其出透時，宜隄防累及。

倘失舟車衣服，不宜妻位交重；或亡走獸飛禽，切忌父爻發動。

失脱不可專以財爲用神。若失舟車、衣帽、文書、章奏，則以父母爲用爻，故忌財動。若失飛禽走獸，則以子孫爲用爻，故忌父動受剋，則難尋覓。學宜通變。

卦爻子細搜求，盜賊難逃捉獲。

新增痘疹

六氣司天，寒暑灾祥之感應；五行迭運，痘痧瘡疹之流行。欲問安危，須憑易卦。先察用象旺衰，次究忌神動静。生扶拱合，痘長靈根；剋害刑沖，花遭妬雨。父動則護持乎兄弟，兒孫安得云宜；兄興則爲難于妻奴，子姪喜其相遇。最吉者官安用旺，最凶者鬼旺忌興。

凡卜痘痧，必先分别用神、原神旺衰，次究忌神、仇神動静。如卜兄弟出花，以兄弟爻爲用神，父母爻爲原神，動而生之是吉。倘卜子姪，以子孫爻爲用神，父動則剋子是凶。如卜妻奴婢妾，以財爻爲用神，兄動則剋財矣。凡卜子姪，喜遇兄弟動也。官鬼爲痘花，不宜傷損，亦不宜動，動恐變壞。如遇刑沖剋害、伏藏等象，是險逆之症也。即勉强起發，亦難收功。

如用神旺相，官鬼安静，而得生扶拱合者，是順症而無憂虞也。

用得長生，百年之内保無慮；

用神長生於日辰，或化長生者，雖百年之内無憂，目下何必慮之？

原臨死絶，一月之外終有害。

如用神休囚再受傷尅，又遇原神臨於死絶之處，旦夕難延。若用神出現旺相，而原神静逢死絶，或動化傷尅者，目下得令，雖見收功，出月退炁，仍有不測之害也。

官强而痘難開朗，福旺則花必稀疏。

官鬼爻爲痘症，宜静不宜動，動則有變。静而衰者痘稀，旺而動者痘密。福神爲痘花之主，亦宜安静有氣，最忌動化傷尅。若得福旺官衰，痘花定然稀朗，必好收功也。

墓庫不宜臨用，

痘喜起發，既發又喜神清，若用神入墓庫，初難起發，後必神思昏倦，主難收功也。

休囚豈可持身？

出花之人，宜於體旺，則易收功。如用神休囚，必是體弱，再無原神日月生扶者，後亦有變。

卦現官多，防賊痘之爲禍；

官鬼不宜多現，多則痘分粗細。如無子孫出現，恐痘密之中間有毒痘，其名曰賊痘。如不去之，則害一身痘矣。

爻臨福衆，慮進補以招殃。

子孫之爻，不宜多現，只要旺相有氣。如多現，不宜用補藥、食補物。若用補，反恐有害也。

亂動皆非吉，伏吟亦是凶。

諸卦皆怕亂動，何況于痘花？凡占皆畏伏吟，豈獨于痘症乎？

子孫發現，當勿藥而自痊；父母交重，縱延醫而難治。

如子孫發動，不遇日月動變傷剋者，倘卜用藥，當許立效，故喻之不藥而能愈也。

財動卦中，宜調脾胃；

財爲飲食，宜旺不宜空，空則不思飲食；宜静不宜動，動則生助官鬼。恐因多食而傷脾胃，故須調養。

兄興象内，須理胸懷。

財爲調理之物，兄爲氣悶之神。如遇兄弟爻發動，動則傷剋財爻，主飲食少進，或乏于調理。如在間爻，宜寬胸理氣。如臨朱雀，必感怒而不思飲食。

貪口腹而增憂，多爲幫官傷世；

財爻發動，則生官鬼，若卦中又見官鬼發動，而剋世身主象者，必因貪口腹以致增病，或未出痘之前已停食也。

愛滋味而進食，定因助福生身。

兄弟本是剋財，動則不思飲食，若得子孫亦動，動來生世身用象者，謂之助福生世，主出痘之人初不思食，因愛一味，引開胃口，始能進食也。

卦遇六沖難起發，爻逢六合好收功。

凡卜近病，喜遇六沖，謂之沖散灾殃。惟卜痘症則不然，謂之花逢沖則敗，猶如妬雨侵花，初難起發，後不收功。如遇六合卦，或用神逢生合，則易起發，必好收功也。

悶而不發，皆緣用伏加傷；發而不漿，只爲官空增制。

用神出現，不遇日月動爻刑沖剋害，是大吉之兆。如用神伏藏，再受日月動爻刑沖剋害者，必是悶症，難過四五朝者，屢驗。如官爻旬空、月破，又遇日辰、動爻剋害者，痘縱起發，在七八朝恐不灌漿，難于收功也。

原神若壞，縱用現兮不祥；主象受傷，得救護兮無碍。

原神者，生用神之爻也。如原神旬空，或伏藏而無傷剋者，主症虚體弱，非補不能起發。既起發，主無力灌漿。若原神值真空真破，或伏而受傷太過，或化回頭剋傷，謂之原神受傷，用神無根，焉能得生？非吉祥之兆也。如主象逢傷剋，而遇原神臨月建、日辰、動爻救護者，痘症雖險，可斷不妨。學者宜變通。

福鬼若值青龍，方宜種痘；

或子孫爻臨青龍，或官鬼爻臨青龍，不遇日月動爻刑沖剋害者，如卜種痘，爲大吉之兆；如官爻旬空或伏藏，福神不值青龍，縱種痘而不出也。

用煞如臨白虎，且慢栽花。

或用神臨白虎，或忌神臨白虎，用神受日月動變爻刑沖剋害者，不宜種痘，恐反被害耳。

玄武沖世沖身，污婦魘而作變；

玄武臨財爻，動來沖世身用象者，主因污婦沖魘，以致痘花作變。如玄武臨應爻，動來沖世身主象者，因外人闖魘作變也。

白虎臨官臨用，火毒甚而未清。

白虎是血神，如臨官鬼，或臨用神，而遇日月動爻刑沖剋害，若非生痰，定是結毒。如在乾宮，毒結頭面，坤腹、震足、巽股、艮手、離目、坎耳、兑口等，類推之。

身上虎，須向五行言帶疾；

大凡卦身一爻，主痘人始終之事。若臨福德吉神，主無痘毒。如臨官鬼，必有結毒成疾之處。如遇金鬼，係肺經火毒未清，鼻孔内生瘡，或左耳帶疾。如臨木鬼，係肝經火毒未清，主兩目内出痘，或右耳帶疾。如遇水鬼，係腎經火毒未清，主兩耳乾枯，嘴唇帶疾。如官鬼屬火，係心經火毒未清，舌上乾焦，主帶目疾。如官鬼屬土，係脾經火毒未清，主口如魚口，鼻梁帶疾。已上官鬼所屬臨持卦身，如值休囚，見福神發動者，用藥可愈。如無福神剋制，反加白虎附持，則有損矣，乃終身之疾也。

爻中煞，當憑八卦論週身。

如虎鬼居乾宫，則帶疾在頭。如居兑象，則帶疾在面。如居震卦，帶疾在足。如居巽宫，則帶疾在股。如居坎卦，則帶疾在耳。如居離卦，則帶疾在目。如居艮卦，則帶疾在手。如居坤卦，則帶疾在腹。已上八宫所值鬼爻，如遇福神剋制，則醫治易愈，如再加白虎持臨，定成終身之疾也。

金爲肺腑，增疼增嗽非宜；火屬心經，發喰發斑大忌。

官鬼屬金，毒發肺部，主身體作痛或咳嗽，第防鼻搧。如官鬼屬火，毒發心經，乃火毒之症，初起防發斑，繼防發喰及舌頭縮硬。衰静者輕，旺動者重。

木鬼乃風邪未表，水官而寒食尚停。

木能生風，故主風邪。如官爻屬木，必因未表風寒，肝經受毒，防喰喘發癢及兩目直視。如官爻屬水，毒發腎經，防腰疼及兩耳焦乾，尚有寒食停積，發熱縮漿。

麻面官乘四土，破碎位遇三沖。

官鬼爲痘花，如臨辰戌丑未四土，土屬脾經，脾經主痘粗扁多密，故云麻面，防口如魚口。如官爻遇年月日三建沖者，灌漿後防破碎洩氣。

玄武主陰虚黑縮，勾陳應脹悶黄浮。

玄武臨官爻，或臨忌神，及陰虚之症，防縮漿黑陷。勾陳若附鬼爻，主脹悶黄浮。

騰蛇木擺似驚風，朱雀火炎真血熱。

騰蛇臨木爻官鬼，主初起未見點時，似乎驚風。若卦中官鬼屬火，又臨朱雀，是血熱火毒之症，須用大黄、黄連等劑，必清火瀉毒，方能有救。如遲服，則斑甚，痘隱焦黑，不能挽回也。

白虎同忌煞交重，哭聲將至；

白虎臨忌神發動，剋傷用神，又無原神救護者，立見其危。

青龍會恩星發動，慶賀齊來。

青龍臨原神發動，生合用神，痘必收功也。

定死活于五行生剋之中，決輕重于六神臨持之上。

生死全憑生剋，輕重兼看六神，此節乃一章之大旨也。

兒孫滿目，未出花，躭許多憂慮；金玉滿堂，失教訓，枉費盡心機。

卜筮正宗卷之十二

古吴洞庭西山王維德洪緒註

出行

人非富貴，焉能坐享榮華？苟爲利名，寧免奔馳道路？然或千里之迢遥，夫豈一朝之跋涉？途中休咎，若箇能知？就裏災祥，神靈有準。父爲行李，帶刑則破損不中；妻作盤纏，生旺則豐盈足用。

出行以父母爲行李，旺相多、休囚少類，旺空雖有而不多，帶刑害破損舊物。妻財爲財物本錢類，旺相充滿，休囚微少。若從兄弟化出，必是合本，或是借來，非己之物也。

世如衰弱，那堪水宿風餐；

世爲自己，生旺則健，休囚則倦，所以不堪勞碌于風霜中也。

應若空亡，難望謀成事就。

應爻爲所往之處，最怕空亡，主地頭寂寞，謀事難成，不能得意而回。

間爻安静，往來一路平安；

間爻爲往來經歷所在，動則途中阻滯，若得安静，則往來平安無阻。臨財福動，途中謀望勝如地頭。

太歲剋沖，行止終年撓括。

太歲發動，沖剋世爻，其人出外，終年不利。更加白虎凶煞，尤非吉兆也。

世傷應位，不拘遠近總宜行；應剋世爻，無問公私皆不利。

世剋應，是我制他，所向通達，去無阻節。應剋世，所向閉塞，更遇動爻、日辰刑剋，更不吉利。

八純亂動，到處皆凶；

八純乃六沖之卦，六爻不和，又遇亂動，何吉之有？

兩間齊空，獨行則吉。

間爻若空，主無阻滯〔一〕，又爲伴侶。若二間皆值旬空，宜自獨行，庶免同伴之累。

世動訂期，變鬼則自投羅網；官臨畏縮，化福則終脱樊籠。

〔一〕「滯」，底本作「帶」，據緑蔭堂本改。

世爻不動，行期不定，動則期已訂矣。世應俱動，宜速行。若世動變出鬼爻，去後必遭禍患。或鬼持世，乃是逡巡畏縮，欲行不行之象。鬼化子孫，雖有災患，不足畏也。

靜遇日沖，必爲他人而去；動逢間合，定因同伴而留。

世爻安靜，遇日辰、動爻暗沖者，他人浼去，非爲自己謀也，日辰併起合起皆然。若世爻發動，遇日辰、動爻合住者，是將行而有羈絆，未能起程，間爻方是同伴羈留。欲斷行期，須逢沖日。

世若逢空，最利九流出往；

世空去不成，强去終難得意，徒勞奔走。若九流藝術及公門等人，是空拳間利，反吉。

土如遇福，偏宜陸地行程。

卦中火土爻是陸路，水木爻是水路。若臨財福吉，兄鬼凶。

鬼地墓鄉，豈堪踐履？財方父向，却可登臨。

鬼地墓鄉，財方父向，如自占卜，皆以世位而言。官鬼之方，及鬼之墓方、世之墓方，并剋世之方，此等凶方，不可踐履。宜往財福之方及生世之方，爲大吉也。

官挈玄爻刑剋，盜賊驚憂；

官鬼臨玄武，本是盜賊，若與世爻刑剋，不免盜賊之憂。

兄乘虎煞交重，風波險阻。

兄加白虎及忌神動，或鬼在巽宫，動來剋世，皆有風波險阻。

妻來剋世，莫貪無義之財；財合變官，勿戀有情之婦。

財動刑剋世爻，恐因財致禍。若世與財爻相合，而財爻變出鬼來刑剋者，故言勿貪無義之財，恐因色招殃，勿戀可免。

父遭風雨之淋漓，舟行尤忌；

父爲辛勤勞苦之神，動則跋涉程途，不能安利。刑剋世爻，必遭風雨所阻。父爲舟，剋世，行舡不利，故尤忌。

福遇和同之伴侣，謁貴反凶。

子孫持世最吉，主逢好侣，行路平安。若爲謁貴而出行，則爲不宜。子動謂之傷官，反不利矣。

艮宫鬼坐寅爻，虎狼仔細；

艮爲山，寅屬虎，若艮宫見寅鬼，是虎狼也。若不傷世，與我無害；倘或傷應，即噉他人。

卦見兄逢蛇煞，光棍宜防。

兄主劫財，若加螣蛇動，必有光棍劫拐財物，無制宜防，有制無妨。

鬼動間中，不諧同侶；

鬼在間爻動，若非伴侶不和，即是伴中有病。剋世，主自有悔。

兄興世上，多費盤纏。

兄弟爻主耗費貲財，持世則自多虚費。不臨世上，動自他人，損耗我也。

一卦如無鬼煞，方得如心；

官鬼主禍灾，故不宜見之。即如出現，或得安静，或有制伏，總見無妨。

六爻不見福神，焉能稱意？

子爲福德，又爲解神，若不上卦，或落空亡，不能制鬼，則鬼煞專權，恐有灾禍。

主人動遇空亡，半途而返；

隔手來占，須看何人出行。如卜子姪，則看子孫。主人者，用神也。餘倣此。如動遇空亡，行至半途復回。動化退神亦然。

財氣旺臨月建，滿載而回。

出行若得財爻旺臨月建，生合持世，不受刑剋，定主滿載歸家。

但能趨吉避凶，何慮登高涉險？

行人

人爲利名，忘却故鄉生處樂；家無音信，全憑周易卦中推。要決歸期，但尋主象。

主象者，用神也。卜官員看官爻，幼輩看子孫爻，妻奴看財爻，兄弟朋友看兄爻，尊長看父爻，不在六親之中者看應爻。

主象交重，身已動；用爻安静，未思歸。

主象即用爻也，動則行人已行。如用爻安静，又無日辰、動爻沖併者，安居異鄉，未起歸念。

剋速生遲，我若制他難見面；

用動剋世，或世落空亡，人必速至。生合世爻，人必歸遲。最忌世爻動剋用爻，乃未能歸也。

三門四户，用如合世即還家。

三四爻爲門户，臨用爻動，歸程已近。而用爻又無制伏，動來生合世爻者，可立而待也。

動化退神，人既來而復返；

用爻若化進神，行人急回，不日可望。化退神，行人雖來仍返，或又往他處。既來而復返者，總言不能歸也。

静生世位，身未動而懷歸。

六爻安静，人不思歸，若用爻生合世爻，身雖未動，已起歸意。

若遇暗沖，睹物起傷情之客況；

用爻安静，本無歸意，若遇日辰沖動，必然睹物思鄉，將欲回家。倘月建、動爻剋之，亦難起程也。

如逢合住，臨行有塵事之羈身。

用神發動，本是歸兆，若遇動爻、日辰合之，因事絆住，不得歸來，須待月日沖之可到。遠斷年月，近斷日時。

世剋用而俱動，轉往他方；

不宜世剋用爻，若安静受剋者，原在舊處。若發動，人已起程。如被動世剋之，而用爻亦動者，則轉往他處。

用比世而皆空，難歸故里。

世爻旬空者速至，如用爻亦值旬空，縱世空而不能來也，不可一概而言。故曰：「用比世而皆空，難歸故里。」

遠行最怕用爻傷，尤嫌入墓；

凡卜遠行，若用神出現，不受傷剋，不值真空真破，主在外吉利，歸遲無妨。若逢墓絶，及日月動變刑剋，皆主不吉。

近出何妨主象伏，偏利逢沖。

近出若用爻伏藏，必因事故不歸，值日便到。如安静，至沖動日到。如旬空安静，至出旬逢沖日到。

若伏空鄉，須究卦中之六合；

用神若伏不空之飛爻下，須待沖飛之日可來。如伏空爻之下，得日辰、動爻合之即出。速則當日來，遲則值日到。

如藏官下，當參飛上之六神。

用爻伏于官爻下，必爲凶事所羈，臨勾陳蹼跌損傷，臨螣蛇勾連驚恐，臨白虎或官鬼属土，卧病不歸，臨玄武盜賊所阻，或貪色不歸。其餘下文引證類推之。

兄弟遮藏，緣是非而不返；

用爻伏于兄弟下，必因賭博，加朱雀是口舌争鬭，臨白虎爲風波所阻。

子孫把持，由樂酒以忘歸。

用爻伏于子孫下，必爲遊樂飲酒，不然因僧道，或六畜，或子孫幼輩之阻，不得歸也。

父爲文書之阻滞，

用爻伏于父爻下，必爲文書阻節，或因尊長、手藝人拘留。

財因買賣之牽連。

用爻伏于旺財下，必爲經營買賣得利忘家。財若空亡，或遇兄動，多因折本。若加咸池，定然戀色而忘歸。

用伏應財之下，身贅他家；

用爻伏于應位陰財之下，必贅他家。若臨陽象，生合世身，必代他人掌財不返。

主投財庫之中，名留富室。

用爻伏于財庫下，其人必在富家掌財。伏神如遇墓絶，則是依傍度日耳。

五爻有鬼，皆因途路之不通；

用爻伏于五爻官鬼之下，必因關津不通而阻也。

一卦無財，只爲盤纏之缺乏。

卦中動變日月皆無財爻者，爲無路費不歸。

墓持墓動，必然卧病呻吟；

用爻入墓化墓，或持鬼墓，或伏于鬼墓爻下者，皆主病卧不回。若伏官爻下，或臨白虎，必在獄中，非病也。

世合世沖，須用遣人尋覓。

用爻安静，而世動衝起之，合起之，用爻伏藏，世去提起，若用爻入墓，世去破墓，皆宜自〔一〕去尋覓方回。

合逢玄武，昏迷酒色不思鄉；

或用臨玄武動而遇財爻合住，或用伏玄武財下，皆主貪花戀色，不思鄉也。待沖破合爻，庶可歸來。若用伏玄武鬼下，而財爻不相合者，其人在外爲賊，不歸也。

卦得遊魂，漂泊他鄉無定跡。

遊魂卦用爻發動，行人東奔西走，不在一方。遊魂化遊魂，行跡不定。遊魂化歸魂，遊偏方歸。

日併忌興休望到，身臨用發必然歸。

忌神臨身世，或日辰剋用，皆主不歸。若得用臨身世，出現發動，或持世動，立可望歸。

父動卦中，當有魚書之寄；

凡占書信，卦有父母爻動，主有音信寄來。

〔一〕「自」，底本作「目」，據緑蔭堂本改。

財興世上，應無雁信之來。

獨占書信，以父母爻爲用神，若世持財動，則剋父矣，故無雁信之來也。

欲決歸期之遠近，須詳主象之興衰。

斷歸期，全在合待沖、沖待合、空待出旬、破待補合、絶待逢生、墓待沖開等法，當以如是推詳。要知遠近，兼決于旺衰可也〔一〕。

動處静中，含蓄許多凶吉象；天涯海角，羈留多少利名人。

舟船

凡卜買船，斷同船户。

凡卜買船與僱船，斷法相同。如舟子自卜，當以船家宅斷之，又非此斷法也。

六親持世，可推新舊之由；

凡推船之新舊，當以六親持世決之，財福是新，父母是舊，兄弟是半新舊，官鬼多灾驚。兼以衰旺決之。

〔一〕「旺衰可也」，底本作「衰可」，據緑蔭堂本改。

諸鬼動臨，可識節病之處。

金鬼釘少，土鬼灰少，木鬼有縫，水鬼有漏，火鬼有燥裂。

初二爻爲前倉，要持財福；五六爻爲後舵，怕見官兄。

初二爻爲前倉，三四爻爲中倉，五六爻爲後舵。

父作梢公，不宜傷剋；

卜船以父母爲舟船，卜駕掌以父母爲梢公。要旺相生合世爻爲吉，如發動傷剋世爻爲凶。

龍爲船尾，豈可空刑？

青龍爲船尾，臨財福旺動，持世、生合世，皆主利益稱意。

螣蛇辨索纜之堅牢，

螣蛇爲索纜，休囚值旬空則枯爛，旺相持吉神則堅牢。

白虎爲帆檣之順利。

白虎屬風，故取爲風帆，若生旺帶財福吉神，動持生合世身，則船有好帆，使風順快。若白虎帶凶鬼惡煞，旺動剋害世身，或卦得反吟，主遭失風傾覆之患。

六爻皆吉不傷身，四海遨遊無阻滯。

六爻生合財福吉神，又生旺持世持身，動爻又不來傷剋，則無往不吉，雖遠遊于四海五湖，亦皆順利也。

娼家

養身于花柳之家，曰娼曰妓。識禍福于幾微之際，惟蓍惟龜。花街托迹，柳巷安身。門外紛紛，總是風流子弟；窗前濟濟，無非歌舞佳人。若要安寧，必得世無衝剋；欲求稱意，還須應去生扶。

凡娼家卜住居、家宅、生意類，皆以世爲主娼之人，應爲宿娼之客。若月建、日辰、動爻俱不刑沖剋世，必主家宅吉利，人口安寧。更遇應來生合，十全之好，凡事遂意。

卦見六沖，往來亦徒迎迓；

沖者，散也。如得六沖卦，或合處逢沖，不但往來之客無惠，更防驅逐不安。

爻當六合，晨昏幸爾盤桓。

得六合卦最吉，蓋合則情分相投，必主人多顧戀，内外和同，家門雍睦。

財若空亡，錢樹子慎防傾倒；

財爲娼妓，若值真空或衰絶受剋，主妓女喪亡。財若重疊，妓女必多。旺相則顔色美麗，衰弱則容貌不妍，刑則有病。日月動爻無生無合，主人不眷戀。

官如墓絶，探花郎那得棲遲。

官爲宿客之主，若動來生合世爻，必多商客下顧，更得日辰生扶，必有貴人招接，惟不宜空亡墓絶。

妻財官鬼二者，不可相無；

無財主無出色之女，無官主無貴客招接，錢財破耗。若財官俱無，或一空一伏，是時運不濟也。

財鬼父兄子孫，皆宜不動。

常人占宅，宜子孫動，惟妓家動則傷官。若鬼動，子孫亦宜動也。最喜六親安静，故曰皆不宜動也。

鬼煞傷身，火盜官灾多恐怖；

鬼爻生合世爻，是宿客顧戀之象，雖動亦吉。若沖剋刑害，則是鬼煞爲禍，重則官灾火盜，輕則是非口舌。

日辰沖父，住居屋宅有更張。

父母爲住居屋宅，或被日辰沖剋，或父母化出財爻，當有更變，必住不久。

兄弟交重，罄囊用度；

兄動主生涯冷淡，破耗多端，更有生扶，則罄貲用度無了日也。

子孫藏伏，蹙額追陪。

子孫爲福德喜悦之神，娼家雖不宜動，然不可空伏，主家宅不安，住居不穩，生涯不旺。

財化福爻，家出從良之妓；

不宜財動，動則妓女走失，若逢沖剋或空動皆然。化子合應，妓有從良之志。化子生世，可稱錢樹子也。

官居刑地，門招惡病之人。

鬼帶刑爻，生合世身，多招惡疾之人來往。與世生合，與財刑沖，須防妓亦沾染。

忌動衰空，閑是閑非閑撓舌；

剋世之神發動，衰空有制者，不過閑是閑非而已，無制不吉。

財興剋世，有財有利有驚憂。

凡財爻旺相，不宜動來傷剋世爻，蓋財乃生禍之端，必然因財致禍。

能將玄理以推詳，真乃黄金而不易。

船家宅章

既明住宅之根因，再看船居之奧妙。青龍父母，祖代居船；白虎妻財，初當船户。要識平居安穩，須觀福德青龍。初是船頭，必須子孫興旺；六爲後舵，定宜福德交重。父母刑沖，必主風狂浪急；妻財剋陷，定然惹是招非。若逢兄弟交重，怪木必須重換；但遇鬼爻臨用，魘倒急宜祈祥。二爲獵木，須要堅方。若遇螣蛇，必生怪異；但逢朱雀，口舌灾殃。青龍利益加添，白虎損人招禍，玄武憂疑盜賊，勾陳耗散貲財。三爲倉口，怕逢刑沖剋害；四爲桅杆，喜遇拱合生扶。五爲毛纜，六爲櫓篷，若得相生，行船必定致富；如逢沖剋，船居多主災殃。世爻發動，宜棄舊而從新；應位興隆，宜世居而迪吉。世臨玄武，盜賊相侵；持世勾陳，翻船損舵。白虎防墮水不虞，青龍主臨危有救。螣蛇爻動，主暴病之憂；朱雀爻興，有斷桅之禍。初位逢空，船頭破損；二爻遇鬼，繩纜損傷。三爻最忌刑沖，倉内平基作祟；四位怕逢凶煞，破篷發漏須防。五爲毛纜，逢空必有憂疑；六是舵門，遇煞定當修換。若能依此而推，船居必無他事。

何知章

何知人家父母疾？白虎臨爻兼刑剋。

何知人家父母殃？財爻發動煞神傷。

何知人家有子孫？青龍福德爻中輪。

何知人家無子孫？六爻不見福神臨。
何知人家子孫疾？父母爻動來相剋。
何知人家子孫災？白虎當臨福德來。
何知人家小兒死？子孫空亡加白虎。
何知人家兄弟亡？用落空亡白虎傷。
何知人家妻有災？虎臨兄弟動傷財。
何知人家妻有孕？青龍財臨天喜神。
何知人家有妻妾？内外兩財旺相決。
何知人家損妻房？財爻帶鬼落空亡。
何知人家訟事休？空亡官鬼又休囚。
何知人家訟事多？雀虎持世鬼來扶。
何知人家旺六丁？六親有氣吉神臨。
何知人家進人口？青龍得位臨財守。
何知人家大豪富？財爻旺相又居庫。

何知人家田地增？勾陳入土子孫臨。
何知人家進産業？青龍臨財旺相説。
何知人家進外財？外卦龍臨財福來。
何知人家喜事臨？青龍福德在門庭。
何知人家富貴昌？强財旺福青龍上。
何知人家多貧賤？財爻帶耗休囚見。
何知人家無依倚？卦中福德落空死。
何知人家竈破損？玄武帶鬼二爻悃。
何知人家鍋破漏？玄武入水鬼來就。
何知人家屋宇新？父入青龍旺相真。
何知人家屋宇敗？父入白虎休囚壞。
何知人家墓有風？白虎空亡巽已攻。
何知人家墓有水？白虎空亡臨亥子。
何知人家無香火？卦中六爻不見火。

何知人家無風水？卦中六爻不見水。

何知人家兩爨户？卦中必主兩重火。

何知人家不供佛？金鬼爻落空亡決。

何知二姓共屋居？兩鬼旺相卦中推。

何知一家有兩姓？兩重父母卦中臨。

何知人家雞亂啼？螣蛇入酉不須疑。

何知人家犬亂吠？螣蛇入戌又逢鬼。

何知人家見口舌？朱雀持世鬼來掇。

何知人家口舌到？卦中朱雀帶木笑。

何知人家多争競？朱雀兄弟推世應。

何知人家小人生？玄武官鬼動臨身。

何知人家遭賊徒？玄武臨財鬼旺扶。

何知人家災禍至？鬼臨應爻來剋世。

何知人家痘疹病？螣蛇爻被火燒定。

何知人家病要死？用神無救又入墓。
何知人家多夢寐？螣蛇帶鬼來持世。
何知人家出鬼怪？螣蛇白虎臨門在。
何知人家人投水？玄武入水煞臨鬼。
何知人家有弔頸？螣蛇木鬼世爻臨。
何知人家孝服來？交重白虎臨鬼排。
何知人家見失脱？玄武帶鬼應爻發。
何知人家失衣裳？勾陳玄武入財鄉。
何知人家損六畜？白虎帶鬼臨所屬。
何知人家失了牛？五爻丑鬼落空愁。
何知人家失了雞？初爻帶鬼玄武欺。
何知人家無牛猪？丑亥空亡两位虚。
何知人家無雞犬？酉戌二爻空亡捲。
何知人家人不來？世應俱落空亡排。

何知人家宅不寧？六爻俱動亂紛紛〔一〕。
仙人造出何知章，留與後人作飯囊。
禍福吉凶真有驗，時師句句細推詳。

妖孽賦

乾蛇鬼，巳沖刑，蓬頭赤腳夜驚人，化猪化馬作妖精。多拮括，宅不寧，匿釵賴鏡損人丁。
坎蛇鬼，午來沖，没頭没尾成何用？黑而矮，又無踪，拖漿弄水空聲閧。
艮蛇鬼，若遇申，妖聲似犬夜喤喤。空中常拍手，家鬼弄家人，狗作怪，家業傾，抛磚弄瓦何曾定？
震蛇鬼，酉沖刑，空中椅桌動聞聲。踢踏响，似人行，大蛇常出現，窑器响驚人，桶箱作孽人丁病。
巽蛇鬼，亥又沖，雞聲報煬火，鬼怪起狂風。縊死之鬼擾虚空，牀下响，及房中。
離蛇鬼，子來刑，鍋釜作妖聲。空中忽見火光焰，紅衣者，是何人？年深鼀鼊已成精。

〔一〕「紛紛」，底本及光緒本均闕，據緑蔭堂本補。

坤蛇鬼，沖遇寅，鍋竈上，作妖精。似牛嘆氣似亡人，虛黄大肚鬼，出現不安寧。兑蛇鬼，受卯刑，空中嘆氣重而輕。羊出現，嚱嘴瓶，骨殖若暴露，刀石更成精，移南换北幼亡魂。

搜鬼論

子

作怪鼠咬屋，黄昏忌火灾。小兒夜裡叫，簷前禍鬼催。

丑

古墓西北方，牛欄又接倉。開土有墳穴，伏屍夜作殃。

寅

蛇虎來作怪，六畜血財亡。人口有病患，急須保安康。

卯

隔牆帶血鬼，作灾母病牀。破傘并櫥櫃，及有死人牀。

辰

雞犬竈中死，神廟不燒香。穢犯神龍位，有禍小兒郎。

巳
買得舊衣裳，亡人身上物。作怪蛇入屋，防損豕牛羊。
午
作怪鼠咬屋，不覺火燒裳。急遣白虎去，人口却安康。
未
小兒奴婢走，甑叫沸鍋湯。外來門與廚，在家作禍殃。
申
客亡鬼入屋，作怪在家堂。黄昏雞啼叫，枯木被風傷。
酉
家有鼠咬櫃，燈架不成雙。竈有三處損，咒咀一女娘。
戌
飛禽來入屋，遺糞污衣裳。竈破并鍋漏，神燈被鼠傷。
亥
公婆歸塵土，從來不裝香。小兒穢觸犯，引鬼作怪殃。

卜筮正宗卷之十三

古吴洞庭西山王維德洪緒著

整理者按：

一、本卷諸表格皆基於具體卜筮，表格中間一列展示每爻卜得之結果：「、」表示少陽，本卦、之卦皆爲陽爻，不變；「‥」表示少陰，本卦、之卦皆爲陰爻，不變；「○」表示老陽，本卦爲陽爻，之卦變爲陰爻；「×」表示老陰，本卦爲陰爻，之卦變爲陽爻。

二、表格左側一列中之子、官、兄、父、才，即六親中之子孫、官鬼、兄弟、父母、妻財，俱依卜筮所得本卦諸爻列出（可參見卷二卦爻呈象并飛伏神卦身定例）。

三、表格右側一列地支，俱依卜筮所得本卦各爻所納地支列出（可參見卷二卦爻呈象并飛伏神卦身定例），下有小字者爲化、合、空、沖、破等變化情況（化，指的是老陰、老陽情況下從本卦到之卦的地支變化情況。合，大字「合」指三合，參見卷一三合會局歌；小字「合」指當爻地支與日辰相合，參見卷一地支相合相衝。空，指空亡，亦即「旬空」，即在每旬十日按照干支記録的情況下，十個天干會全部出現，但十二地支中會有兩個輪空不出現，這兩個地支即屬「旬空」，具體使用情況參見卷一世應生剋空亡動静訣、用神空亡訣、六甲旬空起例等相關篇目。沖，亦写作「衝」，即相沖，指當爻地支與日辰相沖，參見卷一地支相合相衝。破，指月破，指當爻地支與月建相沖，參見卷一月破定例）。

十八問答 附占驗

第一問：三傳年、月、日建剋用，有一爻動來生，有一爻動來剋，亦謂貪生忘剋乎？答曰：寡固不可敵衆也，即如一爻生，一爻剋，又自化剋，皆不宜也，何況三傳助剋乎？〇又問：或月剋日生、日剋月生，何如？答曰：匹也，再看動出一爻生，是生；動出一爻剋，是剋也。

辰月丙申日，占弟病，業已臨危，得既濟之革卦。

子	、、應	兄
戌	、	官
申化亥	×	父
亥	、世	兄
丑	、、	官
卯	、	子

斷曰：此卦亥水兄弟爲用神，辰月剋之，申日生之，又得申金動爻生之，臨危有救。果于本日酉時得明醫救活，亥日全愈。

午月丁未日，占弟被訟吉凶何如，得困之恒卦。

未	、、	父
酉化申	○	兄
亥	、應	子
午	×	官
辰	、	父
寅	、世	才

斷曰：酉金兄弟爲用神，午月剋之，未日生之，似可相敵。但動出午火月建相剋，大凶之象。彼云：凶在何時？答曰：今歲辰年，太歲相合，自是無妨。化退神于申，恐厄于午年申月。果至午年申月而被重刑。

午月戊辰日，占妹臨産吉凶，得晉卦。

巳	、	官
未	、、	父
酉合	、世	兄
卯	、、	才
巳	、、	官
未	、、應	父

斷曰：酉金兄弟爲用神，月剋日生，許之無碍。明日卯時必生，母子平安。應卯時者，酉金與辰日相合也。黄金策云：若逢合住，必待沖開。此月剋日生，無增生剋也。

巳月乙未日，一人占自病，得大過之鼎卦。

未化巳	×	才
酉化未	○	官
亥	、世	父
酉	、	官
亥	、	父
丑	、、應	才

斷曰：世爻亥水爲用神，未土動來剋世，酉金動來生世，是謂貪生忘剋，化凶爲吉矣。但不宜日辰來剋，又逢月沖，雖有酉金原神發動相生，如樹無根，生不起也。果卒于卯日。應卯日者，沖去原神之日，忌神共來剋害也。

申月戊子日，占墳地，得剥卦。

寅	、	才
子	、、世	子
戌	、、	父
卯	、、	才
巳	、、應	官
未	、、	父

斷曰：日辰子孫持世，月建生之。青龍戲水，水必從左遶，穴必近大水，不然長流之水到堂。白虎臨卯木，子卯刑中帶生，是臨財爻，爲無碍。應爲朝山屬火，被世剋，朝山不高。世前戌土爲對案，土剋世，對案略高。彼曰：一一皆是。葬後未出三年，二子皆發科甲。

第二問：何以謂之回頭剋？剋者有吉凶乎？答曰：土爻動而變木，木爻動而變金，金爻動而變火，火爻動而變水，水爻動而變土，此是爻之回頭剋也。乾、兑卦之離，離之坎，坎之艮、坤，艮、坤之震、巽，震、巽之乾、兑，此是卦之回頭剋也。凡遇回頭剋者，徹底剋盡，原、用二神遇之則凶，忌、仇二神遇之反吉也。

卯月癸亥日，占家宅人口平安否，得需之乾卦。

子化戌	×	才
戌	、	兄
申化午〔一〕	×世	子
辰	、	兄
寅	、	官
子	、應	才

斷曰：申金子孫持世，化午火回頭之剋，乃自身及子孫皆受剋也。子水財爻化戌土回頭之剋，財爲妻妾奴僕，一家受剋之卦。後至午月火旺剋世，助土剋財，財逢月破，一家數口，被回禄俱死。

寅月辛酉日，占開店，得艮之明夷卦。

寅化酉	○世	官
子	、、	才
戌	、、	兄
申	、應	子
午	、、	父
辰化卯	×	兄

〔一〕「午」，底本及光緒本作「巳」，緑蔭堂本闕，據「化」例及下文斷辭「化午火回頭之剋」改。

斷曰：世臨寅木，得令當時，目下開張可許。獨嫌日主剋世，又化回頭之剋，鬼臨世爻，須防疾病，至六月世入墓時當防。果至六月病，至八月店中財物被夥計盜盡，嗚之于官。

申月戊午日，一人占自久病，問過得今年否，得遁之姤卦。

父	、	戌
兄	、應	申
官	、	午
兄	、	申
官	×世	午化亥
父	、、	辰

斷曰：世爻午火臨日辰，可稱旺相，但不宜申月建生助亥水回頭一剋。此人至亥月戊日而故。應亥月者，午火乃日辰之火，彼時亥水不得令，不敢剋也。戊日者，火庫在戌也。

卯月乙未日，一人占賣貨，得家人之小畜卦。

卯	、	兄
巳	、應	子
未	、、	才
亥	、	父
丑化寅	×世	才
卯	、	兄

斷曰：丑土財爻持世，卯月剋之，未日沖之，謂之散。又化寅木回頭之剋，不獨財被剋，而世亦遭傷矣。後至未月世值月破，回祿傷身而死。

酉月丙寅日，占何日雨，得升之師卦。

酉	、、	官
亥空	、、	父
丑	、、世	才
酉化午	○	官
亥空	、	父
丑	、、應	才

斷曰：亥水父爻爲用神，值旬空，酉金官鬼爻是原神，化午火回頭之剋，旬內不雨，至子

日有幾點小雨。應于子日者，沖去午火仇神故也。雨小者，旬空無根也。

卯月戊辰日，一人占父官事，得萃之同人卦。

父	×	未化戌
兄	、應	酉
子	、	亥
才	×	卯化亥
官	、、世	巳
父	×	未化卯

斷曰：外卦未土，卯月剋之，況土值春令氣敗，又會成亥卯未木局剋之，全無救助，必至重罪。後果斬。

巳月丁亥日，一人占僕何日回，得夬之履卦。

兄	×	未化戌
子	、世	酉
才	、	亥
兄	○	辰化丑
官	、應	寅
才	、	子

斷曰：亥水財爻爲用神，亥水雖是日建，不謂月破，但不宜重重土動傷之。諺云：雙拳不敵四手。不獨難望歸期，還要防途中不測。後至午月火旺合未助土時，中途遇害矣。

午月丙寅日，一人占自病，得離之坎卦。

兄	○世	巳化子
子	×	未化戌
才	○	酉化申
官	○應	亥化午
子	×	丑化辰
父	○	卯化寅

斷曰：離火化坎水，乃卦變回頭之剋。巳火世爻化出子水回頭之剋，名爲反吟卦。目今午月火旺之時，日王生扶，近來無碍，冬令防之。後果死于戌月丁亥日。應戌月者，世入墓之月也。亥日者，剋沖世之日也。

卯月乙酉日，一人占索房價，得坎之坤卦。

子	、、世	兄
戌化亥	○	官
申	、、	父
午	、、應	才
辰化巳	○	官
寅	、、	子

斷曰：坎卦變坤，亦是卦變回頭之剋。世爻雖得日生，不宜兩重土動來傷。此卦甚凶，不但房價事小，宜防不測之禍。後于午月覆舟而亡。應于午月者，辰戌土鬼出春令，遇火增威，世臨月沖也。此占房價，驗在其命，乃神之預報其凶，占此應彼，占輕應重也。

申月戊辰日，占具題，得中孚之損卦。

卯	、	官
巳化子	○	父
未	、、世	兄
丑	、、	兄
卯	、	官
巳	、應	父

斷曰：五位巳火生世，化子水回頭剋，不宜具題。問曰：有害否？予曰：巳火雖不能生，幸卦中無動爻剋世，利害皆無。後題而果不准行。

寅月丁巳日，占慮大計，得旅之明夷卦。

兄	○	巳化酉
子	、、	未
才	○應	酉化丑
才	、	申
兄	、、	午
子	×世	辰化卯

斷曰：子孫持世，化回頭之剋，但嫌世位臨之，世爲自己，不宜受剋，雖有金局生扶，伏官難稱無恙。後果削職。

第三問：生用神者爲原神，本主吉，吉中亦有凶乎？答曰：原神動來生用，用神出現旺相者，其吉更倍也。如用神旬空衰弱，或伏藏不現，待用出旬，得令值日，所求必遂也。如用神旺相，原神休囚不動，或動而變剋、變絶、變墓，月破日沖，或仇神動剋原神，或被日月相剋，或化退神，皆不能生用。則用神根蒂被傷，不惟無益，而反有損矣。

申月戊辰日，妻占夫近病，得同人之離卦。

戌沖	、應	子
申化未	○	才
午	、	兄
亥	、世	官
丑	、、	子
卯	、	父

斷曰：世爻亥水夫星，墓于辰日，其病若論隨鬼入墓，豈不凶乎？幸申金原神動來生用，又化出未土生助原神，又戌土暗動，生助原神，是夫星根蒂固深，所嫌亥水旬空，不受其生，必待巳日沖起亥水即愈。果己巳日全愈也。

卯月甲寅日，占風水，得困之節卦。

未	、、	父
酉	、	兄
亥化申	○應	子
午	、、	官
辰	、	父
寅化巳	×世	才

余曰：占祖塋，必有他故，葬後因何事不亨？今日何事而問？明以告我，方敢決斷。彼曰：自葬後，被論而歸，年近五旬，尚無子息，是以卜此墳有何碍否？余曰：六合化合，風藏氣聚，但嫌亥水化申金被日辰沖之。申乃水之原神，必然源流水不歸漕之故耳。若使水歸漕，不至旁流，巳年再拜丹墀，申年生子。後果驗應。巳年起用者，世上寅木化出官星之年也。申年生子者，亥水子孫化出申金回頭之生也。

丑月戊子日，一人自占近病，得同人之旅卦。

子	、應	戌
才	○	申化未
兄	、	午
官	、世	亥
子	、、	丑
父	○	卯化辰

斷曰：自占病，世爲用神。世爻亥水，子日拱之，又得申金原神動來生世，乃不死之症。第嫌申金化出未土，乃是月破旬空，則原神無根矣。目下無碍，恐危于春月。至立春日果死。應正月死者，申金原神亦逢月沖，春月木旺，未土又被剋也。

寅月乙丑日，子占
父病，得升之師卦。

酉	、、	官
亥	、、	父空
丑	、、世	才
酉 化午	○	官
亥	、	父空
丑	、、應	才

斷曰：亥水父爻爲用，雖值旬空，有酉金原神動來生之，可許無碍。但不宜酉金化出午火回頭一剋，此乃原神被傷，用神無根矣。此人果死于卯日卯時。應卯日卯時者，生助午火，剋沖原神也。

第四問：三合八卦成局，何以斷之？答曰：原、用二神局則吉，忌、仇二神局則凶。成局者，結黨也。卦中動爻，誰敢制之？如三爻齊發，合成用神局，必有一爻用神；合成原神局，必有一爻原神；合成仇、忌局，必有一爻仇、忌。宗其一爻有病關因者斷之。或遇日沖者，曰暗動，此言静而日沖。曰實，此言動而逢空，日辰沖也。曰破。此言月建沖也。但其沖破也，必待相合之期至，而應事之吉凶。如一爻静、二爻發者，必待一爻静者值日應事。如一爻静而逢空者，或動而逢空者，或化而逢空者，待其出空之期，應事之吉凶。如空而逢合、静而逢合、動而逢合者，必待沖期至，而應事之吉凶。如自化合，或與日合，如自化墓，或墓于日者，必待期沖。此言三爻齊發，二爻無病，指自化者言也。如自化絶，或絶于日者，必待期生。亦指一爻有病者而言也。

卯月丁巳日，兩村争戽水鬭毆，得離之坤卦。

巳化酉	○世	兄
未	、、	子
酉化丑	○	才
亥化卯	○應	官
丑	、、	子
卯化未	○	父

斷曰：内爲我村，外爲彼村。内卦亥卯未爲木局，外卦巳酉丑爲金局。金來剋木，幸衰金不剋旺木，又日主制金，不足畏也。况六沖化沖，不至爲非，其事即散。果驗。合成内外兩局，即彼我之分，不動不成局，即看世應。今且人衆同心，彼我合局，神之妙用也。

巳月丁酉日，占遞呈圖謀補缺，得乾之需卦。

戌化子	○世	父
申	、	兄
午化申	○	官
辰	、應	父
寅	、	才
子	、	子

斷曰：寅午戌三合官局生世，此缺必得。內少寅字發動，須待寅日遞呈可也。後果驗。此虛一待用也。

寅月丙辰日，占選期，得乾之小畜卦。

戌	、世	父
申	、	兄
午化未	○	官
辰	、應	父
寅	、	才
子	、	子

斷曰：此卦戌爻暗發，寅爻如明動者，必以午火官星化未土作合，合待沖開。今不然，

以午火明動，戌土暗動，三合官局獨少寅動。借寅月建補成三合，本月必選。果驗。此虛一補用也。

辰月丁亥日，占辨復，得萃之革卦。

未	、、	父
酉	、應	兄
亥	、	子
卯化亥	×	才
巳	、、世	官
未化卯	×	父

斷曰：巳火官星持世，臨馹馬暗動，辨復在即。內卦亥卯未合財局，原神生世，因于未土旬空，必待未月，定蒙題允，即得美缺。後果驗。未月者，實空之月也。

丑月己卯日，占父急病，得乾之賁卦。

戌	、世	父
申化子	○	兄
午化戌	○	官
辰	、應	父
寅化丑	○	才
子	、	子

斷曰：世爻戌土父母爲用，近病不宜日合，幸寅午戌合成火局生用，大象無妨。但戌爻被合，必待明日辰日合逢沖而病愈也。果驗。

丑月戊午日，占孀病，得離之明夷卦。

巳化酉	○世	兄
未	、、	子
酉化丑	○	才
亥	、應	官
丑	、、	子
卯	、	父

斷曰：卯木[一]父母爻爲用神，外卦巳酉丑合成金局剋之。目今丑土旬空，旬內無妨，乙丑日防之。果于丑日酉時卒。應于丑日者，出旬之日也。

[一]「木」，底本作「本」，據緑蔭堂本改。

未月戊申日，占子何日歸，得暌之鼎卦。

巳	、	父
未	、、	兄
酉	、世	子
丑化酉	×	兄
卯	、	官
巳化丑	○應	父

斷曰：內卦巳酉丑合成金局作用神，丑土係月破，必待立秋後甲子日到家。後果驗。

此應立秋後者，丑土月破，出月則出破矣。果于甲子日歸，此其破而逢合也。

巳月丙申日，占父何日歸，得大畜之乾卦。

寅	、	官
子化申	×應	才
戌化午	×	兄
辰	、	兄
寅	、世	官
子	、	才

斷曰：寅午戌三合父局，獨有寅字日沖，又絶于申日，己亥日必歸。果驗。己亥日到

者，此沖中逢合也，絶處逢生也。

丑月戊辰日，占防参劾，得井之中孚卦。

子化卯	×	父
戌	、世	才
申	、、	官
酉化丑	○	官
亥	、應	父
丑化巳	×	才

此公因新換撫軍，防其参劾。予曰：此卦甚奇。世空逢日沖，不爲空矣。世不受剋而暗動，雖無参論，離任不免。彼曰：既無参論，如何離任？予曰：世爻暗動，必主動摇，内卦合金局生應。果知此位已屬他人矣。後因裁他處缺，上臺題留他處官頂此公位，將此公赴京另補。此亦少見少聞之事，知我者惟神明也。

寅月戊午日，占地造葬可否，得頤之无妄卦。

兄	、	寅
父	×	子化申
才	×世	戊化午
才	、、	辰
兄	、、	寅
父	、應	子

斷曰：世爻戊土，春天休囚，化午火子孫回頭之生，日辰、月建共成三合，青龍臨水化申長生。水源極遠，必從左首而來，但化月破，戊土剋日辰沖散。此水有時乾否？彼曰：正是。予曰：無妨。卦中日月世與子孫共成三合，自然亡者安、生者樂，葬之必發。辰年下葬，酉年孫中亞魁，子年次孫又登鄉榜。

巳月甲辰日，占何日雨止，得鼎之睽卦。

兄	、	巳	
子	、、應	未	
才	、	酉	
才	○	酉化丑	
官	、世	亥	
子	×	丑化巳	伏卯空

若執古法，父伏空無雨，才福動晴明。今不然。巳酉丑合成財局剋父，父若不空，受其剋，是無雨也。今伏而又空，謂之避剋，其雨不能止，必待卯日出透出空被剋，方可雨止。後至甲寅日，其雨更大，卯日大晴。其寅日雖出空，而寅未載卦中，不受其剋，果大雨也。

酉月辛卯日，占妻去搖會可得否，得恒之蠱卦。

合	戌化寅	×應	才
	申	、、	官
	午化戌	○	子
沖	酉	、世	官
	亥	、	父
	丑	、、	才

若執古法，財動福生，此會必得也。今亦不然。應上之財非財也，乃鄰友之妻也。寅午戌會成火局，生應剋世，卯月合應沖世，是謂出現無情于我，會局有情于他，必鄰人之妻得會也。果驗。

第五問：反吟之凶，有輕重分别乎？答曰：凡得反吟卦，用神不變沖剋者，事雖主反覆，亦主事就。第嫌用神化沖剋者，凡謀大凶。

卯月壬申日，占隨官上任如何，得比之井卦。

子	、、應	才
戌	、	兄
申	、、	子
卯化酉	×世	官
巳化亥	×	父
未	、、	兄

斷曰：世臨卯木，化酉金剋沖，内卦乃爻之反吟也，此行不吉，不去爲上。後因官府掣籤得缺，近于賊營，辭而不去。及至官府去後，又因他事而去，至七月城破，與官府一同被害。蓋與官同被害者，世上官爻同受酉金之沖剋也。不去而又去者，此内卦反吟之故也。

卯月乙亥日，占陞選，得臨之中孚卦。

酉化卯	×	子
亥化巳	×應	才
丑	、、	兄
丑	、、	兄
卯	、世	官
巳	、	父

斷曰：世臨卯木，月建官星得長生于日，世與官星同臨旺地，許彼陞任。果于本月聞報，由江西陞任山東。未及一載，復任江西。此外卦之反吟，去而復反也。

未月丁巳日，占嫂復病吉凶如何，得剥之坤卦。

寅化酉	○	才
子	、、世	子
戌	、、	父
卯	、、	才
巳	、、應	官
未	、、	父

斷曰：外卦艮變坤，乃卦之反吟也，明是病愈而復病也。但不宜寅木用神，化酉金回頭

之剋，又墓于未月，日辰刑之，此病危于申日。果驗。

巳月戊申日，占往前處脱貨有利否，得小畜之乾卦。

卯	、	兄
巳	、	子
未 化午	×應	才
辰	、	才
寅	、	兄
子	、世	父

斷曰：小畜卦變乾，是卦之反吟也。所喜世與財爻長生于日，指此處占，以應爻作地頭，臨午火回頭生合，比前利息更倍。後此人往返三次，俱得倍利。

卯月戊子日，占墳地，得巽之升卦。

卯 化酉	○世	兄
巳 化亥	○	子
未	、、	才
酉	、應	官
亥	、	父
丑	、、	才

斷曰：世爲穴，臨月建，子日生之，是爲吉地，但不宜爻變反吟，子孫與世皆化剋沖，不可葬。彼曰：重價已成久矣，地師皆稱美地。後竟葬之，四年内，二子一女并自身相繼而死。

第六問：伏吟之凶，有輕重分別乎？答曰：伏吟者，憂鬱呻吟之象。内卦伏吟内不利，外卦伏吟外不利，凡占皆不如意，動如不動，懊惱呻吟。占名，久困宦途，淹留仕路。占利，本利消乏。占墳塋宅舍，欲遷不能，守之不利。久病呻吟，婚姻難就，官事兜搭，出行有阻。如問行人，恐他在外憂鬱。如占彼此之勢，内則我心不遂，外則他意難安。欲問吉凶，研究用神生剋；要知禍福，須詳用忌伏吟。

申月乙卯日，占兵到，一家當避何處，得无妄之大壯。

戌化戌	○	才
申化申	○	官
午	、世	子
辰化辰	×	才
寅化寅	×	兄
子	、應	父

斷曰：内外伏吟，憂鬱未解，所喜世爻午火子孫爲自己，應爻子水父母作父母，月建生應，日辰生世，世應安静，父母與自己無碍。第嫌寅木兄弟爻伏吟，又是月破，昆仲有厄。彼曰：我父母在西方舍親家，得無妨否？答曰：西方屬金，生扶父母，萬無憂疑矣。汝自己宜避于東方，東方木能生火，兄弟妻僕俱從汝走，子孫持世，可保無虞。彼回即領家眷往東方去，後來覆我曰平安，惟其弟牽念父母，往探之，行至半途遭害矣。

申月甲午日，占父在任平安否，得姤之恒卦。

戌化戌	○	父
申化申	○	兄
午	、應	官
酉	、	兄
亥	、	子
丑	、、世	父

斷曰：獨嫌外卦伏吟，任上必有事，故不得意而呻吟也。彼曰：地方苗獞之變，可有碍否？答曰：日辰生父，他事無虞。又問：今年歸否？答曰：伏吟欲歸而不能。來年辰月平静當裁缺，午月復補。此應辰月裁缺者，戌父伏吟，又逢破也。應午月復補者，日

辰官星幫比生用，得時而旺也。

寅月乙卯日，客外占家中安否，得无妄之乾卦。

戌	、	才
申	、	官
午	、世	子
辰化辰	×	才
寅化寅	×	兄
子	、應	父

斷曰：內卦爲家中，已是伏吟，恐有變異呻吟之事出。彼曰：當主何事？答曰：寅月卯日，共來剋辰土財爻，恐是妻妾奴僕事耳。

是日，其人又占妻在家安否，得豫之否卦。

戌化戌	×	才
申化申	×	官
午	、應	子
卯	、、	兄
巳	、、	子
未	、、世	才

斷曰：戌土財爻，又是伏吟，月日相剋，令政必有大厄。彼曰：應在何時？答曰：日辰合戌，月下雖寅卯皆剋，可許無妨。交辰月伏吟，又逢月沖，必難逃矣。果于三月，乃妻去世矣。

第七問：爻遇旬空，欲斷爲到底全空，却應乎填實，欲斷作不空，却又到底空，何也？

答曰：無生有剋者，到底空也；有生無剋者，待時用也。卦之最凶者，喜用爻之旬空；卦之最善者，忌用爻之旬空。

巳月戊戌日，占

求財，得益卦。

卯	、應	兄
巳	、	子
未	、、	才
辰 空 沖	、、世	才
寅	、、	兄
子	、	父

斷曰：辰土財爻持世，因值旬空，戌日沖之，謂之沖空則起，本日即得。果驗。應于本

日者，戌日亦是財星沖我也，此沖空有用是也。

亥月甲子日，占僕何日回，得革卦。

	未	、、	官
	酉	、	父
	亥空	、世	兄
伏午火才	亥	、	兄
	丑	、、	官
	卯	、應	子

斷曰：伏午火財爲用神，被日月之剋，問其吉凶否？凶也。今問何日回，世空者速至，忌神旬空，旬內必到，己巳日必回。後果驗。驗于巳日者，巳火亦是財星耳，沖其飛而露其伏也。黃金策云：「空下伏神，易于引拔。」即此是矣。

申月丁卯日，占見貴求財，得同人卦。

戌	、應	子
申	、	才
午	、	兄
亥空	、世	官
丑	、、	子
卯	、	父

斷曰：亥水官星持世旬空，出旬亥日必見。月建財爻生世，財利如心。果驗。此出空待用也。

子月癸酉日，一人自占婚，得恒之鼎卦。

戌化巳	×應	才空
申	、、	官
午	、	子
酉	、世	官
亥	、	父
丑	、、	才

斷曰：世官應財，乃云得地。今戌土財爻旬空，化巳火回頭之生，動生不空，次日求之，

必允也。果于次日巳時允婚。

午月癸丑日，占妻病何日愈，得萃之比卦。

未	、、	父
酉	、應	兄
亥化申	○	子
卯	、、	才
巳	、、世	官
未沖	、、	父

斷曰：卯木財爻爲用神，值旬空，有亥水原神相生，次日必愈。有旁人曰：卯爻旬空，宜斷卯日，何言寅日？予曰：汝不知其法。交甲寅日，卯木已出空矣，寅木亦是用星耳。果先愈一日，應甲寅日也。

寅月庚戌日，占子病何日愈，得姤之无妄卦。

戌	、	父
申	、	兄
午	、應	官
酉化辰	○	兄
亥化寅	○	子
丑化子	×世	父

斷曰：亥水子孫化寅木旬空，近病逢空即愈，但嫌亥水化寅木旬空，則不能受酉金之生，必待寅日愈。果驗。此化空出空也。

未月庚子日，占求財何日到手，得小畜卦。

卯	、	兄
巳	、	子
未	、、應	才
辰空	、	才
寅	、	兄
子	、世	父

斷曰：未月持財，月内必有。今問何日到手，卦中辰土旬空，必關因所現也。斷其辰日得財。果驗。此乃捨未土之不空，而應辰土之空也。

酉月庚辰日，占岳母近病，得師之升卦。

酉空合	、、應	父
亥	、、	兄
丑	、、	官
午化酉	×世	才
辰	、	官
寅	、、	子

斷曰：酉金父母旬空，近病逢空即愈。日辰合之，近病逢合即死。但不宜世持忌神剋之，此病必危。問曰：危于何日？答曰：午火自化旬空，旬內不能剋之，近病逢空不死，旬內不死，乙酉日防之。果于乙酉日卯時而死矣。

酉月壬辰日，占子病，得大過卦。

	未	、、	才
	酉	、	官
伏午火子	亥	、世	父
	酉	、	官
	亥	、	父
	丑	、、應	才

斷曰：午火子孫，伏世爻亥水之下，月建生助，亥水剋之。目下用神旬空，不受其剋，甲午日難逃矣。果死于午日午時。此謂伏無提拔也。

子月乙巳日，一人占弟死太湖，屍首可見否，得復卦。

酉	、、	子
亥沖	、、	才
丑	、、應	兄
辰	、、	兄
寅空	、、	官
子	、世	才〔一〕

斷曰：凡占屍首，以鬼爻爲用神。今寅木鬼爻旬空，而亥水乃得令之水，暗動合之，明明屍首在于大水之中矣。但寅木旬空被合，須待出旬逢沖，庚申日可見。後至庚申日不見，直至丑月甲子旬内壬申日，屍首浮起得見。此意何也？總之，寅鬼出旬而亥水太旺，交丑建丑土制水，甲子旬亥水遇空，水空者如水退矣。木在水中，非沖不起，故驗于甲子旬壬申日也，豈非神之奇報？學者不可不深究之。

〔一〕「才」，底本及光緒本均闕，據緑蔭堂本補。

丑月甲午日，一人占父近病，得復之噬嗑卦。

酉化巳	×	子
亥	、、	才
丑化酉	×應	兄
辰	、、	兄
寅	、、	官
子沖	、世	才

斷曰：巳火父母爲用神，值旬空，日辰拱之，近病逢空不死，但不利于六合卦，六合即死。予想用空六合，可以相敵，獨不宜世上忌神暗動。外卦巳酉丑合成金局，助水剋之，此病必凶。彼曰：凶在何日？答曰：巳亥日剋沖巳火，巳火還在旬空不妨，恐危于出旬辛亥日也。果至其日而死。此應出旬又被沖剋也。

未月戊戌日，因大旱，占何日有雨，得觀卦。

卯	、	才
巳	、	官
未	、、世	父
卯	、、	才
巳	、、	官
未	、、應	父

斷曰：月建未土父母爻爲用神，日辰幫比，有雨必大。但巳火官爻爲原神，值旬空安靜，靜必待沖，空必待出旬。斷辛亥日得大雨。果至其日申酉時，得雨五寸。

未月戊戌日，占交疏之人何日來，得蹇卦。

子	、、	子
父	、	戌
兄	、、世	申
兄	、	申
官	、、	午
父	、、應	辰沖起

斷曰：凡卜至交朋友，以兄弟爲用。今卜交疏之人，當以應爻爲用。今應爻旬空，得日辰沖起，必待甲辰日到。果驗。

未月甲辰日，卜何日有大雨，得小過之革卦。

父	、、	戌
兄	×	申化酉
官	、世	午
兄	、	申
官	、、	午
父	×應	辰化卯

斷曰：日辰辰土父母爻爲用神發動，月建幫之，又值土王用事，其辰土旺莫勝言，得雨決不小也。但不宜化卯木旬空，化卯木回頭之尅。雖有申化酉金進神，尅木救土，而卯木旬空，空則謂之畏避，避金之尅，致辰土父爻終成病于卯木也。必至甲寅旬乙卯日，卯木出空值日，謂之出頭難避，戌土暗動，助金尅之。而卯木已受金尅，不能爲害辰土，必待甲寅旬乙卯日有雨也。至期竟無，過立秋，辛酉日申時方雨。應于立秋後酉日者，何也？明現申化酉，即申月酉日也。卯木出旬值日，到底被尅不盡，交申月尅之，酉日又沖之，方始得雨。予因此卦，學問又進一層矣。

第八問：月破之爻，欲定其破爲無用，却又應于破，欲謂之不破，却又到底破而無用，何也？答曰：神機現于破。禍福之基在于動，動而有生無尅之破爻，有出破、填實、合破之法。安靜有尅無生之破爻，則到底破矣。

戌月丁卯日，占訟事，得泰卦。

子	、、應	酉
才	、、	亥
兄	、、	丑
兄	、世	辰
官	、	寅
才	、	子

斷曰：爻逢六合，官事必審，不宜戌建沖世，乃是月破，卯日剋世，必輸無疑。果被杖責。此應日剋月破故耳。

亥月己丑日，占將來有官否，得兑之訟卦。

父	×世	未化戌
兄	、	酉
子	、	亥
父	、、應	丑
才	、	卯
官	○	巳化寅

斷曰：未土父母爻持世，化進神，未土雖是旬空，日辰沖之曰實，不爲空矣。巳火官星動而生世，化出寅木長生，顯然有官。彼問：應在何年？答曰：巳年必然食禄王家也。果于巳年得縣缺，應實破之年也。

辰月戊子日，占父近出何日回，得乾之夬卦。

父	○世	戌化未
兄	、	申
官	、	午
父	、應	辰
才	、	寅
子	、	子

斷曰：父母持世，破而化空化退，若執死法，其父不能歸也，莫非轉往他方也，來而復返也。予以朱雀臨爻，動而持世，卯日有信，未日必歸。果于卯日得信，乙未日到家。此應卯日得信者，破而逢合之日也。未日回家者，父化未土旬空，出空之日也。

午月癸卯日，占後運功名，得艮之觀卦。

寅	、世	官
子化巳	×	才
戌	、、	兄
申化卯	○應	子
午	、、	父
辰	、、	兄

斷曰：寅木官星持世，申金動來剋之，今年七月必有凶非。彼曰：看因何事？答曰：應動剋世，必是仇家。又問：碍于功名否？答曰：若非子水動摇，去位必矣。幸有子水接續相生，本云是吉，嫌破而化空，降級不免。果于七月彼此揭參，結成大非。子月事結，降級調用。後至子年四月，原品起用，連官二任。此應子水原神，初時空破，無力生世，有此禍端。後至填實之年月，仍復有用之驗也。

寅月甲午日，占子病吉凶，得艮之蒙卦。

寅	、世	官
子	、、	才
戌	、、	兄
申化午	○應	子
午化辰	×	父
辰	、、	兄

斷曰：申金子孫爲用，臨月破，不宜日建剋之。動爻剋之，又化回頭之剋。有剋無生，可急回家，汝子死矣！此人未到家，一人報曰：令郎申時去世矣。此應填實之時，受剋而死也。

丑月庚申日，占墳地風水，得咸卦。

未	酉	亥	申	午	辰
、、應	、	、	、世	、、	、、
父	兄	子	兄〔一〕	官	父

斷曰：日辰臨青龍持世，來龍由左而來，龍虎皆有氣，必然環抱，第嫌應上未土臨月破。應爲照山，世前一〔二〕位爲朝案，喜亥水得申日生之，必有朝水，宜取水作朝，不宜取山作

〔一〕「兄」，底本及光緒本作「兑」，據緑蔭堂本改。
〔二〕「一」，底本及光緒本闕，據緑蔭堂本補。

向。問爻爲明堂，旺相必闊大。彼曰：一一果然，葬可好否？予曰：依予取水作朝，棄山爲向，許必大發。彼果依斷，葬後即如所言。

申月辛卯日，占買宅吉否，得革之夬卦。

未	、、	官
酉	、	父
亥	、世	兄
亥	、	兄
丑化寅	×	官
卯	、應	子

斷曰：月建生世，酉金暗動生世，但不宜化寅木子孫臨月破，又受金剋，惟防損子。彼竟得此屋，遷入不半月，其子出花而死。後執此卦問予曰：子果死矣，此屋自後可居否？予曰：宜再卜可決。

第九問：用神不現，看伏神在何爻之下，得出不得出，何以論之？答曰：伏神得出者，有四：蓋日月生者、日月持之者，一也；飛神生伏、動爻生者，二也；日月動爻沖剋飛神，三也；飛神空破、休囚、墓絶于日者，四也。此四者，皆有用之伏神也。伏神不得出者，亦有四：休囚無氣、日月剋者，一也；飛神旺相，日月生助飛神、剋害伏神者，二也；伏神墓絶于日月及飛爻者，三也；伏神休囚兼旬空月破者，四也。此四者，乃無用之伏神，雖有如無，終不得出。凡用神旺相，如遇旬空，出空之日則出矣。

卯月壬辰日，占候文書何日領，得賁卦。

寅	子	戌	亥	丑 伏午〔一〕	卯
、	、、	、、應	、	、、	、世
官	才	兄	才	兄	官

斷曰：午火父母爲用神，伏于二爻丑土之下。又值旬空，許甲午日出空必領。果驗。此應出旬之日也。

〔一〕「午」，底本作「辛」，據緑蔭堂本改。

辰月丁巳日，占逃僕，得蹇卦。

子	、、	子
戌	、	父
申	、、世	兄
申	、	兄
午 卯伏	、、	官
辰	、、應	父

斷曰：占僕以財爻爲用神，取兑卦二爻卯木，伏于本卦二爻午火之下，午火爲飛神，卯木爲伏神。今申金持世，剋制卯木，終不能逃。但因伏去生飛，名爲泄氣，盜去財物必盡費于爐火之家，許甲子日拿獲。果于子日得信，窩賭鐵匠之家，申時拿獲。應子日者，沖剋午火之飛神，生起卯木之伏神也。黄金策云：「伏無提挈終徒爾，飛不推開亦枉然。」此卦應驗是矣。

酉月丙辰日，占子病，得升卦。

酉	、、	官
亥	、、	父
丑 午伏	、、世	才
酉	、	官
亥	、	父
丑	、、應	才

斷曰：午火子孫伏于世爻丑土之下，丑土旬空，易于引拔，許午日必愈。果驗。

卯月丙辰日，占父病，得復卦。

酉	、、	子
亥	、、	才
丑	、、應	兄
辰	、、	兄
寅 巳伏	、、	官
子	、世	才

斷曰：巳火父母伏于二爻寅木之下，飛來生伏，伏遇長生，許次日愈。果驗。

辰月庚申日，占大例桑葉價貴賤，得既濟卦。

子	、、應	兄
戌	、	官
申	、、	父
亥 午伏	、世	兄
丑	、、	官
卯	、	子

斷曰：午火財爻爲用，伏于世爻亥水之下，申日生扶亥水，午火財爻又絶在亥，葉價主

賤無疑也。旁人曰：目今現價三錢，不爲賤論，如先生之言，必以三錢價爲賤論耶？予曰：非也。目下尚早，三錢之價，人之慮貴，是年規定價也。今問大例價，必至大市斷之。旁人曰：大市何日貴？何日賤？答曰：交甲子旬亥水值空，惟巳午日好賣。交甲戌旬亥水值旬，午火財爻永不得起，則漸漸賤矣。果驗。

寅月戊辰日，占病，有何鬼神爲禍，得小畜卦。

卯	巳	未	辰 酉伏	寅	子
、	、	、、應	、	、	、世
兄	子	才	才	兄	父

斷曰：凡卜鬼神，以官爻爲用。今官鬼伏辰爻之下，與飛神作合，又得日辰合之。予想伏合乃藏匿之象，酉金是正氣之神，第三爻爲房室，即斷曰：汝家房中藏有神像作祟。彼曰：仙哉！果有觀音軸藏于廚中，後送至寺内，病即愈。○七月庚辰日，亦得此卦，予亦如前斷。彼曰：有銅達磨祖師在匣中。命其送于寺内，其病亦愈。

卜筮正宗卷之十四

古吴洞庭西山王維德洪緒著

十八問答附占驗

第十問：進退神乃動爻變出之神也，吉凶禍福有喜忌之分，何以論之？答曰：吉神宜于化進，忌神宜于化退。而進退之法有三：旺相者乘勢而進，一也；休囚者待時而進，二也；動爻變爻有一而逢空破沖合者，待期填補合沖而進，三也。退神之法亦有三：旺相者或有日月動爻生扶，占近事暫時而不退者，一也；休囚者即時而退，二也；動爻變爻有一而逢空破沖合者，待期填補合沖而退，三也。

申月癸卯日，占鄉試，得恒之大過卦。

戌	、、應	才
申化酉	×	官
午	、	子
酉	、世	官
亥	、	父
丑	、、	才

斷曰：酉金官星持世，日沖暗動，又得九五爻官化進神拱扶，不獨今秋折桂，來春定占鰲頭。果登鄉榜，即于次歲辰年聯捷。蓋化進神者，今秋也。聯捷也辰年者，沖而逢合也。

酉月庚戌日，占何年生子，得屯之節卦。

子	、、	兄
戌	、應	官
申	、、	父
辰	、、	官
寅化卯	×世	子
子	、	兄

斷曰：寅木子孫持世，化進神。寅木旬空，卯木空而且破。後至寅年卯月，妻婢連生二

子。此卯木雖爲月破，得日辰合補，乃休囚待時而用也。

卯月乙丑日，一人自占求婚，得噬嗑之比卦。

巳化子	○	子
未化戌	×世	才
酉化申	○	官
辰	、、	才
寅	、、應	兄
子化未	○	父

斷曰：財爻持世化進神，巳火子孫動而生世，但因巳火化子水回頭之剋，必待午日沖去子水，此是鍋底退薪之法也。午日又生合世爻，其婚必成。果于午日允婚。或曰：間爻酉金鬼動，豈無阻耶？予曰：月破化退神，雖有阻而無力也。

酉月甲辰日，因被論，占自陳如何，得師之明夷卦。

酉	、、應	父
亥	、、	兄
丑	、、	官
午化亥	×世	才
辰化丑	○	官
寅化卯	×	子

斷曰：世化回頭之剋，官星化退，子孫化進，內三爻皆非吉兆。果于次年二月拿問。應卯月者，子孫出空填破之月也。

未月丁卯日，占功名，終得出仕否，得同人之革卦。

子	○應	戌化未
才	、	申
兄	、	午
官	、世	亥
子	、、	丑
父	、	卯

斷曰：若以子孫動而剋官，是終身無官也，予許辰年出仕。果于辰年得選。此理何也？戌土忌神化退神，不能剋也。卯日合之，合待逢沖辰也。此是有病有醫之法也。

第十一問：沖中逢合、合處逢沖，何以斷其吉凶？答曰：合者，聚也；沖者，散也。沖中逢合，先散後聚，先失後得，先淡後濃。合處逢沖反是。

午月丙辰日，占出外貿易如何，得恒之豫卦。

戌	、、應	才
申	、、	官
午	、	子
酉化卯	○世	官
亥化巳	○	父
丑	、、	才

斷曰：世上酉金化卯木相沖，正謂反吟卦也。而卯木有沖之能、無剋之力，得日辰辰土生合世爻，此謂沖中逢合也。況變卦六合，又得戌土財爻暗動生世，此爲反吟，主反覆覓利也。果驗。

戌月甲辰日，占借銀有否，得坤卦。

酉合	、、世	子
亥	、、	才
丑	、、	兄
卯空	、、應	官
巳	、、	父
未	、、	兄

斷曰：應落空亡，黃金策云索借者失望。今應爻旬空，又是六沖卦，本主不肯，妙乎戌建合應生世，辰日合世，此乃沖中逢合，先難後易，去借必有。彼曰：前月去借，彼不允，今去再借，允否？予曰：前月去借不允，明現六沖；今借必有，明現逢合。彼曰：應于何日有？答曰：卯木旬空，交甲寅應巳出空，寅日又合亥水財爻，即允矣。果驗。

寅月戊戌日，占失銀物
可復得否，得巽之訟卦。

卯	、世	兄
巳	、	子
未化午	×	才
酉化午	○應	官
亥	、	父
丑	、、	才

斷曰：卦得六沖，未土財爻化午火回頭生合，現失而復得之象。旁人曰：應持白虎金鬼，玄武臨財，難言復得。予曰：應是他人，被午火回頭剋制。財爲用神，沖中逢合，日主合世，管許必得。彼問：應于何日？答曰：巳火青龍原神旬空，其病在巳，必待乙巳日原神出空值日，當許復得。果驗。

辰月丁酉日，自占婚姻成否，得否卦。

戌	、應	父
申	、	兄
午	、	官
卯	、、世	才
巳	、、	官
未	、、	父

卦得六合，婚姻最宜。今世被日沖，應爻月破，謂之合處逢沖，總就不吉。彼曰：年庚已經送來，筭命又説甚佳。答曰：予屢占屢驗，故敢此斷。果于本月自得大病，未月世財亦入墓，此女病故。

卯月乙卯日，占謀望求財，得旅卦。

巳	、	兄
未	、、	子
酉沖	、應	才
申	、	才
午	、、	兄
辰	、、世	子

斷曰：此世應相生，卦逢六合，謀望本可成就，但不宜卯月日沖應上酉金財爻，恐他人之財，無緣失望耳。彼曰：有字來，約我明日去，豈有不成之理？果次日去，成議，至壬戌日悔議，復不成。應次日成議者，辰日合應也。戌日復不成者，世亦逢沖，是合處逢沖也。

午月辛亥日，占
師近病，得節卦。

子	、、	兄
戌	、	官
申	、、應	父
丑	、、	官
卯	、	子
巳沖	、世	才

斷曰：占近病得六合卦，屢驗必死。今世上巳火財爻，日辰沖之，是合處逢沖，臨危得救。彼問：危于何日？得救何日？答曰：金庫于丑，丑日防險。甲寅日沖發應上用爻，則有救矣。果于丑日人事不知，寅日乃愈。

寅月戊辰日，占兄近病吉凶，得晉卦。

巳	、	官
未	、、	父
酉合	、世	兄
卯	、、	才
巳	、、	官
未	、、應	父

斷曰：酉金兄弟爲用神，日辰合之，近病不宜逢合，幸明日交卯月節，可即愈。果驗。

此亦合處逢沖也。

未月丁巳日，占已悔婚可復成否，得離之旅卦。

巳	、世	兄
未	、、	子
酉	、	才
亥	、應	官
丑	、、	子
卯化辰	○	父

斷曰：此卦六沖變成六合，屢驗散而又成，離而復合。又得卯木動來生世，此婚一定可

成。果于次歲寅年三月復成婚。應辰月者，求婚以財爻爲用，得六沖卦既變六合，財爻又逢合也。卯木化出之辰土，是卜時所現之機關也。寅年者，應爻暗動合沖之歲也。

第十二問：四生墓絶，吉凶何以斷之？答曰：四生墓絶有三：生墓絶于日辰，一也；生墓絶于飛爻，二也；動而變出者，三也。忌辰長生，禍來不小。用神墓絶，有救無凶。定法如是，活變在人。

巳月戊寅日，占何日得財，得離之豐卦。

巳化戌	○世	兄
未	、、	子
酉	、	才
亥	、應	官
丑	、、	子
卯	、	父

斷曰：酉金財爻安静，明日卯日必得。彼曰：兄弟動而持世，何以得財？答曰：兄弟化入戌墓，不能剋也，次日用静逢沖之日，汝不知耶。果驗。

午月己卯日，占妻病，得震之豐卦。

戌	、、世	才
申	、、	官
午	、	子
辰化亥	×應	才
寅	、、	兄
子	、	父

一人執此卦問予曰：辰土發動，以辰土財爻爲用，化亥水乃是臨官，斷其不死。但辰土死于卯日，此卦將何斷之？還是將土死于卯，斷其必死耶？答曰：近病六沖不死。又問：何日愈？予曰：辰土動來沖世，世上戌土日合，必待次日辰日，沖發世上戌土財爻，即愈。果驗。

寅月戊子日，占生產，得剝之觀卦。

寅	、	才
子化巳	×世	子
戌	、、	父
卯	、、	才
巳	、、應	官
未	、、	父

斷曰：子水子孫化巳火，水絶在巳，本日巳時落草而亡。旁有知易者曰：青龍臨子孫，如何此斷？予曰：且看驗否。後果驗。此人又問予曰：子孫值日，青龍附之，何如神斷？答曰：日辰子孫，今日也。巳時者，今時也。落草而亡者，吉神化絶化鬼也。

子月辛未日，占子病吉凶，得漸之中孚卦。

卯	、應	官
巳	、	父
未	、、	兄
申化丑	○世	子
午化卯	×	父
辰化巳	×	兄

斷曰：申金子孫持世，化出丑土。金庫在丑，未日沖開，又得日辰與辰土動爻生之，今日午後愈。果驗。

辰月甲寅日，占友父病，得屯之震卦。

子	、、	兄
戌化申	○應	官
申化午	×	父
辰	、、	官
寅	、、世	子
子	、	兄

一人執此卦問予曰：申金父母爻爲用神，金絶于寅日，是絶耶？予曰：是絶也。戌土原神化申，乃化長生生扶父母，是絶處逢生耶？予曰：是也。又問：某翁之父病重，無妨乎？答曰：今日午時難保。彼不言而去，後果午時壽終。此人又來問予曰：絶處逢生，竟無用耶？答曰：絶處逢生，屢試危而有救，今申金絶于寅日，不宜寅日生助午火回頭剋制。戌土〔一〕生金，本云是吉，戌土乃是月破，無力生扶，雖化長生于申，申被日沖，又絶于寅日，故此凶斷。

〔一〕「土」，底本作「上」，據緑蔭堂本改。

申月丙辰日，占弟病，得既濟之豐卦。

子空	戌化申	申化午	亥	丑	卯
、、應	○	×	、世	、、	、
兄	官	父	兄	官	子

斷曰：子水旬空，亥水不空，今捨寔從空，以子水兄弟爲用。墓庫于日，申金原神發動，又得戌土動來反生原神，而子水雖入墓庫，不過病重。交甲子日用神出空，沖去午火，則原神無傷，即愈矣。果驗。若以入庫必死，螣蛇動主死，白虎動主喪，秋令戌爻又是沐浴煞，病人最忌。今此病不死，何也？但凡看卦，用神推尊。有生無剋最吉，助忌傷用最凶。卦卦研究其法，爻爻精察天機，細心變通，豈讓君平之卜易哉？

申月癸丑日，占子在楚生理何日回，得損卦。

寅	、應	官
子	、、	才
戌	、、	兄
丑伏申	、、世	兄
卯	、	官
巳	、	父〔一〕

斷曰：申金子孫伏于世爻丑土墓庫之下，本是不宜，豈可又墓于日辰？令郎恐有大患。彼曰：近有信至，内云八月起身，故占其來否。予曰：此卦難以斷其歸期。乃叔曰：我來占姪在外平安否。又得无妄之頤卦。

戌	、	才
申化子	○	官
午化戌	○世	才
辰	、、	才
寅空破	、、	兄
子	、應	父

〔一〕「父」，底本作「爻」，據緑蔭堂本改。

斷曰：前卦子孫不現入墓，後卦現而化墓，況寅木原神，乃是真破真空，並無生助。又申金月建官鬼臨于道路發動，兩卦並看，不祥之兆也。彼曰：前日有口信來說，五月長江覆舟而死，此信已的，聞得卦理甚明，故戲卜之耳。

亥月丙寅日，嫂占姑病，得咸之蹇卦。

未	、、應	父
酉	、	兄
亥化申	○	子
申沖	、世	兄
午	、、	官
辰	、、	父

斷曰：姑乃夫之姊妹也，以官鬼爻爲用神。今午火官爻長生于日，亥水剋之不宜。亥水自化長生，又動出申金助水來剋，此病必死。後于乙亥日卒。應乙亥日者，亥水旬空，寔空之日也。

卯月乙未日，姑占弟婦懷孕足月，因有病，生産平安否，得困之坎卦。

未	、、	父
酉	、	兄
亥化申	○應	子
午	、、	官
辰	、	父
寅	、、世	才

斷曰：弟婦乃弟之妻也，以財爻爲用神。今寅木財爻墓庫于未日，此現在病也。亥水化申金得長生，生合財爻，脱身平安。彼問：何日産？答曰：亥水化申，動來合世，明日必産。果次日産，母子平安。生産後，連舊病全愈。

巳年巳月丁卯日，占劾奏他人，得旅卦。

巳	、	兄
未	、、	子
酉沖	、應	才
申	、	才
午	、、	兄
辰	、、世	子

彼曰：我欲劾奏權奸，恐反遭其害，故占，相煩直斷。予曰：應爻酉金，若無卯日沖之，當論其長生于年月也。今得卯沖，當以巳年月剋論，謂之有傷無救，彼之權勢自今衰矣。又問：有害于我否？答曰：子孫持世，何害之有？果題准究奸。

未月戊申日，占因誤軍糧被參，得豐之旅卦。

戌化巳	×	官
申	、、世	父
午	、	才
亥	、	兄
丑	、、應	官
卯化辰	○	子

斷曰：世臨日辰，月建生之，動出戌土，又生官位，可保無虞。諸人不以爲然。豈知因獲奇功，功名仍復。一人曰：卯木子孫發動，如何無礙？予曰：木絕于日，又墓于月，如何礙之？

卯月壬寅日，占尋穴地，得革之既濟卦。

官	、、	未
父	、	酉
兄	○世	亥化申
兄	、	亥
官	、、	丑
子	、應	卯

斷曰：世爻亥水化申金回頭之生，雖休囚，逢生爲旺，所嫌寅日沖申，必待秋令，可得美地。世化申生，地在西南。果于七月得地，葬後三子皆發科甲。一人問予曰：申金被沖，該斷巳月合之，何應申月耶？予曰：巳可合申也，而亥世逢沖，豈能就乎？

第十三問：六沖六合，何以斷之？答曰：人之所惡者宜沖，所好者宜合，惟占病有近病、久病論。近病逢沖即愈，久病逢沖即死，六合反是。凡六沖卦，有日辰相合、變爻相合，謂之沖中逢合。凡六合卦，有日辰相沖、變爻相沖，謂之合處逢沖。如沖忌神合用神，名爲去煞留恩，般般有吉。沖用神合忌神，名爲留煞害命，件件皆凶。

酉月壬子日，占姪有事
被害否，得大壯之泰卦。

戌	、、	兄
申	、、	子
午化丑	○世	父
辰	、	兄
寅	、	才
子	、應	官

斷曰：六沖卦事必主散，世上午火父母爻被日辰沖之，令姪無害。彼曰：回來我自責之。後有人解散，乃叔不至責姪。此應六沖卦，又沖去忌神之驗也。

巳月丁酉日，占文
書何日到，得乾卦。

戌	、世	父
申	、	兄
午	、	官
辰	、應	父
寅	、	才
子	、	子

斷曰：應爻旬空，日辰相合，以辰爻父母爲用，至甲辰日必到。果驗。此六沖卦獨合用

神，乃沖中逢合也。甲辰日到者，寔空之日也。

午月丙子日，占開店，得大壯之巽卦。

戌化卯	×	兄
申化巳	×	子
午化未	○世	父
辰	、	兄
寅	、	官
子化丑	○應	才

斷曰：六沖卦變出又是六沖，不開爲上。彼曰：業已成矣。答曰：午火月建當時，化未土作合，日沖不散，恐今冬有變。果冬底夥計有事而止。

申月乙卯日，一人因自及子俱被拿問，得巽之坤卦。

卯化酉	○世	兄
巳化亥	○	子
未	、、	才
酉化卯	○應	官
亥化巳	○	父
丑	、、	才

斷曰：六沖卦每事主散，但不宜又變六沖。內外爻見反吟，亂沖亂擊，世與子孫皆化剋，其象不吉。果俱受重刑。

未月乙亥日，占往買賣求利，得兌之震卦。

未	、、世	父
酉	○	兄
亥	、	子
丑	、、應	父
卯化寅	○	才
巳	、	官

斷曰：六沖變六沖，又是卦反吟，月建當時持世，汝意必去，去必虧折。彼曰：即日起身。予曰：反吟卦，立意買貨貨少，更改他貨無利。又問：大平否？予曰：兌變震，有沖之力，無剋之能，平安可許。此人去買菉豆，地頭缺少，改買棉花，果虧折。學者當知六沖變沖，總之吉象吉爻得生得合，俱云散矣。

子月己巳日，占賭錢，得坤卦。

酉	、、世	子
亥 空 沖	、、	才
丑	、、	兄
卯	、、應	官
巳	、、	父
未	、、	兄

斷曰：世剋應爻，乃爲我勝，但不宜巳日沖動亥水，反生應爻，與世無益。此去必輸，幸六沖卦，定不終局。果輸不多，因争錢而散。不久者，六沖也。輸不多者，空財生應也。争財而散者，朱雀臨財暗動也。

辰月庚午日，占會試，得觀之否卦。

卯	、	才
巳	、	官
未 化 午	×世	父
卯	、、	才
巳	、、	官
未	、、應	父

斷曰：未土〔一〕持世，化出日辰午火官星生合，鼎甲在掌。果中探花。

寅月甲午日，占子久病，得大壯卦。

戌	、、	兄
申	、、	子
午	、世	父
辰	、	兄
寅	、	官
子 沖動	、應	才

斷曰：久病六沖即死。今申金子孫用神月破，午火持世，日辰剋之，本日應該見凶。而卦中有子水暗動制火，乃因機所現，今日不死。明日子水受制，忌神遇合，次日當防。果死于未日辰時。

〔一〕「土」，底本作「上」，據緑蔭堂本改。

卯月甲午日，占趕去寄信可遇否，得否卦。

戌	、應	父
申	、	兄
午	、	官
卯	、、世	才
巳	、、	官
未	、、	父

斷曰：卦得六合，凡事成就。但明日未時清明節，宜星夜趕去，必會。恐交清明，月建是辰，則應被月沖，沖即去，不能會也。果趕去寄之，次日即開舟矣。

巳月甲戌日，有同鄉人占借貸，得復之豫卦。

酉	、、	子
亥破	、、	才
丑 化午	×應	兄
辰	、、	兄
寅	、、	官
子 化未	○世	才

斷曰：六合變六合，凡謀易就，久遠和同。但亥水財爻月破，酉金原神旬空，世上子水

財爻化未土回頭之剋，又日辰剋，辰土暗動剋，午火生扶應爻丑土剋，剋之太過，在借銀事内須防不測。彼曰：昨有友人約我同去，或不允有之。予曰：那友何人？彼曰：廣東人。予正顔止之，不從，竟去借銀回。不數里，遭其害。

巳月甲寅日，占延師訓子，得否之乾卦。

戌	、應	父
申	、	兄
午	、	官
卯化辰	×世	才
巳化寅	×	官
未化子	×	父

斷曰：以應爻爲用神，臨戌父可稱飽學，獨嫌六合變六沖，其間恐有變局，不久。問曰：因何事耶？答曰：卦中惟初爻未土父母化子水子孫，值旬空，父動剋水，防子孫災變。後至午月子水逢月破，其子病故，即辭師矣。

第十四問：三刑六害犯之，必凶乎？答曰：三刑者，寅巳申三全爲刑，子卯兩遇爲刑，丑未戌三全爲刑，辰午酉亥謂之自刑。夫三刑者，用神休囚，有他爻之剋，内有兼犯三刑者，主見凶灾。卦中三刑俱全不動，用神不傷損，有生扶，從無有驗。六害屢試無驗，故不録出。

寅月庚申日，占姪孫病，得家人之離卦。

卯	、	兄
巳化未	○應	子
未化酉	×	才
亥	、	父
丑	、、世	才
卯	、	兄

斷曰：巳火用神月生日合，可治之症，但不宜月建寅、日建申，與巳爻會成三刑，恐危。後果死于寅日寅時。

辰月戊午日，占夫病，得離之頤卦。

巳	、世	兄
未	、、	子
酉化戌	○	才
亥化辰	○應	官
丑	、、	子
卯	、	父

斷曰：亥水夫星爲用，戌土生扶。酉金動來生，但不宜化入墓庫，又回頭化月建剋，又是午日，午酉亥自刑俱全，此病立見凶危。果本日午時死。

亥月戊戌日，占妾近病，得巽之大有卦。

卯	、世	兄
巳化未	○	子
未化酉	×	才
酉	、應	官
亥	、	父
丑化子	×	才

斷曰：未土財爻爲用神，不宜化酉金官鬼，又不宜巳火原神值旬空月破，巳火又入墓庫于日辰，又丑戌未三刑見全，全無吉兆，即日防之。果卒于本日未時。

戌月庚子，占一冬生意，得賁之家人卦。

寅	、	官
子化巳	×	才
戌	、、應	兄
亥	、	才
丑	、、	兄
卯	、世	官

斷曰：卯木持世，月建合之，日辰生之，今冬必獲厚利。彼曰：子日與子爻刑世，有何吉耶？

答曰：凡看卦，世用推尊，生剋最重。今刑中帶生，謂之貪生忘刑。後一冬，果獲大利。

第十五問：獨静獨發，如何應驗？答曰：五爻俱動，惟一爻安静，謂之獨静。五爻安静，惟一爻發動，謂之獨發。若卦中六爻有一爻明動，又有一爻遇日辰沖者，非云獨發也。倘六爻安静，内有一爻日辰沖動者，亦云獨發也。然獨静獨發，不過觀事之成敗遲速，至于凶吉，當推用神，如舍用神而決事者，迂且謬也。

午月丙午日，占自去尋父回，得大有之離卦。

巳	、應	官
未	、、	父
酉	、	兄
辰	、世	父
寅化丑	○	才
子	、	子

一友人知易，同問其父，執此卦對予曰：寅木一爻獨發，正月得見否？予曰：非也。卦

中父爻持世，被寅木剋制，自身不能動，父亦不見也。欲身動見父，必待沖剋寅木之年月也。命彼再占一卦，合決之，得革之既濟卦。

未	、、	官
酉	、	父
亥化申	○世	兄
亥	、	兄
丑	、、	官
卯	、應	子

斷曰：此卦正合前卦，前卦應沖開寅木者申也，此卦世化申金回頭生，亦應申也。果于申年八月尋父回家。應于申年者，前卦沖去忌神，後卦化出申金父母用神生世也。

申月辛卯日，占子嗣，得復卦。

酉沖	、、	子
亥	、、	才
丑	、、應	兄
辰	、、	兄
寅	、、	官
子	、世	才

來占人曰：我有一子，因亂失散。今無子，特問將來有子否？斷曰：子水持世，月建作子孫生世，有子之兆。第六爻酉金子孫暗動生世，亦云獨發，在外卦動，所失之子必來之象。問曰：何時得見？予曰：明歲甲辰年與酉金相合，定得意而歸。後果驗。此用神獨發，沖而逢合之年也。

午月甲申日，占雨久傷麥否，得同人之革卦。

子	○應	戌化未
才	、	申
兄	、	午
官	、世	亥
子	、、	丑
父	、	卯

一友執此卦問予曰：戌土子孫一爻獨發，昨日丙戌日，定該天晴，如何還雨？答曰：爾憂麥水傷神，以子孫發動，剋去世上之鬼，叫爾勿憂，非應晴也。決不傷損。但戌土化退，不能剋盡憂心，故天還雨，必待卯日合之，則大晴耳。果驗。

申月甲午日，占開煤窑何時見煤，得家人之益卦。

卯	、	兄
巳	、應	子
未	、、	才
亥化辰	○	父
丑	、、世	才
卯	、	兄

斷曰：以辰土財爻爲用。此卦亥水獨發化出，明示辰月可見。果至次年清明後，始得見煤。此應獨發化出之用神也。

寅月庚戌日，占女病，得未濟之蹇卦。

巳化子	○應	兄
未化戌	×	子
酉化申	○	才
午化申	×世	兄
辰化午	○	子
寅	、、	父

此卦寅木獨静，若不看用神，斷寅日生耶，寅日死耶？卦中土爲用神，得巳午火動來生

之，未土子孫化進神，辰土子孫化回頭相生。卦象既吉也，許之寅日愈。果驗。

寅月甲辰日，占父遠出何日回，得遁之歸妹卦。

戌化戌	○	父
申化申	○應	兄
午	、	官
申化丑	○	兄
午化卯	×世	官
辰化巳	×	父

斷曰：外卦伏吟，在外有憂愁之象。彼曰：無害否？答曰：內卦辰土父母化巳火回頭之生，世爻午火化卯木助火生之，並無有害。第四爻午火獨静，五月必歸也。後三四月，乃父在湖廣生理，不料省城兵亂，五月方歸。

第十六問：卦得盡静盡發者，何以斷之？答曰：六爻安静，無日主沖爻者，謂之盡静；六爻俱動者，謂之盡發。盡静者，如春花之含蕊，人未見其妙，一沾雨露，油然漸放矣；盡發者，如百卉齊放，人多見其豔，一遇狂風，翻然而損矣。故静者恒美，動者常咎。

午月庚辰日，占僕近出何日回，得離卦。

巳	、世	兄
未	、、	子
酉空合	、	才
亥	、應	官
丑	、、	子
卯	、	父

斷曰：酉金財爻爲用，月剋日生，似可相敵，並無生剋。一卦之中，惟酉金用神旬空日合，神機現此。但旬空必待出旬，合空雖有半用，須待沖發。交小暑節辛卯日，則酉金值旬不空，沖發必至。果于辛卯日來家。此應靜而逢沖也，合而逢沖也，空待出空也。

辰月己卯日，占今日有人還銀否，得坤卦。

酉空	、、世	子
亥	、、	才
丑	、、	兄
卯	、、應	官
巳	、、	父
未	、、	兄

斷曰：酉金原神旬空，日辰沖之，静而逢沖曰起。況日辰臨應沖世，彼必今日巳時送還也。果于本日巳時還一半，乙酉日巳時還清。一半者，静空沖起，有一半之力，而財亦有一半也。乙酉日還清者，已經沖起之神值日，是財之原神填足矣。子孫喜悦之星，還清豈不喜悦耶？

子月壬申日，占父在亂軍中吉凶，得大畜之萃卦。

官	○	寅化未
才	×應	子化酉
兄	×	戌化亥
兄	○	辰化卯
官	○世	寅化巳
才	○	子化未

斷曰：六爻亂動，正亂軍中象也。以化出巳火父母爻爲用，月建剋之，寅木原神又被日辰沖剋，恐性命難保。後果死無踪跡。

辰月甲子日，占造墳葬親，得乾之坤卦。

戌化酉	○世	父
申化亥	○	兄
午化丑	○	官
辰化卯	○應	父
寅化巳	○	才
子化未	○	子

斷曰：此卦甚凶，不必細論。彼曰：墳已造成，即候開金井落葬，卜之以決吾房安否。予力止之曰：不可葬。正論之間，有人來報曰：穴塲下俱是斗大石塊，不計其數，並無點穴之處。後有地師看之，則曰：背水走石，不成墳地也。

第十七問：用神多現，何以取之？答曰：予屢驗者，舍其閑爻而用持世，舍其無權而用月日，舍其安静而用動摇，舍其不破而用月破，舍其不空而用旬空。天機盡泄于有病之間，斷法總在于藥醫之處。

未月庚子日，占求財，得小畜卦。

卯	、	兄
巳空	、	子
未	、、應	才
辰空	、	才
寅	、	兄
子	、世	父

斷曰：未土月建爲用，何以辰土旬空？空必關因。竟斷月内辰日得財。果甲辰日巳時到手。此應出空之日時也，正是舍其不空而用空也。

未月甲午日，占自陞遷，得師之渙卦。

酉化卯	×應	父
亥化巳	×	兄
丑破	、、	官
午	、、世	才
辰空	、	官
寅	、、	子

斷曰：日辰世爻極旺，得月建作官星合世，但卦中兩現官星，一空一破，將何爻爲用？

斷其何年陞遷？則曰：今歲是卯年，來歲辰年，必以辰爻爲用，來歲可陞。但外卦反吟，常得驗者，去而復來。果辰年調至河南，五月又調回，十月開督府。一年兩調一陞，皆應寔空之年也。

亥月丙午日，占子何日脱難，得豫之歸妹卦。

戌	、、	才
申	、、	官
午	、應	子
卯	、、	兄
巳化卯	×	子破
未化巳	×世	才

斷曰：卦中子孫三現，俱生世爻，是必脱厄。日建午爻安静，兩爻巳火月破，許巳年脱厄。果驗。此乃用神多現而用月破，驗在有病之爻、寔破之年也。

未月丁丑日，占子久出何日回，得鼎之需卦。

兄	○	巳化子
子	×應	未化戌
才	○	酉化申
才	、	酉
官	、世	亥
子	×	丑化子

斷曰：未土化進神，日辰沖之，丑土化子水合住，巳火原神動來生用，化子水回頭剋制，目下不來。問曰：終須來否？答曰：午年必來。果于午年午月到家。應午年月者，未土動而日沖，是動沖逢合之年月也。丑土化子水合，合要沖開之年月也。巳火化子水之剋，沖去子水，是去煞留恩也。

寅月癸亥日，占子嗣多否，得坤之艮卦。

子	×世	酉化寅
才	、、	亥
兄	、、	丑
官	×應	卯化申
父	、、	巳
兄	、、	未

彼曰：婢妾三四，在三五年内，生者生、死者死，子有九人，並無一存。今後可有子否？

予曰：子化鬼，鬼化子，不但狼籍，後難許有。果無子，以姪爲嗣。

第十八問：卜者誠心，斷者精明，亦有不驗，何也？答曰：此其故在卜者，而不在斷者。乃卜者之意雖誠，或密事難以語人，或問此而意別有在也，所以有不驗之故耳。

酉月戊申日，占伯父何日回，得旅之艮卦。

巳	、	兄
未	、、	子
酉化戌	○應	才
申	、	才
午	、、	兄
辰伏卯	、、世	子

此卦若問伯父平安否，卯木父母伏而不現，被日月動爻剋沖，必不安矣。今問其回來否，不以此斷，只可斷用神伏藏受剋，不來。後果不來，在外平安。

申月乙亥日，占家宅，得井之節卦。

父	、、	子
才	、世	戌
官	、、	申
官	○	酉化丑
父	、應	亥
才	×	丑化巳

斷曰：應居二爻，謂之應飛入宅，臨父母，必有外姓長者同居。彼曰：從無外人同舍。内卦合成官鬼局，宅内不安。彼曰：從無駁雜。寅木兄弟月破伏藏，官局剋之，或昆仲家不利。彼曰：吾占家宅，即日欲同家業師鄉試，寔爲功名耳。予曰：功名與家宅，天遠地隔矣。功名以官鬼爲官星，家宅以鬼爲禍害。既占功名，兄之功名不許，令業師必高中也。彼曰：何以知之？答曰：官局生應，不來生世，謂之出現無情，與我無干也。後果至八月酉金寔空之月，此人自己頭場貼出，其業師中式第四名。

未月癸亥日，占流年，得艮卦。

寅	、世	官
子	、、	才
戌	、、	兄
申	、應	子
午	、、	父
辰	、、	兄

此人往軍前求名，説占流年，却不知占名以官爻爲官，最喜官星持世；占流年以鬼爻爲鬼，不宜官鬼持世。予以此理告之，彼曰：煩人援例，不知成否？答曰：此卦官星持世，日辰生合，業已成矣。果壬申日文書寔收到。應申日者，寅木官星，日辰合之，合待逢沖之日也。若以流年斷之，則謬矣。

子月乙酉日，占現任吉凶，得需卦。

子	、、	才
戌	、	兄
申	、、世	子
辰	、	兄
寅	、	官
子	、應	才

此公因本省有缺出，不便明問，故以現任吉凶而問。殊不知問缺之得否，子孫持世不得；占現任之吉凶，子孫持世則休官。予即問明，彼曰：占陞遷。答曰：此缺不得。果不得，在任甚安。若以占現任之吉凶，休官必矣，豈非天淵耶！

午月辛丑日，因母病，占問流年，得益之无妄卦。

兄	、應	卯
子	、	巳
才	×	未 化 午
才	、、世	辰
兄	、、	寅
父	、	子

如買賣人問流年，自然以財爻爲重。此卦旺財持世，未土[一]之財化午火生合，即許之發財。彼曰：我因老母有病，故來占之，欲占何日安否。予曰：占求財流年與母病是天淵矣。斷曰：令堂甲辰日危也。果驗。此應世爻辰土出旬之日也。

[一]「土」，底本作「上」，據綠蔭堂本改。

午月辛酉日，占功名，得萃之遁卦。

父	×	未化戌
兄	、應	酉
子	、	亥
才沖	×	卯化申
官	、、世	巳
父	、、	未

此子十二歲，乃父命其占名。若以官爻持世，夏火當令，未土父母爻爲文章，化進神，功名有望。豈知父叫子占，此心發于乃父之誠也，是父占子也。卯木不能剋父，則父動剋子也。此子未月戌日而亡。